W0056816

BEI DAO

DAS STADTTOR GEHT AUF

Eine Jugend in Peking

Aus dem Chinesischen
und mit einem Essay von
Wolfgang Kubin

Hanser

Die chinesische Originalausgabe erschien 2010
unter dem Titel *Chengmen kai* (*The City Gates Open*)
bei Oxford University Press in Hongkong.

Das Zitat auf S. 42 stammt aus Tomas Tranströmer, *Sämtliche Gedichte*,
aus dem Schwedischen von Hanns Grössel, Hanser, München 1997.

1. Auflage 2021

ISBN 978-3-446-27072-5
© 2010 by Bei Dao
Alle Rechte der deutschen Ausgabe
© 2021 Carl Hanser Verlag GmbH & Co. KG, München
Umschlag: Peter-Andreas Hassiepen, München
Umschlagfoto und Fotos im Innenteil: © Bei Dao
Satz: Greiner & Reichel, Köln
Druck und Bindung: CPI books GmbH, Leck
Printed in Germany

MIX
Papier aus verantwortungs-
vollen Quellen
FSC® C083411
FSC
www.fsc.org

Für Tian Tian und Duo Duo

Bei Dao im Schaffellmantel seines Vaters, 1970

Stadttor, Stadttor, wie hoch bist du denn?
Sechsunddreißigmal drei Meter!
Was für ein Schloss krönt dich denn?
Ein großes Eisenschloss mit einem Diamanten!
Stadttor, Stadttor, gehst du nun auf oder nicht?

Aus einem Kinderreim

Mein Peking

Ende 2001 kehrte ich nach Peking zurück. Dreizehn Jahre war ich von meiner Heimatstadt getrennt gewesen. Die schwere Erkrankung meines Vaters hatte mir die Rückkehr ermöglicht. Selbst wenn ich vorbereitet gewesen wäre, hätte ich nicht ahnen können, dass ich die Stadt kaum wiedererkennen würde. Peking war mir fremd geworden: Mit einem Male war ich ein Heimatloser in meiner eigenen Heimat.

Ich wurde in Peking geboren, wo ich die erste Hälfte meines Lebens, die Kindheit und Jugend, verbracht habe. Die Erfahrungen meines Heranwachsens sind mit Peking aufs engste verbunden. Doch sind sie zusammen mit dieser Stadt entschwunden.

In dem Moment hatte ich den Wunsch, dieses Buch zu schreiben: Ich würde das geschriebene Wort einsetzen, um eine andere Stadt, um mein Peking wiederaufzubauen. Ich würde mit meinem Peking das Peking von heute widerlegen. In meiner Stadt sollte die Zeit rückwärtslaufen, die verdorrten Bäume wieder grünen, die verschwundenen Düfte, Stimmen und Lichter zurückkehren. Die demolierten Hofhäuser, Gassen und Tempel sollten ihr altes Aussehen wiedergewinnen, die Reihen der Ziegeldächer wellengleich zum Horizont aufsteigen, der tiefblaue Himmel vom Pfeifen des Taubengefieders klingen. Die Kinder sollten wieder um den Wechsel der Jahreszeiten wissen, die Einwohner wieder ein Gefühl der Orientierung im Herzen tragen. So öffne ich denn das Stadttor und heiße die Dahintreibenden der vier Meere willkommen, heiße die einsamen Seelen willkommen, die kein Heim mehr haben, heiße alle neugierigen Reisenden willkommen.

Diese Art Bauprojekt zog sich dahin, es war schwieriger als gedacht. Erinnerung hat die Eigenart zu selektieren, zu verschwimmen, auszuschließen und kann gleichzeitig wie im Winterschlaf jahrelang überdauern. Das Schreiben dagegen ist der Weckruf der Erinnerung. Im Irrgarten des Gedächtnisses führt ein Tunnel zu einem weiteren Tunnel, eine Tür öffnet sich einer weiteren Tür.

Kindheit und Jugend sind im Leben eines Menschen so prägend, dass sich fast alles, was danach kommt, in dieser Zeit herausgebildet hat. Der Rückblick ist wie eine prähistorische Ausgrabung, bei der man Freud und Leid im Nachhinein wiederentdeckt. Wenn es heißt, Aufbruch und Heimkehr seien die zwei Enden eines Weges, dann ist man der Kindheit umso näher, je weiter man geht. Ja, es war gerade dieser Ruf der Vergangenheit, der mich Richtung Himmel und Meere zog.

Mein besonderer Dank gilt Cao Yifan, meinem Nachbarn, Kumpan und Mitschüler. Er spielt nicht nur im vorliegenden Buch eine wichtige Rolle, mehr noch ist es seine erstaunliche Erinnerungsgabe, die mir half, eine Fülle wichtiger Details zu rekonstruieren. Natürlich habe ich auch dem Literaturkritiker Li Tuo und meiner Frau Gan Qi zu danken. Sie sind die zwei kritischen Leser, die mir das Gefühl gaben, beim Schreiben gleichsam auf dünnem Eis unterwegs sein.

Licht und Schatten

I

Ende 2001 kehrte ich in meine Heimat zurück, von der ich dreizehn Jahre getrennt gewesen war. Als sich das Flugzeug zur Landung anschickte, quollen tausend Lichter, die wie Tropfen zu wirbeln schienen, gleichsam in das Bullauge ein. Ich war wirklich erschrocken: Peking gab sich wie ein riesiges Fußballstadion im Flutlicht. Es war ein Abend im tiefen Winter. Hinter der Passkontrolle erwarteten mich drei Unbekannte mit einem Schild hoch in den Händen, auf dem »Herr Zhao«, mein eigentlicher Familienname, geschrieben stand, um mich willkommen zu heißen. Obwohl von ungleicher Gestalt, ähnelten sie einander sehr. Das einsame Licht diente ihnen als Folie und machte sie zu Schatten aus einer anderen Welt. Die Begrüßungszeremonie war kurz und bündig, danach Schweigen. So ging es in eine schwarze Limousine. Da erst begannen die drei Herren zu sprechen. Schwer zu sagen, ob es sich um Höflichkeitsfloskeln handelte oder um Einschüchterungsversuche, so sehr war ich von den vorbeiströmenden, auf mich einstürzenden Lichtern abgelenkt.

Zur Zeit meiner Kindheit waren die Abende und Nächte in Peking allzu finster, allzu duster. Im Vergleich mit heute um ein Hundertfaches dunkler. Führen wir ein Beispiel an: Unser Nachbar Zheng Fanglong bewohnte mit seiner Familie zwei Zimmer. Da gab es insgesamt drei Neonlampen: acht Watt in der Diele, drei Watt im Schlafzimmer, Toilette und Küche nutzten gemeinsam drei Watt (das Licht hing in einem kleinen Fenster dazwischen). Mit anderen Worten, wenn die Familie Neujahr feierte oder sich an einem einzigen Tag auslebte, verbrauchte sie nur vierzehn Watt Strom. Das entsprach noch nicht einmal der Helligkeit, die heute ein moderner Ankleidespiegel mit seinen kreisförmigen Birnen spendet.

Dies ist vielleicht für die Gasse Sanbulao Nr. 1 ein extremes Beispiel, doch der Rest von Peking, so befürchte ich, blieb weit unter diesem Standard. Meine Mitschüler hatten sich oftmals in einem einzigen Raum eine einzige Lampe zu teilen. Dem Familienoberhaupt oblag die Aufgabe der »Lichtkontrolle«. Kaum war die Lampe an, hieß es schon: »Und die Hausaufgaben? Red nicht so viel! Morgen ist auch noch ein Tag.«

Glühbirnen hatten normalerweise keinen Lampenschirm. Die Dunkelheit war sanft. Ein Schirm erzeugte einen geheimnisvollen Lichthof, aus dem ein hoher Lichtpunkt hervorsprang, der alle Einzelheiten der Finsternis auslöschte. Damals machten sich die jungen Damen noch nicht zurecht, sie waren über die Maßen schön. Sicherlich hatte das etwas mit dem Licht zu tun. Das Aufkommen der Neonlampe war ein Desaster. Das Licht blendete uns, es überwarf Himmel und Erde, nichts konnte es aufhalten. Ganz wie in einer Hühnerfarm, wo es des Nachts hell bleibt, damit die Hennen mehr Eier legen, schuf die Neonlampe die Illusion des Tages. Der Mensch legt keine Eier und so kommt er noch weniger zur Ruhe. Nervosität ist sein Schicksal. Schade nur ist, dass die Schönen nicht mehr wiederkommen. Ihre Gesichter wirken heute fahl, Puder und Schminke sind ohne Gewinn. Am schlimmsten sind die Kinder dran. Unter dem Neonlicht können sie sich nirgendwo mehr verstecken, sie sind der Fantasie beraubt. Zu früh hat man sie auf die offenen Plätze der Barbarei entlassen.

Unser Physiklehrer meinte, wenn jemand einen finsteren Raum betritt, dann nehme seine Sehfähigkeit innerhalb kürzester Zeit um ein Vielfaches zu. Augenscheinlich lässt Dunkelheit den Menschen besser sehen. Das Licht sei urtümlich eines der Zeichen menschlicher Evolution, doch kaum des Guten zu viel, bringe die Evolution Tagesblindheit mit sich. Aus damaliger Perspektive betrachtet, waren wir scharfsichtig wie die Wölfe, die ihr Auge je nach Situation schnell und präzise ausrichten können: zack, da der Feuerschein, zack, da die Schafherde, zack, da die schönste aller Wölfinnen.

Damals gab es »Brillenschlangen« zuhauf. Das hatte zunächst mit dem Lampenlicht zu tun, aber mehr noch mit den Studiengewohnheiten. Was die Mitschüler am hitzigsten diskutierten, war die Frage, warum es bei all der Finsternis auf dem Lande kaum Brillenschlangen gab. Zwar boten die Schulen abends Klassen zum Selbststudium an (einschließlich hinreichend beleuchteter Räume), doch wer die Nacht zum Tag machte, noch mehr wer neben dem Pflichtprogramm noch leichte Lektüre verschlang, wie zum Beispiel Yifan, der unter der Bettdecke mit einer Taschenlampe den Roman *Der Traum der Roten Kammer* las, der zog bald in die Reihen der Brillenschlangen ein.

Das Peking jener Jahre hatte nur wenige Straßenlampen, viele Gassen kannten so gut wie keine. Selbst wenn es welche gab, standen diese im Abstand von 35 Metern. Sie beleuchteten lediglich ihren eigenen Bereich. Um uns einzuschüchtern, gaben Erwachsene Geschichten zum Besten. Da fassten sich Bettler an die Stirn und ließen Wunderkräfte spielen, um Kinder entführen und verkaufen zu können. Dies alles verwirrte uns, wir blieben im Dunkeln. Was sollte es nur mit der Stirn auf sich haben, an die geklopft wurde, so dass wir bereit gewesen sein sollten, uns mit den Bösewichtern einzulassen? Wäre Taiwan nicht flugs befreit, wenn man dieses Wundermittel einsetzen würde? Welche Vergehen auch immer vor 1949 passiert sein mochten, ließen sich nicht sicher eruieren. Mündlich wurden sie aber von einem zum anderen dick aufgetragen, mit den alten Gassen gelangten sie direkt in meine Kindheit.

Für den Nachtschwärmer waren Straßenlampen zur Beleuchtung da, sie hatten weniger für den Nervenkitzel herzuhalten. Jemand mochte mit dem Rad, ein Liedchen auf den Lippen, unterwegs sein und die Schelle bedienen. Kaum, dass die Lichter ausgegangen oder von Kindern abgeschossen waren, geriet er in Verwirrung, begann zu schimpfen und es den Ahnen über acht Generationen anzurechnen.

Bei so wenigen Laternen bedurfte es, falls man tatsächlich mit dem Rad fuhr, vorsorglich eines Lichts. Ende der 50er Jahre führten Radfahrer noch Lampions mit sich. Das beweist der Sketch »Nachts unterwegs« des Bänkelsängers Hou Baolin. Damals benutzten die meisten eine viereckige Lichtvorrichtung, die an der Lenkstange angebracht wurde. Als Steigerung kam danach das von einem Dynamo erzeugte Licht. Da ein jedes Rad unterschiedlich schnell fuhr, war die Beleuchtung mal hell, mal dunkel. So sah die Nachtlandschaft von Peking aus.

Ende der 50er Jahre erhoben sich an der Straße Ewiger Frieden moderne Lampen, bunte Lampen, die einen besonders gern mit glänzenden Augen stolzieren ließen, als ob man den Kommunismus bereits fest im Blick gehabt hätte. Im Vergleich dazu lagen die Gassen, wenn es denn überhaupt Laternen gab, noch dunkler. Verließ man die breite und flache Prachtstraße, so geriet man wieder in den endlosen Irrgarten von Pekings Gassenverlauf.

Von klein auf habe ich mich mit den Geschwistern bei Schattenspielen vergnügt. Zwei Hände einander überlappend wandelten sich dank des Lampenlichts an der Wand in jedwede Tiergestalt, mal zahm, mal wild, auf der Jagd nacheinander. Niemand wollte den Hasen machen, sein zartes Fleisch mochte keiner einem Stärkeren zum Fraß anbieten. Selbst Schattenspiele also kannten versteckt den Willen zur Macht: Wer alles in Händen hielt, sah sich als Herrn der Dinge.

Für uns Kinder bestand der größte Vorteil der Dunkelheit im Fangspiel. Kaum hatte man sich aus dem Lichtbereich begeben, konnte man sich überall verstecken, besonders in den Ecken und Winkeln. Als wir gerade in die Gasse Sanbulao Nr. 1 gezogen waren, gab es im Hof noch künstliche Felsen, die grotesken Steine vom Taihu-See bereiteten des Nachts Gänsehaut. Mit unseren Worten verwandelten sie ihre Erscheinung. Da machte das Fangspiel erst richtig Spaß. Alle zitterten vor Angst. Wer mochte schon garantieren, nicht in die Geister des Seefahrers Zheng He und seiner Zofe hineinzurennen? Vernahmen wir trillergleich Rufe, so gingen sie mitten durch unser Herz: »Ich habe dich längst gesehen, verdammt, stell dich nicht so dumm, komm schnell heraus.« Wenn dann plötzlich von hinten ein schriller Schrei ertönte, hatten wir bereits am ganzen Leib eine Gänsehaut.

Geschichten brauchen Dunkelheit, insbesondere Gespenstergeschichten. Alte erzählen sie den Kindern, Kinder erzählen sie untereinander weiter. In einem Land, wo man nicht an Götter glaubt, bedarf man der Geister, um Kinder zu erschrecken, und wenn man sich dabei auch noch selbst in Schrecken versetzt, dann stärkt das die konfuzianische Orthodoxie. Zur Zeit der Mittelschule rief Mao Zedong dazu auf, nur noch Geschichten zu erzählen, die niemanden zur Furcht vor Geistern verführten. Für eine gewisse Zeit blickten wir nicht mehr richtig durch. Zunächst war einzuräumen: Mutige sind selten. Des Weiteren: Wer ohne Furcht vor Geistern war, brachte alle Welt in Erklärungsnot. Man hat nämlich zuerst die Existenz von Geistern zu beweisen, um dann zu zeigen, die Angst vor ihnen sei unnötig.

Während der Kulturrevolution betrieben wir bei Tag Revolution, nachts erzählten wir uns große Gespenstergeschichten, ganz so als ob Geister und die Kulturrevolution in keinem Widerspruch zueinander stünden. Ich wohnte im Schlafsaal der Mittelschule Nr. 4. Erst das Licht ausmachen, dann durch Stimmenimitation eine gruselige Stimmung erzeugen. Im entscheidenden Moment stößt dann jemand beiläufig mit der Hand die Stütze eines Bettgestells oder ein altes Lavoir um. Bei besonders geglückter Offensive bekamen selbst die Wagemutigsten Angst.

Neonlampen wurden seit Anfang der 70er Jahre in großem

Umfang genutzt, so dass Peking mit einem Male hell wurde. Selbst die Geister hörten auf, ihre Macht unter Beweis stellen zu wollen. Glücklicherweise fiel oft der Strom aus. Kaum, dass die Elektrizität unterbrochen war, flammten in allen Häusern und Wohnungen die Kerzen auf. Das war nichts anderes als eine Art Gedenkfeier, eine Art Trauerfeier für die vergangene Kindheit.

II

Ich erwache. Die Zimmerdecke liegt im Widerschein des Schnees. Die Heizung lässt die Vorhänge flattern. Der verschwommene Fensterrahmen beginnt sich mit der Sonnenflut zu bewegen. Wie ein langsam eintreffender Zug, der mich in die Ferne trägt. Ich liege träge im Bett, bis die Eltern mich drängen aufzustehen.

Starker Schneefall gibt das Trugbild einer Stadt ab so wie ein Spiegel, in dem man sich mustert. Sehr schnell gerät dieser Spiegel aus den Fugen. Im Nu spritzt überall Schlamm herum. Auf dem Weg zur Schule trage ich einen Parka, ich greife eine Handvoll feuchten Schnee und forme sie zu einem Schneeball. Das Geschoss werfe ich in Richtung des alten Schnurbaums am Eingang der Gasse. Doch schade, ich treffe mein Ziel nicht. Ich stürze ins Klassenzimmer, die Klingel läutet schon zum Unterricht. Die Fenster erscheinen wieder wie ein Zug, der eilend einen Bahnsteig verlässt und immer schneller wird. Im Raum ist es dunkel, der Schatten des Lehrers bewegt sich hin und her, Kreidestummel fliegen in die Höhe, Zahlen erscheinen und verschwinden auf der Tafel. Der Lehrer hebt plötzlich den Zeigestock und weist auf mich. Er ruft: »Ich frage dich, hast du verstanden?«

Die Glocke läutete das Ende des Unterrichts ein, und da kam schon der Frühling. Die Feuchtigkeit, die sich übermäßig in den Dachvorsprüngen abgesetzt hatte, wechselte ihre Farbe: Aus Weiß wurde Schwarz. Der Himmel beugte sich, von unzähligen Zweigen begrünt; Bienen spielten summend die Herrinnen des Sonnenlichts; die Schatten junger Mädchen im Lauf glichen Drachen; niemand vermochte ihre Schnur zu fassen; Weidenkätzchen schwirrten durch die Lüfte und machten jeden unruhig. Ich begann Aufsätze zu schreiben, und so kopierte ich zunächst die Essaysammlung *Roter Achat* von Liu Baiyu, dann *Wer ist der Liebenswürdigste?* von Wei Wei. Der Erste hatte geschrieben, dass er im Flugzeug über Moskau den Sonnenaufgang gesehen habe. Es gelang mir offenbar nicht, diesen Abschnitt zu kopieren. Denn ich wunderte mich damals: warum Moskau? Ich bummelte ja lediglich zum Hinteren See, um den Sonnenuntergang zu beobachten. Wo wäre da irgendetwas wie ein roter Achat gewesen? Die Abendsonne glich einem Fruchtbonbon für zwei Nickelstücke. Ein paar Schwalben flogen über den See, die Westberge zeichneten sich am Horizont ab. Die Wellen warfen einen lichten Schein, auf ihnen eine Schaumschicht, die Fischgeruch verströmte.

An windstillen Tagen hielten die Wolkenschatten über dem Sportplatz inne, manchmal regungslos, manchmal nicht. Die muskulösen Schüler der Oberstufe schwangen ihre Leiber mechanisch am Barren, ihre Schatten erweckten den Eindruck eines Taktmessers. Ich befand mich am Reck, bewegte die

Füße, nahm Atem und wollte mich emporziehen. Die Anforderung lautete, man müsse sich sechsmal hochziehen, dann erst habe man bestanden. Nach dem zweiten Klimmzug war ich schon mit meinen Kräften am Ende. Ich begann zu strampeln. Meine Stirn stieß gerade einmal an die Stange. Ich schien mit aller Kraft den Himmel erreicht zu haben, wo ich heimlich die weißen Wolken schaute, die sich, ganz sie selbst, türmten und zerstreuten.

Im Sommer teilte die Sonne die Straßen in zwei Teile. Im Schatten war es erfrischend. Ich folgte der Menge wie in einem Fischschwarm. Plötzlich änderte ich meine Meinung: ab in die Sonne, sich den unbarmherzigen Strahlen aussetzen. Allein und stolz schritt ich, auf meinen Schatten tretend, dahin. Der Schweiß rann mir von oben nach unten, schließlich war ich klitschnass. Am Zielort kaufte ich mir zur Belohnung ein Eis.

Ich liebe es, müßig Hauptstraßen entlangzuschlendern. In der Welt der Erwachsenen gibt es ein Sicherheitsgefühl, dem wenig Beachtung geschenkt wird. Wenn man nicht aufschaut, liegt alles, was man sieht, unterhalb der Brust. Keine Not, wegen hässlicher Menschen traurig zu werden oder sich von Freude und Leid anderer ablenken zu lassen. Kaum taucht man in den Menschenstrom ein, ist der Himmel verschleiert, wird alles luftdicht. Nur mit aller Kraft entrinnt man der Einkreisung. Zum Vorteil gerät diese Eigenart des Blickwinkels, wenn man klein ist: Das eigene Gesicht deformiert in einem Türgriff, angehäufte Menschenschatten in Schaufensterscheiben, Zigarettenstummel, von unzähligen Füßen zertreten, ein Bonbonpapier, das am Bordstein auf und ab schwebt, das Sonnenlicht in Fahrradspeichen, das aufleuchtende Rücklicht der Busse.

Ich mag, wenn es regnet. Die Grenzen von Licht und Schatten sind dann verwischt. Wasser und Milch vermengen sich wie auf der Palette eines Sonntagsmalers. Dunkle Wolken nähern sich tief bis auf die Höhe von Blitzableitern. Rabennester, leer in den Zweigen großer Bäume, zufällige Begegnungen von farbenprächtigen Regenschirmen, Spuren von Wassertropfen auf Glas, Anzeigetafeln mit verschwommenen handschriftlichen Gerichtsurteilen, im Gegenlicht Bodenvertiefungen, mit einem Tritt übersprungen.

Yifan und ich machten oftmals Ausflüge zum Markt Östlicher Frieden. Anfang der 60er Jahre war dieser Markt in ein Einkaufszentrum umgestaltet worden. So wechselte auch sein Name zu Markt des Ostwindes. Damit war der ursprüngliche Charakter endgültig zerstört. Jeder kleine Laden hatte Stände, die zwar verstreut, aber hübsch anzusehen waren. Alles gab es in Hülle und Fülle. Meiner Erinnerung nach war der Ort ein Irrgarten des Lichts. Elektrisches Licht, Gaslaternen, Petroleumlampen und Kerzen spiegelten einander wider, ohne von sich lassen zu können. Unter allen Arten von Strahlen erschienen die Gesichter der Ladenbesitzer und der Kunden geheimnisvoll und unergründlich. Man brauchte nur diesen Moment festzuhalten, dann ergab sich ein langes Rollbild zum volkstümlichen Leben. Drang zufällig ein Sonnenstrahl herein und bewegte sich ein wenig, so zeigte sich der allerälteste Stundenzeiger.

III

Jedes Kind bringt von Natur aus viele Illusionen mit. Sie stehen mit Licht und Schatten, mit den Räumen der Vorstellung, ja sogar mit den Befindlichkeiten des Körpers in Verbindung. Wenn Kinder herangewachsen sind, mögen sie das meiste vergessen haben. Die Zeiten, gesellschaftliche Sitten, Wissenssysteme erzwingen das Vergessen, als wäre es die Bedingung für den Eintritt in die Erwachsenenwelt.

Die Zeit zwischen meinem zehnten und dreizehnten Lebensjahr war schwierig. Mein Körper und Geist begannen zu reifen: Der Anfang der Pubertät, ein Wendepunkt. Hunger war damals der Normalzustand. Ein Foto zeigt mich mit dem Ausdruck eines hungernden Kindes in Afrika, die Augen ganz hell, geradezu starr, die Mundwinkel ein arglistiges Grinsen.

Ich befand mich offensichtlich gerade in einem Zustand tiefster Halluzinationen. Im Auge seltsame Baumformationen, prächtige Blumen, die tropften, Rauch in den Lüften, Wasser, das zurückflutete, Häuser, die schräg standen, Treppen, die rollten, Wolken, die zu Monstern mutierten, Sterne, mal groß, mal hell … Später sah ich den Sternenhimmel von van Gogh, das war nichts Überraschendes mehr. Meiner Ansicht nach alles Visionen, die jeden Hungernden umtreiben.

Ich starrte vor mich hin, sprach mit mir selbst, ging immer nur geradeaus. Besonders schlimm war es im Unterricht, versunken in meine Vorstellungswelt, verstand ich überhaupt nicht, was der Lehrer sagte. Er stellte Fragen, ich antwortete, was gar nicht gefragt worden war. Elternabend: Der Lehrer gab seine Bedenken an meine Eltern weiter. Das Gute war, Mutter ließ sich als Ärztin nicht aus der Fassung bringen, aber ich stand seitdem unter strenger Aufsicht.

Um Mitternacht erwacht, sah ich meine Schuhe sich fortbewegen, sie drehten eine Runde und kehrten an ihren ursprünglichen Platz zurück. Ein riesiges Schiff stieß plötzlich durch das Fenster herein, im Glas erschienen fremde Gesichter, die Bäume im Gegenlicht brannten ...

Eines Abends kehrte ich allein nach Hause zurück und entdeckte eine weiße Wolke über dem Eingang der Gasse Sanbulao Nr. 1 ruhen. Sie war nicht groß, aber sehr rund. Sie wirkte wie ein großer Regenschirm, kaum zu glauben, wie tief sie lag, tiefer als der dritte Stock, in dem wir wohnten. Erst als ich später vage von UFOs hörte, ging mir ein Licht auf. Unter dieser Wolke war ich wie verzaubert, das Herz rumorte mir im Leibe, meine Glieder versteiften sich. Die Zeit schien stillzustehen. Schließlich tat ich einen Schritt vorwärts und jagte flugs ins Haus.

Gerüche

I

Was Peking betrifft, so denke ich zuerst an seine Gerüche, die mit den Jahreszeiten wechseln. In dieser Hinsicht ähneln die Menschen den Hunden. Wie sonst wäre zu erklären, dass Auslandschinesen, die nach vielen Jahren heimkehren, sich überall staunend umsehen, mit offenem Mund hier und da schnüffeln, auf der Suche nach dem Geruch Pekings in ihrer Erinnerung.

Der Geruch von Kohl. Im Winter gelagert. Vor oder nach Winterbeginn fand sich vor jedem Lebensmittelladen eine zeitweise errichtete Ablage für Chinakohl, wo dieser zu Bergen aufgetürmt wurde. Von morgens bis abends stapelte er sich da zuhauf. Jede Familie kaufte wenigstens ein paar hundert Pfund. Mit allen Arten von Fahrzeugen, von einfachem Dreirad bis Kinderwagen, ging es heim. Den Kohl hatte man für den Transport entsprechend umgelagert. In der Nachbarschaft half man sich untereinander, besonders den alleinstehenden, alten Leuten, die nicht so beweglich waren. Der Kohl war zunächst zu entblättern und zu trocknen, dann auf dem Balkon, unter dem Fenster, neben der Tür oder im Gang zu stapeln und schließlich mit einem Strohvorhang oder mit einer Steppdecke zu schützen. Im Winter wüteten Wind und

Schnee besonders grausam. Der Kohl trocknete wie eine Mumie aus. Das ist seine Art von Metamorphose. Er ist zäh und verströmt einen fauligen Geruch, um auf sich aufmerksam zu machen.

Der Geruch von Ruß. Um es warm zu haben und um Essen zu machen. Ob groß oder klein, die Öfen für Eierbricketts und Lochbricketts ähnelten Kettenrauchern, sie steckten ihre Schornsteine zur Tür oder zum Fenster hinaus, sprühten Wolken, spuckten Rauch. Der Kohlenteer aber, kaum dem Schornstein entronnen, fiel auf die Erde und formte Klumpen von schwarzem Eis. Ging ein Wind, musste man flugs die Öffnung des Schornsteins verstellen, sonst würde der Rücklauf des dichten Rauches einen jeden reizen: laufende Nasen, tränende Augen, Husten ohne Unterlass. Nicht zu reden vom heimtückischen Kohlenmonoxid, das einen unvorbereitet trifft und, während es einem gemütlich warm ist, zum Tod führt.

Der Geruch von Staub. Auf das Dunkelgrau ein wenig Rot geben, das macht die Grundfärbung der Winter in Peking aus. Der Staub ist der Oberbefehlshaber aller Gerüche, er lässt die Münder ausdorren, legt die Zungen trocken, veranlasst die Kehle zu qualmen und lässt das Herz sich elend fühlen. Mit Hilfe des Nordwestwindes gewinnt der Staub noch mehr an Schrecken: Tausend Heere, zehntausend Pferde füllen den Himmel, bedecken die Erde. Er dringt an den Fensterritzen, den Türritzen vorbei in die Häuser, beweist so sein großes Talent. Man kann ihm nicht entkommen. Sich vor ihm verbergen? Zwecklos! Damals trug man Mundschutz, hauptsächlich, um ihn abzuwehren, andernfalls hatte man den Mund voll davon, wenn man auf die Straße ging.

Es versteht sich, dass die Pekinger ungeduldig waren, sobald ein starker Schneefall wie im Fluge die gesamte Stadt zudeckte. Er trug aus den Wolken einen Pfefferminzgeruch herbei, insbesondere der erste Atemzug, wenn man zum Haus heraustrat, war frisch und feucht. Kinder eilten jauchzend nach draußen, sie rissen den Mundschutz ab, warfen die Handschuhe fort, verströmten weißen Atem, während sie eine Schneeballschlacht machten oder einen Schneemann bauten. Bis die Straßen schlammig wurden und sich auf ihnen schmutziges Eis bildete, dann rutschten die Blagen die Straße entlang, schnell bis zu ihrem Ende. Träge rollten sie rücklings ein paar Meter, blieben bedeckt im Schnee liegen, wie ein alter Mann unter seiner Steppdecke.

Unser Haus befand sich nicht weit vom Hinteren See entfernt. Wir Kinder liefen dort oft »wild Eis«. Wir hatten unsere selbstgefertigten Schlittschuhe, Schlitten und Ski dabei und bildeten eine johlende Gemeinschaft inmitten des stiebenden Pulverschnees, des Windes, der uns über das Gesicht strich, des weißen Streuzuckers, den wir leckten und leckten, als ob seine Süße aus dem Himmel käme. Arbeiter am See stachen Eis und hakten es fest. Mit Hilfe eines Holzsteges transportierten sie es ans Ufer und weiter in den Eiskeller im Norden der Li-Guang-Brücke. Wenn niemand aufmerkte, schlüpfte ich mit den Klassenkameraden in den Keller. Da war es dunkel und kalt. Der Fischgeruch mischte sich mit dem Geruch von Heu. Die Eisblöcke waren auf Holzgestellen gestapelt, getrennt durch Strohmatten. Zu guter Letzt wurde das Ganze mit Ballen, Brettern und Erde verschlossen. Wenn dann der Sommer kam, benutzte man die Eisblöcke zur Kühlung frischer Lebensmittel, zum Beispiel Speiseeis. Im Eiskeller kam ich mir nach kurzer Zeit wie ein tiefgefrorener Fisch vor.

Die Winter gingen zu langsam dahin, Überdruss war die Folge. Wir Kinder erwarteten ungeduldig den Frühling und zählten bis zum »Ende der Eiszeit«. Da grünten mit einem Male die Weidenzweige entlang der Ufer am Hinteren See, die Welt wurde weich, sie verströmte einen herben Wohlgeruch. Tauwetter setzte ein, die Eisfläche brach hell singend auf, das Schneewasser lief an den Dachvorsprüngen hinunter, Eisklumpen kleksten wie Tinte. Unsere Stoffschuhe änderten gänzlich ihre Form. Sie wurden flach wie eine Kröte, zogen einen Flunsch und stanken wie Pökelfisch.

Mutter kaufte fast jedes Jahr Narzissen, die sich zur Zeit des Frühlingsfestes sacht zu öffnen begannen. Sie strömten einen dunklen Duft aus, erhellten so die dumpfen Räumlichkeiten. Vor der Tür blühten die Aprikosenbäume zuerst, dann folgten die Birnenbäume, schließlich der Flieder und der Pfirsich. Der Wind wirbelte die duftigen Blüten auf, so dass man ganz benommen war und schlaftrunken wurde. In der Kindheit hieß es oft: »Im Frühjahr müde, im Herbst matt, im Sommer schläfrig, im Winter nie mehr wach drei Monate lang.« Damals wusste man noch nichts von Heuschnupfen.

Wenn die Schnurbäume erblühen, ist der Sommer da. Unser Schnurbaum hatte nordischen Charakter, er war von einer furchtbaren Schönheit, die auf nichts Rücksicht nahm. Im Gegensatz dazu öffneten sich seine mattgelben Blüten, ohne groß etwas herzumachen. Kam ein Wind, fielen sie wie Regen herunter. Ihr Duft war gewöhnlich, aber er drang so weit wie der Klang einer Flöte.

Den Duft eines solchen Baumes begleitet der schreckliche Hängegeist. Das sind Würmer, die ihre Fäden in der Luft spinnen, mal oben, mal unten versperren sie eines jeden Menschen Weg. An der Phalanx von Hängegeistern vorüberzugehen ist wie die Höllenpforte zu passieren. Sobald diese an Hals und Gesicht haften, gibt es kein Entrinnen. Gänsehaut ist angesagt, Schreckensschreie unvermeidbar.

Sommer ist die vergnüglichste Jahreszeit. Hauptgrund sind wohl die Ferien. Wir spazierten oft zum Trommelturm, zur Chinesischen Vereinigung zur Förderung der Demokratie, wo wir Fernsehen schauten und Tischtennis spielten, oder wir gingen zum Sportpalast am Shichahai schwimmen. Schwimmen, das war im Geruch von Formalin auf- und abzutauchen, im Geruch von Chloroform und Urin, so tauchten wir auf und ab in Höllenlärm und Stimmengewirr.

Wolkenbrüche entstammen, so scheint's, inneren Zwängen. Wenn die Schwüle einen unerträglichen Punkt erreicht hatte, erschütterte eine Folge von Blitz und Donner Himmel wie Erde. Wir Kinder waren zappelig, bis wir endlich nach draußen konnten. Kaum hielt der Regen inne, stürzten wir auf die Straße zum Kanal. Wir tauchten ins Wasser ein und riefen mit heller Stimme: »Regne doch, lasst Luftblasen steigen, möge die Kröte einen Strohhut tragen … «

Ich weiß nicht, warum, aber der Herbst hat immer etwas mit Kummer zu tun. Vielleicht war der eigentliche Grund der Schulbeginn: Die Freiheit hatte ein Ende. Ja, Herbst, das war der monotone Rhythmus der Schule, er stand für Ordnung. Die Kreidestummel flogen über die Tafel, chinesische Schriftzeichen und Zahlen erschienen, um wieder zu verschwinden.

Die Stinkefüße von uns Knaben, unsere zotige Redeweise, und da war noch der Duft der Mädchen, der uns Zug um Zug völlig betäubte.

Der Herbstregen fiel und fiel, die Bäume welkten, sie wurden feucht, anfangs mit bitterem Teegeruch, welcher mit der Zeit in den Geruch von Fäulnis umschlug, der sich vereinigte mit dem Geruch des Winterkohls, bis dieser jeden anderen Geruch allmählich ablöste.

II

Reden wir über Sinneseindrücke, so gibt es neben dem Geruchssinn natürlich auch den Geschmackssinn. Die Erinnerung an ihn ist noch tiefer und daher noch anhaltender.

Der Geruch von Lebertran weckte mich aus meinen frühesten Kindheitsträumen: In der Tiefe der scherenschnittartigen Türen und Fenster war ein Lampenlicht mit Fischgeruch. Die Lampe knüpft anscheinend an meine frühe Erfahrung mit Lebertran an. Zu Beginn nahm ich dank der strengen Miene von Vater und Mutter den Lebertran als Medizin ein, schluckte ihn mit einer instinktiven Wachsamkeit.

Wenn der Lebertran durch den Tropfenzähler auf die Zungenspitze tropfte, fühlte er sich kühl an, sehr schnell breitete er sich aus, bis der Mund voll Fischgeschmack war. Das Öl, vom Kabeljau extrahiert, hieß mich die tiefe Einsamkeit des Meeres kosten. Später fand ich dies von der Evolution bestätigt: Fische sind die Ahnen der Menschheit. Mit den Jahren wuchs meine Einsamkeit und wurde immer größer, sie ward zu einem inwendigen Pochen der Pubertät. Der Tropfenzähler wandelte sich zu einer Gelatinekapsel, somit sah ich den Lebertran als eine Art Bonbon, hatte also keinen Widerwillen mehr. Erst zerbiss ich die Kapsel, dann ergoss sich der Lebertran, danach kaute ich die Substanz, die den Geschmack einer klebrigen Masse annahm.

Der Geschmack von Karamell. Das war der Geschmack von Sahnebonbons. Der König des Zuckerwerks war der Große Weiße Hase. Bereits sein halbdurchsichtiges Reispapier, das auf der Zungenspitze schmolz, löste Vorfreude aus. Sein Milchgeschmack hatte es in sich. Dem Hörensagen nach entsprachen sieben Bonbons einem Becher Milch, der Sehnsucht eines unterernährten Kindes. Leider wurde aus besagtem »Hasen« wegen der Nöte der Zeit ein »Superbonbon«, volkstümlich gereimt: »Superküchlein, Superbonbon, Superalter geht aufs Klo.« Für Menschen wie du und ich war es also nichts. Viele Jahre später ließ mich ein französischer Freund in Paris nochmals den Großen Weißen Hasen probieren, was mich in freudige Erregung versetzte. Seitdem habe ich immer ein paar dieser Bonbons bei mir und gliedere mich in die Reihe der »Superalten« ein.

In dieser entbehrungsreichen Zeit wuchs mein Körper. Ich begann heimlich, mir daheim alles Essbare einzuverleiben. Von Algen im Aquarium bis hin zu zähflüssigem Lezithin, das die Eltern austeilten, von Kalziumtabletten bis hin zu Bocksdorn, von Saurem bis zu Sojabohnenpaste, von Krabben bis zu Porree ... Vater und Mutter fingen an, alles Hab und Gut zu verbergen, doch sie konnten nicht verhindern, dass meine Esslust von Tag zu Tag wuchs. Ich aß alles ratzekahl auf. Ich begann, Glutamat zu schlucken. Später, wenn ich in Amerika mit Freunden in ein chinesisches Restaurant ging, riefen sie »Bitte, kein Glutamat!«. Mich überkam dann eine große Gereiztheit.

Ich schüttete eine Prise Glutamat aus der Flasche in meine Handfläche, zuerst leckte ich mit der Zunge daran. Die Geschmacksknospe entfaltete über die Nervenbahnen einen Reiz auf das Großhirn. Es war, als schmeckte ich das reine Meer. Es war köstlich. Ich begann allmählich, die Dosis zu verstärken, der Reiz stieg, bis der Geschmack schließlich verschwand. Zu guter Letzt schüttete ich mir den restlichen Inhalt der halbvollen Flasche in den Mund, erzeugte so ein Signal der Hirnrinde, das einem Kurzschluss gleichkam. Ich war völlig verwirrt, stürzte kopfüber aufs Bett. Ich vermute, diese Erfahrung kam einem Drogenrausch nahe.

Die Eltern zürnten. Wer hatte das Glas mit dem Glutamat umgestoßen?

Vor den Mauern des Sportplatzes fand sich oft ein Straßenhändler ein, der versuchte, mit seinen Rufen Seelen zu angeln. Wie ein Taschenspieler zauberte er alle Arten von Süßigkeiten aus seinem Rucksack. Durch die Empfehlung von Klassenkameraden verfiel ich der Zimtrinde, genauer der Rinde des Kassiabaums. Sie galt als chinesische Heilpflanze, scharf und doch süß. Für zwei Nickel konnte man ziemlich viel davon ergattern. Und vor allem hatte man länger etwas davon als von Fruchtbonbons. Ich verwahrte sie in einem Seidentuch. Während des Unterrichts lutschte ich daran. Ehrlich gesagt konnte kein Lernstoff es mit dem Geschmack der Kassiarinde aufnehmen.

Eines Abends kehrte ich mit Guan Tielin von der Schule heim. Ein Straßenhändler mit schwerer Last auf den Schultern rief unterwegs: »Stinkkäse mit Sojasoße«. Ich hatte noch nie stinkigen Bohnenkäse gegessen. Guan Tielin stachelte mich an. So kaufte ich für drei Nickel ein Stück. Ich würgte nur einen einzigen Bissen hinunter und warf den Rest weg. Kaum daheim, roch unsere Haushaltshilfe Tante Qian den Gestank und schnupperte an mir herum, um die Ursache zu erkunden. Ich stürzte in die Toilette, putzte die Zähne und spülte mir den Mund, kehrte danach in die Küche zurück und aß zwei Löffel Zucker. Doch unsere Haushaltshilfe hielt sich immer noch die Nase zu. Wie ein Wachhund suchte sie überall nach der Quelle des Geruchs.

III

Eines Sommermorgens brach ich mit Yifan von der Gasse Sanbulao Nr. 1 auf. Wir gingen zur Chinesischen Vereinigung zur Förderung der Demokratie, die sich am Trommelturm im Viertel Xin'anli Nr. 98 in einer ehemaligen Ziegelei befand. Da war die Arbeitsstelle meines Vaters. Während der Sommerferien gingen wir dort oft Tischtennis spielen. Auf dem Weg pflückten wir kleine saure Früchte von einem wilden Birnenbaum.

Kaum lag die Gasse Sanbulao hinter uns, befanden wir uns schon auf der Inneren Straße zur Tugend. Gegenüber befand sich die Gasse zur Mehrung des Guten, wo auch meine Grundschule war. Der Gemischtwarenladen an der nordöstlichen

Ecke sendete unsichtbare Signale aus. Mein Großhirn reagierte. Die Alarmglocken schlugen, mir lief das Wasser im Munde zusammen. Auf dem Weg zur Schule erstand ich oftmals für zwei Nickel Zuckerwerk, das ich in Maisfladen drückte.

Entlang der Inneren Straße zur Tugend gelangte man südlich nach mehr als hundert Schritten über die Kreuzung zum Lebensmittelladen in der Pony-Gasse. Da schlug man die Tomaten unter einem Dach vor der Tür verbilligt los. Vier Pfund für einen Zehner. Und da war noch Pökelfisch, drei Groschen acht plus Bezugsschein pro Pfund, welcher Schwärme von Fliegen anlockte, unmöglich, sie zu verscheuchen. Yifan und ich wollten zwei saftige Tomaten kaufen. Wir legten die Münzen in den Taschen zusammen, schluckten den Speichel hinunter und machten uns auf den Weg.

Wir folgten der Pony-Gasse Richtung Osten, im Kiefernweg bogen wir Richtung Norden ab, und als wir die Neue Gasse passierten, verrichteten wir in der öffentlichen Toilette am Wegesrand unser Geschäft. Der Alkaligeruch des Urinbeckens wehte uns so stark entgegen, dass wir die Augen nicht aufbekamen. Es war, als würden wir unter Wasser das Atemanhalten üben. Erst wenn wir weit genug entwischt waren, wagten wir, tief aufzuatmen. Der Blumenduft erquickte uns dann die Herzen, der Erdboden hatte sich mit den Blüten des Schnurbaums gefüllt. In der Nacht zuvor musste es geregnet haben, Pfützen brachen die Sonnenstrahlen und spiegelten die Baumschatten.

Wir bogen in die Gasse der Weidenschatten Richtung Norden. Hier befanden sich überall stattliche Anwesen. Am Ende hinter einer hohen Mauer soll gerüchteweise die Bleibe des

Feldmarschalls Xu Xiangqian gewesen sein. Unter dem Schatten der Bäume kauften wir zwei Eis am Stiel aus roten Bohnen. Fünf Nickelchen für zwei, so sparten wir einen Nickel. Doch das preiswert erworbene Eis begann zu schmelzen, es wollte auf der Stelle etwas anderes werden, ohne Rücksicht auf unseren Genuss. Zwei Happen und wir hatte es intus. Wir reckten die Hälse gen Himmel, im Magen rumorte es.

Wenn man aus der Gasse der Weidenschatten herauskommt, steht man vor dem Hinteren See. Plötzlich liegt alles klar und offen vor einem. Der Hintere See ist ein Teil des Shicha-Sees, ausgehoben vor siebenhundert Jahren zur Yuan-Zeit, als Peking die Große Hauptstadt wurde. Der Transport von Getreide aus dem Süden endete hier. Da ging es einmal hoch her. In jeder Einbuchtung boten sich dem Auge große Schnurbäume, die den Schachspielern Schatten stifteten. Ein paar halbstarke Burschen tauchten nach Muscheln. Sie schöpften tief Luft und stürzten sich ins Wasser. Ihre Füße schauten heraus und traten in der Luft. Am Uferrand häuften sich die Muscheln, manche so groß wie Topfdeckel. Ihr Geruch seltsam fischig, als ob sie der Welt eine letzte Warnung zukommen ließen.

Wir gingen am Hinteren See entlang Richtung Süden, mit Zweigenruten schlugen wir an die Eisengatter am See. Die weite Wasserfläche verengte sich mit einem Male, die beiden Ufer waren durch eine Brücke verbunden. Das war die Silberballen-Brücke. Sie war eine der acht Sehenswürdigkeiten des alten Peking. Von hier blickte man bis zu den Bergen. An der Brücke befand sich der Grill von Meister Ji. Dieses landesweit bekannte, hundertjährige Gasthaus stellte für meine Standkraft eine allerhöchste Prüfung dar: Der würzige Geruch von geröstetem Hammelfleisch und Holzkohle verteilte sich im Wind und fuhr uns in den Magen, er erinnerte uns daran, dass der Mittag nahte.

Sobald wir die Schiefe Straße für Pfeifen passiert hatten, erreichten wir die prachtvolle Hauptstraße Tor zum irdischen Frieden. Richtung Norden erblickten wir den Trommelturm. Über die Straße nach Süden erreichten wir via Lebensmittelladen den – nach der Hauptstraße benannten – Basar, wo wir auf eine Bekanntmachung stießen: »Billige Kuchenreste«, das heißt, es wurden übriggebliebene Reste von Süßem zum Verkauf angeboten. Wie der Wirbelwind stürzten wir hinein, wie der Wirbelwind stürzten wir wieder heraus. Kuchenrest bedeutet volkstümlich auch »begierig ein Liebchen suchen«. Doch leider waren unsere Bezugsscheine und Münzen zu begrenzt gewesen.

Von der Straße Tor zum irdischen Frieden ging es links in die Gasse der Ziegelsteinfabrik, dann weiter durch den Stadtteil Xin'anli, bis wir unser Ziel erreicht hatten. Vor unseren Augen prangte das Schild Chinesische Vereinigung zur Förderung der Demokratie. Ganz gleich, wie man es auch sehen mochte, so erschien es uns doch wie ein reaktionärer Slogan.

Yifan und ich spielten zunächst drei Runden Tischtennis, bis uns der Magen knurrte und wir uns entschlossen, ein paar saure Birnen zu pflücken, um den Hunger zu stillen. Der wilde Birnenbaum an der Ecke war alles andere als hoch. Drei bis fünf graue Birnchen hingen an der höchsten Astspitze. Auf den Schultern von Yifan gelang es mir, den Baum zu erklimmen und zu den hohen Ästen vorzudringen. Jeden Augenblick würde ich zu den Früchten gelangen, doch etwas stach mich in den Handrücken. Ich war Opfer eines Insektes, welches auf der Lauer gelegen hatte.

Kaum vom Baum herunter, saugte ich an der roten Wunde, erfolglos. Aus der Tasche angelte ich ein paar Birnchen, ich wischte sie an der Hose ab und biss in eines hinein, sauer und herb. Mein Mund war voll von dem schwer hinunterzuschluckenden Rest. Die Mensa läutete zum Essen, der Geruch von Schweinefleisch, geschmort mit Kohl, wehte herüber.

Klänge

I

Mit sechs oder sieben machte ich eine Erfindung. Sie hatte mit Musik zu tun. Ich summte eine Melodie im Kontrapunkt zum Gehupe der Autos. Diese beiden Geräusche, Ton für Ton, machten für mich damals das Wesen einer Metropole aus. Seitdem meine musikalische Vorstellung Wirklichkeit geworden ist, fühle ich mich durch jegliche Art von Großstadtlärm (besonders von dem der Presslufthämmer) gequält und in den Wahnsinn getrieben. Nach Nächten ohne Schlaf wurde mir klar, sogenannte Metropolen haben nichts mit der mündlichen Erfindungsgabe von Kindern in einer landwirtschaftlichen Großmacht zu tun.

Anfang der 60er Jahre glich Peking in seiner Gemächlichkeit einem Dorf. Morgens konnte man urplötzlich einen Hahn krähen hören. Es kam aus dem Parterre, wo Familie Gong in Anpassung an die lokalen Gegebenheiten ein kleines Stückchen Land innerhalb der Mauern des großen Hofes ihr eigen nannte. Außer dem Anbau von Gurken und Bohnen hielten sie einen Käfig mit Hühnern. Darunter befand sich ein stolzer Hahn, der täglich den Morgen ankündigte und uns aufweckte. Seine Stimme erinnerte an Gesangsproben. Seine Zuhörer folgten der Tonleiter mit klopfendem Herzen bis zu den Wolken, wo er unerwartet innehielt und sie in der Schwebe zurückließ. Familie Gong hatte auch einen Truthahn. Er schaukelte mit seinen Kehllappen am Hals und machte trötende Laute wie ein Alter, der an Asthma litt. Er war stark und zahm und erlaubte uns Kindern, im Wechsel auf seinem Rücken zu reiten, erhobenen Hauptes vorwärtsstolzierend.

Ich drehe mich im Bett um, will wieder einschlafen, da lässt sich ein Schwarm Spatzen flatternd auf dem Dach nieder, zwitschernd picken sie ans eiserne Abflussrohr, erzeugen ein hohles Echo. Unter ihnen ist einer mit schrillster Tonlage und lebhaftestem Flügelschlag. Winters pflegten die Arbeiter im Kesselraum mächtig einzuheizen. Das heiße Wasser floss dann gurgelnd und rauschend durch die Heizungsrohre, begleitet von zischendem Dampf und – wegen der Temperaturschwankungen – von einem Knall. Ich schien Platz in einem großen Verdauungssystem genommen zu haben.

Unten auf der Straße ließen sich Geräusche vernehmen: Schritte vielfacher Art, doch klar zu unterscheiden. Da war der schwere Gang von Männern, der leichte Gang von Frauen, der herbe Gang der Arbeiter, der zarte Gang der Angestellten, Alte, die stockend Pausen einlegten, Kinder, mal so, mal so: Manche hüpften und sprangen, manche liefen schleppend, die Schuhe zerschlissen. Die Stille des Morgens hob die Geräusche der Fahrräder hervor: Die Speichen heulten im Wind, die Reifen wirbelten Sand und Steine auf, die Ketten klapperten gegen den Kettenschutz, ein Klingeln ohrenbetäubend wie Glockengeläut.

Ich drehe mich ein weiteres Mal im Bett um. Ich höre wieder angestrengt in die Ferne: Pferde schnauben, Hufeisen gleiten über den Asphalt, Kutscher fluchen, Peitschen spalten die Luft, Deichseln quietschen. Ein Bus der Linie 14 fährt vorbei, der Motor brummt, Hupen und Abgase, das pneumatische Öffnen und Schließen der Türen klingen wie ein Seufzer, der Schaffner ruft träge die Station aus: »Halt Liu-Hai-Gasse.«

Ungefähr um 7 Uhr 20 pflegte Klassenlehrer Li die Gasse Sanbulao zu passieren. Er war schlank und groß wie eine Bohnenstange, er ging eilenden Schrittes, seine schwarzen Schuhe hallten. Er räusperte sich, wandte den Kopf und spuckte dicken Schleim. Kaum hörte ich seine Schritte und sein Rotzen, stand ich hastig auf.

II

Wenn ich krank war, oder es vorgab, blieb ich, ohne mich zu rühren, im Bett liegen. Gegen 8 Uhr 30 brachte der Postbote Li mit dem Rad Zeitungen und Briefe. Er bremste und stieg ab, befestigte den Ständer mit einem Fuß und rief lustlos: »Einschreiben für XYZ, Stempel mitbringen.«

Mit dem Sonnenaufgang wurden laut Waren angepriesen. Die Stimmen der Straßenhändler klangen auf und ab wie Wellen, als wollten sie ein Echo erzeugen. Diese Rufe waren in Peking etwas Besonderes. Offenbar hatte das mit der Tiefe, Weite und Krümmung der Gassen zu tun. Wollte man seine Waren von Tür zu Tür bekannt machen, musste man die Laute je nach Art der Gassen modulieren und in die Länge und Breite ziehen. Pekinger sprechen schnell, sie verschlucken Laute bis zur

Unkenntlichkeit. Die Rufe sind daher eine Art Korrektiv für den Pekinger Dialekt: Sie erweitern den Ton, jedes Wort wird wertgeschätzt, lieblich und gefällig, geradezu rhythmisch, aufgereiht wie gezuckerte Mispeln auf einer Stange. Entscheidend ist die Kraft der Lunge: Ist die Stimme tief genug, ist sie durchdringend, hält sie beim Atemschöpfen, kann sie gesteigert, verlängert oder angehalten werden, ohne dass sie abstürzt. Der Erzähler Zhang Henshui schrieb in seinem Werk *Die Stadt und ihre Klänge* einmal: »Auch ich bin nicht wenige Hafen im Norden und Süden abgewandert. Unter allen Rufen der Straßenhändler, die ich gehört habe, kommen keine denen von Beiping gleich. Die Laute sind zwar kompliziert, aber gleichzeitig harmonisch, ganz gleich ob morgens oder abends, ob im Winter oder im Sommer. Immer hinterlassen sie bei der Hörerschaft einen tiefen Eindruck.«

»Lumpen kaufe ich, kaputte Schuhe kaufe ich.« Sätze wie diese, um aussortierte Ware in Empfang zu nehmen, zeugten von dem Selbstbewusstsein der Unterschicht. Ein solches Selbstbewusstsein lässt sich im Lauf der Zeit leicht zu einem imperialen Selbstbewusstsein umfunktionieren: »Atombomben kaufe ich …«

Und da ist noch das redegewandte Talent der Pekinger. Die Pfirsichverkäufer zum Beispiel rufen: »Nicht von der älteren Schwester gepflückt, auch nicht von der jüngeren Schwester gestickt, Schwesterchen drei hat im Garten 'nen krummen Pfirsich gekickt …«

»Stinkekäse, Bohnenkäse, Stinkekäse von Meister Wang …« So einfach und klar kann Reklame sein. Marke und Warenbestand sind eindeutig. In Peking heißt es: »Willst du etwas verkaufen, musst du es ausrufen.« Das ist die ursprüngliche Form des Handels: schlicht und ehrlich. Kinder und Alte legte man nicht herein, höchstens wurden die Angebote ein wenig gerühmt. Das ist eben die Aufgabe einer jeden Reklame: »Eiskalte Wassermelonen, so weich das Fruchtfleisch … «, »Rettiche süßer als Birnen, falls scharf, Umtausch gestattet … «, »Trinkt den Honig der Persimonen … «.

Die Rufe wurden oftmals von Instrumenten begleitet, ein Beispiel: Wer Sesamkringel verkaufte, bediente sich einer Holzklapper. Wer Affen vorführte, nahm einen Gong zur Hilfe. Wer Lumpen aufkaufte, hatte ein Trömmelchen dabei. Wer eisgekühlten Pflaumensaft anbot, verwendete zwei kleine Kupferschalen, die er mit den Fingern einer Hand zusammenschlug – Tatata – und rief: »eiskalte Becher Pflaumensaft«. Und da waren noch die Glatzenschneider mit ihren großen Stimmgabeln, die sie an Eisenplatten schlugen. Das Klirren betäubte einen, dann griffen die Haarscherer behände zu. Ganz gleich, ob das Haar lang oder kurz war, zuerst schnitten sie den Kopf kahl, um anschließend weiterzusehen. Dann hieß es: »Die Scheren schleifen, die Küchenmesser schärfen … « Die Scherenschleifer hatten einen Eisenkopf zur Verfügung, fünf übereinandergereihte Eisenplättchen, die sie nach Gutdünken erklingen ließen. Diese Art Instrument hatte den eleganten Namen »Frauengemach«.

Unten von der Straße schallte ein Ruf herauf, der am meisten verzückte: »Eisstangen, drei Kupfer die Stange, fünf Kupfer die Stange«. Drei Kupfer, das war Rotdorn- oder Bohneneis. Fünf Kupfer, das war Milchspeiseeis. Ich besaß in meiner Tasche nur zwei Nickel. Ich mutmaßte, ich würde mit der Alten an ihrem Wägelchen zu feilschen haben. Ich könnte es auf ein Eis ohne Stil oder auf ein halb geschmolzenes Rotdorneis bringen.

Gerade den Sketch »Arten der Dienstleistung« von Hou Baolin im Radio angehört, springe ich mit Yifan in den Lebensmittelladen der Pony-Gasse. Wir ahmen Passagen aus dem Sketch nach und beginnen zu singen: »Kaufen, verkaufen, freundlich bringt Geld, / heiter am Ladentisch, nur nicht schläfrig, nur nicht lustlos, / wer wie du Geschäfte treibt, wird nie reich …« Wir haben noch nicht ausgesungen, da sind wir schon hinausgeworfen worden.

III

Was sich am liebsten in unserem Leben einfand, waren Mücken, gegen die man sich nur begrenzt wehren konnte. Ob man nun Fächer bemühte, Räucherwerk zündete oder mit Hilfe von DDT Abstand suchte, es nutzte alles nichts. Die Sommernächte kannten lediglich ein Geräusch: das Summen von Mücken. Ihr Sirren hatte die Härte von Metall, vermischt mit der Androhung von Schmerz. Vielfach verstärkt, glich es einem mörderisch lauten Raketenangriff. Verschiedenste Arten von Räucherwerk fanden Einsatz, doch die Mücken hatten sich sehr schnell angepasst, sie schienen gar wie Drogensüchtige, wie Unsterbliche, die im Dunst selbstzufrieden und betäubt seufzten. Damals veröffentlichte die *Pekinger Abendzeitung* eine Karikatur: Auf einem Bett befanden sich vier angezündete Räucherwerke, die durch übermäßige Rauchproduktion zum Tod eines Menschen geführt hatten, während eine Mücke weiterhin in seine Nase stach.

In der Hand eine Fliegenklatsche machte ich mich am Eingang des Lebensmittelladens in der Luoer-Gasse mit einem stinkenden Fischkopf als Köder auf die Jagd nach Fliegen. Ich tötete eine um die andere, mit einer Bambuszwicke hob ich sie auf und legte sie in eine Glasflasche. Ich zählte sie. Ich hatte bislang nur den halben Teil meiner Pflicht erfüllt. Nach Bestimmungen der Schule hatte jeder täglich fünfzig Fliegen zu erschlagen. Die Fliegen summten, sie flogen tief, wie japanische Kamikaze-Piloten stürzten sie sich auf den Fischkopf, ohne Rücksicht auf das eigenen Leben.

Die Sommer sind das Reich der Grillen und Zikaden. Der schwedische Literaturnobelpreisträger Tomas Tranströmer hat einmal folgende Verse geschrieben: »wo die Grillen wie besessen Nähmaschine spielen …« Es waren ebendiese Schneiderchen, welche die Tage und Nächte meiner Kindheit ausmachten, sie ließen meine Träume kreisen. In den blumigen Tiefen des Tempels zum Schutz des Landes erwarb ich eine Grille. Ich gab sie in einen Tontopf. Mit einem Strohhalm versuchte ich, ihr Gebiss zu öffnen, damit sie flügelschlagend ihren hohen, siegreichen Gesang anstimmte. Eines Tages war der Deckel des Gefäßes nicht richtig verschlossen gewesen, so hatte die Grille entwischen können. Ich stellte alles auf den Kopf. Sie hielt sich in irgendeinem Winkel versteckt und spielte weiter Nähmaschine.

Nach der mäßigen Frühsommerhitze entweichen die Puppen der Erde und stimmen überall ihre Gesänge an. Zikaden, wissenschaftlich Goldzikaden, werden in Peking gemeinhin

»Ich weiß es« genannt. Der französische Forscher Jean-Henri Fabre schreibt in seiner *Geschichte der Insekten*: »Zikaden tragen im Hohlraum hinter den Flügeln eine Art Pauke. Aber das genügt ihnen nicht. Sie brauchen noch eine Art Kastagnetten in ihrem Brustbereich, damit sie ihre Stimme verstärken können. Um ihre Sucht nach Musik zu befriedigen, bringen sie in der Tat große Opfer. Weil es diese Kastagnetten gibt, findet ihr Reproduktionsorgan keinen angemessenen Ort in ihrem Leib und sie müssen es im hintersten Winkel bewahren.« In Wahrheit sind Zikaden reine Lautspender, die Peking mit ihrem Zirpen auf den Kopf stellen. Je heißer, desto lauter, so dass alle Welt völlig benommen ist. Ich pflegte mit den Kindern des Wohnblocks Zikaden »kleben« zu gehen. Zuerst vermischten wir Weizenmehl und Wasser zu einer Art Kleister und gaben das Gemisch dann auf die Spitze einer Bambusstange, wir stiegen anschließend in das Geäst von Bäumen, die gut zu erklettern waren. Die »Ich weiß es« waren bald verklebt, sie zitterten am ganzen Leib, gaben aber keinen Laut mehr von sich.

Zum Mittherbstfest nahmen die Zikaden ihren Abschied von der Bühne. Nun traten die Heuschrecken auf den Plan. Die Händler boten sie auf den Straßen an. Es bedurfte keiner Ausrufe, die Tierchen besorgten auf beste Weise selbst das Werk der Reklame. Im Vergleich zu den Zikaden war der Ruf der Heuschrecken ein Ohrenschmaus. Und auch die Augen hatten ihre Freude an ihrem Wuchs. Wie Außerirdische erschienen diese Wesen: blaues Gesichtchen, rosa Bauch, purpurne Flügel. In einen Bambuskäfig gesperrt, sind sie glücklich und zufrieden, sie singen, bis aus den Himmeln der große Schnee fällt.

IV

Mein Beitritt zu den Jungen Pionieren brachte mir lediglich eine Position als Vize einer Untergruppe mit Armbinde, ein roter Streifen, das war alles. Das kam fast einer Erniedrigung gleich. Selbst mein jüngerer Bruder war mit zwei Streifen zum Leiter einer Mittelgruppe ernannt worden. Glücklicherweise wurde ich zum Trommler erwählt und war darüber verrückt vor Freude. Das hat wahrscheinlich mit dem von mir so geliebten sowjetischen Film *Das Schicksal des jungen Trommlers* zu tun: Der Vater des Trommlers Serjosha Bataschow ist ein Ingenieur, der wegen des Verlustes von Geheimdokumenten ins Gefängnis geworfen wird. Ein Spion, als alter Rotarmist verkleidet, taucht aus dem Nichts auf. Er wird schließlich von Bataschow durchschaut. Mutig beginnt der Kampf gegen den Feind.

Ich trommelte auf einer kleinen Pauke der Militärkapelle. Ich trug sie mit einem Lederband quer um den Leib. Meine Hände hielten je einen Schlagstock, ansonsten weiße Handschuhe, weißes Hemd, weiße lange Hose, das rote Tuch der Pioniere. Das war ich, der junge Trommler Zhao Zhenkai, so ruhmreich sein Name. Trommeln scheint einfach zu sein. Lediglich Kenner wissen um die Schwierigkeit. Die Pauke war wegen der vielen Wechsel und des hellen Klangs sowie der gebotenen Flinkheit schwer zu handhaben. Sie glich einem edlen Ross im Galopp. Das Problem lag in meiner geringen Fähigkeit zur Koordination. Was ich hier begriff, entwischte mir dort. Ich glich zwei lahmen Eseln, die einen Mahlstein bewegten: mal Hü, mal Hott. Mit dem Geist des Helden Pawel in Nikolai Ostrowskis Roman *Wie der Stahl gehärtet wurde* mühte ich mich mit aller Macht. Zum Üben hatte ich gewöhnlich keine Trommelstöcke, ich ersetzte sie durch Bleistifte oder Fingerkuppen. So wurde ich zum Narren und trommelte rhythmisch auf Pulte, Türen, Fenster, Kehrschaufeln, ja sogar auf Busse. Nach etwa drei Wochen bewegten die beiden Esel wohl keine Mühlsteine mehr, doch blieben sie weiter ungeschickt.

Mit dem Rhythmus der Trommelschläge folgte ich Pawel auf den Fersen und erhöhte meine Klassenwachsamkeit. Ich entdeckte, die großen Straßen waren voller verdächtiger Personen, und unser Block war das reine Hauptquartier für Spione. Mit dem Stolz eines Trommlers grüßte ich keinesfalls leichterdings potenzielle Feinde, welche auch immer. Eines Tages traf ich am Tempel zum Schutze des Landes Bruder Pang Jia, der zum Rechten gestempelt worden war. Er sah sich überall um. Seine Miene war nervös. Gewiss wartete er nur darauf, mit Spionen aus Taiwan die Köpfe zusammenstecken zu können. Ich hielt mich hinter Bäumen verborgen und folgte ihm auf Schritt und Tritt, als er durch die Gassen strich. Auf der Treppe entdeckte ich seine aufgebauschten Gesäßtaschen. Mit Sicherheit befanden sich darin Pistolen …

Bis zur Parade blieb noch eine Woche. So mühte ich mich umso mehr, selbst im Traum schlug ich die Trommel. Zwei müde Esel wurden zu guter Letzt ein Esel, im langsamen Trab, doch letzten Endes noch kein edles Ross im Galopp.

Am Tag der Parade galt es zu warten. Ich trug die kleine Trommel und war zum Aufbruch bereit. Plötzlich ein Trommelwirbel, dann genauer hingehört, merkte ich, es war mein Herzklopfen. Kaum war der Befehl gegeben, begann ich, mit

drei anderen Trommlern trommelnd zur Bühne voranzuschrei-
ten. Die Stufen hinauf löste sich meine Trommel von der Koppel und fiel krachend auf die Erde, so dass alle in ein großes
Gelächter ausbrachen. Hals über Kopf hob ich das Trömmelchen auf und trommelte wild drauflos. Dadurch brachte ich die
anderen Trommler in Konfusion, ja, stürzte sie ins Chaos. Auf
diese Weise fand das Schicksal eines Trommlers sein zeitiges
Ende.

V

Gegenüber der Gasse Sanbulao Nr. 1 befand sich eine kleine Textilfabrik. Ursprünglich arbeitete sie still und leise. Ich
erinnere mich noch an das Jahr, als ich ins elfte Lebensjahr
eintrat. In der Fabrik war eine Wandzeitung angebracht. Der
Leiter der Werkhalle wurde entlarvt: Er belästige Frauen, so
lautete der Vorwurf. Mit ein paar Kindern aus unserer Bleibe huschte ich hinüber. Damals kannte ich die Schriftzeichen
noch nicht so recht. Selbst diejenigen, die ich schon gelernt
hatte, vermochte ich inhaltlich nicht zu erschließen. Wie zum
Beispiel das Zeichen für »Busen« ließ mich grübeln: Ist das
ein geheimer Ort, aber wo sollte er letztlich bei einem Menschen stecken?

In den 60er Jahren begann die Textilfabrik, unter dem Auf-
ruf »Packt die Revolution, steigert die Produktion« zu expan-
dieren. Neue Werkhallen zwängten sich auf die Straße, Haufen
von Baumitteln türmten sich, Radfahrer und Fußgänger hatten unweigerlich auszuweichen. Die Werkhallen öffneten alle

Dachluken, das kam einer propagandistischen Beschallung gleich. Die Sommer waren damals heiß. Kaum hatte man die Fenster geöffnet, war man gezwungen, sich beim heimischen Gespräch anzubrüllen. Freitags wurde nicht gearbeitet. Die plötzliche Stille machte einen ratlos, es war schwierig, Schlaf zu finden, wir sehnten uns nach dem erneuten Arbeitsbeginn. Das alles war noch nicht die einzige Last, die wir zu tragen hatten. Über all dem Lärm der Textilmaschinen thronten zwei schrille Lautsprecher wie verfeindete Lager. Mit jeweils höherer Frequenz schmetterten sie ihre revolutionären Sprüche.

Yifan begann, Japanisch zu lernen. Er brachte es sich selbst bei, indem er japanische Artikel übersetzte. Er erklärte mir, Lärm würde nach internationalem Standard in Dezibel gemessen. Die Textilfabrik liege bei neunzig bis über einhundert Dezibel. Sei der Lärm leicht, drohe nur Hörschaden, sei er gewaltig, dann sei Hörverlust unvermeidlich. Yifan schrieb einen Beschwerdebrief, doch wohin sollte er ihn schicken? Wenn man unvorsichtig war, würde es heißen, man greife in die Große Revolution ein. Das einzig Gute war, dass die ersten Opfer eines Hörverlustes die »alten Frauen mit den kleinen Füßen« waren. Diese arbeiteten als Spähtrupp. Eigentlich schon schwerhörig, vernahmen sie bei ihrer Tätigkeit so gut wie gar nichts mehr: So sangen wir nach Herzenslust, rezitierten Gedichte, diskutierten leidenschaftlich. Der Lärm wurde für uns zur Schutzwand.

Eines Nachts, das war zu Beginn der Kulturrevolution, radelte ich mit einem Klassenkameraden zum Stadtteil Ping'anli. Es war tiefe Nacht, alle Welt hatte sich zur Ruhe begeben. Plötzlich erschienen auf der Straße mehr als zehn Esel. Ein

Bauer trieb sie Richtung Westen. Der Mitschüler erklärte mir: Täglich gebe es diese Herden von Eseln, um Mitternacht kämen sie vom Roten Tor in der östlichen Vorstadt und drängten nach Peking hinein. Ziel sei der Zoo. Sie würden zur Schlachtbank geführt, um am nächsten Tag den wilden Tieren zum Fraß vorgeworfen zu werden. Für sehr lange Zeit wälzte ich mich im Bett hin und her, wenn es auf Mitternacht zuging. Ich lauschte dem wirren Getrappel von Hufen. Die Esel ahnten mit Sicherheit ihr nahendes Unheil voraus, so erschienen sie mir wie der junge Trommler, der seine Schritte ordnete und zum Sterben bereit war.

Spielzeug und Spiele

In der Tiefe meiner Erinnerung sind all die alten Spielsachen längst verblasst, sie scheinen vor mir geboren und dann begraben auf dem Weg meines Heranwachsens.

Mein erstes Spielzeug war ein Motorboot aus Metall. In seinem Inneren befand sich eine Öllampe, deren Energie es antrieb. Das Boot stieß unvermittelt Rauch aus und drehte in der Wanne seine Runden. Es hatte auch einen Mini-Dynamo. Sobald sich das Rad bewegte, blinkte eine Glühbirne auf, mal hell, mal dunkel. Eigentlich wurde es zum Spielzeug meines Vaters. Es erfüllte die lang gehegten, aber nie verwirklichten Wünsche seiner Kindheit.

Hinter dem Motorboot mit dem Dynamo funkelten Autos aus Glas, sie bildeten eins ums andere eine lange Reihe. Tatsächlich waren sie nichts anderes als Flaschen, geformt in der Form von Autos, gefüllt mit bunten Geleebohnen. Der Ersatzreifen am Wagenheck gab den Flaschendeckel ab. Diese Autos stehen für die Sehnsucht nach der vergangenen Süße, doch ohne Aussicht auf ein Überleben, denn letztlich zerspringt alles Gläserne allzu leicht.

Die Leidenschaft meines Sohnes für Waffen gibt mir Anlass, einen Blick auf mich selbst zu werfen, auf das Schicksal von Männern, Generation für Generation. In Ernest Hemingways Roman *A Farewell to Arms* kommt dem Wort *arms* eine doppelte Bedeutung zu: Waffen sowie die Umarmung einer Frau, bezugnehmend auf die Nöte des männlichen Protagonisten – der Abschied von den Waffen ist zugleich der Abschied von der Mutterliebe. Der Mann verliert die Anerkennung des Männlichen, wie sie dem mütterlichen Instinkt im Roman inhärent ist.

Meine erste Waffe war eine Maschinenpistole nach russischer Art mit Drehgriff, der bei Betätigung ein ratterndes Geräusch von sich gab. Auf einem alten Foto trage ich an der Seite die Maschinenpistole. Erhobenen Hauptes, mit geschwollener Brust blicke ich zornig nach vorne. Später machte mir ein Onkel, der bei der Marine war, ein noch wertvolleres Geschenk: einen Revolver. Dieser war aus Gusseisen und hatte das perfekte Gewicht. Mit dem Lederhalfter, schräg an meiner Seite, glich sein Träger einem Politkommissar. Meine Selbstbezogenheit kannte damals keine Grenzen. Noch wundersamer war: Wenn man mehrmals hintereinander den Abzugshahn zog, hämmerte es Papierkügelchen, die einen in Angst und Schrecken versetzten, und man konnte laut zum Angriff übergehen. Das militärische Geschenk des Onkels war als Erbe der Gewalt lediglich von zeremonieller Bedeutung, bis der Zufall es eines Tages will, dass sich wirklich etwas ereignet.

An jenem Tag, als ich beschenkt worden war, ging ich mit meiner Familie in den Nordsee-Park. Wir tranken Tee. Das Restaurant befand sich nahe dem Drachen-Pavillon. Während die Erwachsenen sich unterhielten, hängte ich mir den Revolver um und ging auf Inspektion. Wie an vorderster Front erkundete ich das Gelände. An einem Gehölz streifte ich im

Vorübergehen einen Burschen. Als er sah, dass ich eine Maschinenpistole trug, beschimpfte er mich unflätig. Der Hass zog uns gegenseitig an wie ein Magnet. Bevor ich die Pistole herausgezogen hatte, richtete sich bereits ein Messer in der Form eines Schraubenziehers auf meine Brust. Es war ihm gleich, dass er mir in Alter und Statur nicht gewachsen war. Seine Kleidung war ein Flickenteppich, sein Gesicht voller Hautflechten, der Nacken war schwarz. Offenbar entstammte er der untersten Gesellschaftsschicht.

Die Konfrontation dauerte höchstens zwei Minuten, doch sie erschien mir unvergleichlich lang. Die verstreichende Zeit passte sich dem Rhythmus des Herzschlags an. So nah beieinander, vermochte ich seinen Augen die Mordlust anzusehen. Ich hatte ein mulmiges Gefühl in der Magengegend. Zu guter Letzt trat ich einen Schritt zurück, wandte mich um und ging weiter. Ich vernahm hinter mir das höhnische Lachen des Siegers. Ich fand aus dem Gehölz heraus und kehrte in den Schoß meiner vergnügten Familie zurück. Ich fühlte mich zutiefst gekränkt und schluckte die Tränen hinunter. Ich wusste, als Mann hatte ich die bittere Pille allein zu schlucken.

In der Familie meines fünften Onkels lebten vier reizende Töchter. Eine so schön wie die andere. Da es aber keine Söhne gab, wurde ich besonders wertgeschätzt. Man äußerte meinen Eltern gegenüber den Wunsch, mich gegen eine der Töchter quasi einzutauschen. Ohne Erfolg. So blieb nur übrig, mich gelegentlich auszuleihen. Daher verbrachte ich die Winter- und Sommerferien für eine kurze Weile in der Familie meines fünften Onkels. Unter so vielen Mädchen zu leben, war ein Gefühl besonderer Art. Kein Wunder, dass ich zu dem Frauenversteher Jia Baoyu aus dem Roman *Der Traum der Roten Kammer* mutierte. Wer woanders hinkommt, hat sich dort anzupassen. Ich machte also bei den Spielen der Mädchen mit: Börsen sticken, Gummitwist, Himmel und Hölle, Taschenwerfen. Die Burschen in der Umgebung johlten und machten ihre Späße. Als es dann zu den Heiratsspielen kam, wurde aus dem Spaß Ernst. Ich verliebte mich still und leise in Cousine Mei.

Damals lebte die Familie meines fünften Onkels in einem Heim des staatlichen Messamtes im Stadtteil Ping'anli. Wenn man vor die Tür trat, stand man auf weiter Flur. Sommers nahmen mich die Cousinen zum Pflücken von Fingernagelblüten mit, deren wissenschaftlicher Name Gartenbalsamine lautet. Wir zerdrückten die pfirsichfarbenen Blütenblätter, den Saft strichen wir uns auf die Fingernägel, ein ums andere Mal, so dass die Farbe tiefer und tiefer wurde. Anfänglich fand ich mich ziemlich lässig und gab mit meinen Fingernägeln an.

Unter den vielen Spielen, die wir trieben, war auch noch eines, welches den seltsamen Namen »Knochengreifen« trug. Wir nahmen Knochen der Hinterbeine von Schafen und färbten sie von allen Seiten mit unterschiedlichen Farben ein. Jede Gruppe bekam vier bis acht Knochen. Mit einer Hand warfen wir Stoffsäckchen oder Tischtennisbälle, mit derselben Hand wendeten wir die Schafsknochen und stellten sie in Reih und Glied auf. Das Schriftzeichen für »greifen« (*chua* statt *zhua*) stellt hier ein äußerst bildliches Verb dar, denn es erinnert an die Flinkheit der fünf Finger, die jeden Schafsknochen ergreifen und in die richtige Position bringen. Ich stellte mich jedoch stets ungeschickt an, so dass sich die Cousinen kaum vor Lachen halten konnten.

Sobald die Ferien vorüber waren, kehrte ich wieder in die Welt der Jungen zurück. Die Vergnügungen mit den Mädchen wagte ich vor meinen Kumpanen nicht einmal zu erwähnen. Ich lebte gleichzeitig in zwei verschiedenen Welten, bis ich eines Frühlingsmorgens ein plötzliches sexuelles Erwachen erlebte. In der Zeit meiner stillen und leisen Liebe zu Cousine Mei wurde mir bewusst, dass eine Ehe unter Blutsverwandten nicht möglich war. Es gab keinen Weg, den großen Abstand zwischen diesen beiden Welten zu überwinden.

Unsere Wohnung lag nahe dem Tempel zum Schutz des Landes. Alle zehn Tage bzw. jeden halben Monat gab es dort Tempelfeste. Es wurden Leckereien verkauft, Bilder aus dem Ausland gezeigt, Opern aufgeführt, Geschichten erzählt, Kampfsport betrieben, und das alles in Hülle und Fülle. Nach Schulschluss der beste Ort. Am hinteren Tor des Tempels befand sich eine kleine Straße namens Ort der hundert Blumen. Dort befand sich ein Markt für Grillen. Unzählige Tierchen hatte man in Bambuskäfige eingesperrt, die Böden mit Gaze ausgelegt. Gute Grillen brachten es auf zwei, drei Kupferlinge. Und die Besten unter ihnen hausten allein in Ton- oder Porzellangefäßen. Ihr Zirpen war außergewöhnlich klangvoll. Da gab es eine Sorte Grillen mit dreieckigem Kopf, die völlig unerschrockenen waren. Man nannte sie »Sargdeckel«. Ihr Marktpreis lag bei 120 Yuan. Für uns schlicht und einfach eine astronomische Summe.

Am Rande des Marktes pflegten ein paar Alte entlang den Mauern zu hocken. Erst zankten sie sich untereinander, dann ließen sie ihre Grillen kämpfen. Wir waren schaulustig und gafften neugierig. Zwei Grillen begannen ihren Kampf, sie entblößten ihre Zähne und konnten nicht voneinander lassen. Bis der Sieger zu guter Letzt seine Flügel schwang und sein Siegeslied zirpte. Der Verlierer zog entmutigt von dannen. Sein Besitzer bediente sich einer Art »Fühler«, um ihn zur Rückkehr zu bewegen. Erst nach drei Niederlagen durfte das Schlachtfeld verlassen werden.

Mit Yifan fertigte ich eine Falle aus Draht. Von daheim holten wir ein kleines Salzfass, das wir leerten. Es hieß, dass man für einen Fühler die Barthaare eines Wiesels benötigte. Wir gingen die Sache mit unseren Mitteln an und suchten ein Unkraut mit dem wissenschaftlichen Namen Kletterhopfen. Wir spalteten es zur Hälfte, drehten es um und zogen es auseinander. Heraus kam ein feiner Flaum, wie geschaffen für einen Fühler. Als alles vorbereitet war, gingen wir auf Erkundung. Uns brach vor Schreck sogleich der kalte Schweiß aus: Von allen Orten auf dieser Welt versteckten sich Grillen, diese wahren Helden, vor allem im Brachland an der Stadtmauer bei den Gräbern. Wie Heroen begaben wir uns auf einen Kriegszug. Wir schritten viele Kilometer, die Ohren gespitzt. Wir passierten Ödland und Dornendickicht. Wir kehrten Ziegel und Schotter um. Schließlich hörten wir den Laut von Grillen. Nach der ersten Freude stellten wir fest, dass die Richtung schwer zu bestimmen war, besonders wegen der lauten Umgebung. Die gesamte Ebene war nichts als ein einziger Gesang von Grillen. Wir waren umzingelt, wir waren in die Enge getrieben. Wir kehrten mit leeren Händen heim, völlig erschöpft, selbst im Traume vernahmen wir noch Gezirpe.

Vergnügungen von Burschen wie meinesgleichen haben etwas vom Charakter eines Glücksspiels. Zum Beispiel das

Spiel namens »Dreieckfächeln«: Man nimmt leere Zigarettenschachteln und baut sie zu einem Dreieck auf. Beim Wettstreit pustet man mit aller Macht gegen sein eigenes Dreieck, so dass es das Dreieck des Gegners umwirft. Es muss daher präzise und mit Kraft fallen. Da es mir jedoch an Koordinationsfähigkeit mangelte, geriet mein Dreieck fast immer in die Fänge des Gegners. Vor dem Wettkampf musste man erst prüfen, ob das Dreieck überhaupt tauglich war. Es durften nur Zigarettenpackungen mit wertvollen Marken verwendet werden. Während der schwierigen drei Jahre der Großen Chinesischen Hungersnot genoss einer meiner Onkel, verheiratet mit der älteren Schwester meines Vaters, als Ingenieur ersten Ranges eine besondere Behandlung. Da er kein Raucher war, gab er meinem Vater seine monatliche Ration von zwei Schachteln der besten Zigaretten ab, darunter die Marken »China« und »Päonie«. Ich druckste ungeduldig hinter dem Rücken meines paffenden Vaters herum und konnte es kaum abwarten, bis er die beiden Schachteln aufgeraucht hatte. Auf diese Weise wurde ich zum direkten Nutznießer seiner Privilegien. Trotz mangelnder Fähigkeiten konnte man sich mit dem Besitz dieser Packungen wie ein Gewinner fühlen. Man hatte die Siegerkarte gezogen, aber man setzt sie nicht unbedingt ein. Glücklicherweise gab es nicht viele Marken, die zum Einsatz taugten – ohne Kampf kein Sieg und auch keine Niederlage.

Jedes Mal, wenn ich an einem Golfplatz vorbeikomme, denke ich an Glasmurmeln. Diese beiden »Ballsportarten« haben manche Gemeinsamkeit, doch wenn man es genau betrachtet, haben Murmeln sehr viel mehr Vorteile als Golfbälle: Zunächst passen sich Murmeln den örtlichen Verhältnissen an, man kann beliebig fünf Löcher graben. Damit helfen sie Energie zu sparen und sind somit gut für die Umwelt. Golfbälle hingegen bedürfen einer größeren Anzahl an Löchern und nehmen für sich überall Land in Anspruch. Sand wird aufgefahren, Bäume werden gepflanzt, gewissenhaft schützt man das vergiftete Gras, damit dort keine Schafe grasen, keine Hunde pinkeln. Zum Zweiten, Murmeln sind von wirtschaftlichem Vorteil. Eine Handvoll kleiner Glasmurmeln reicht bereits aus, um das Herz springen zu lassen. Golfbälle jedoch verlangen den Erwerb von Kleidung und Ausrüstung, den Kauf einer Mitgliedskarte, ja, von der Anmietung eines Elektromobils zur Fortbewegung einmal abgesehen, bedarf es sogar noch eines Trägers, welcher zum Verdruss des Geldbeutels die Schläger zu schleppen hat. Zum Dritten, Murmeln sind zugänglich und einfach. Man senkt den Blick, hebt seinen Hintern und kreist nach Belieben um fünf kleine Löcher herum. Dabei trägt man kurze Hosen, ein T-Shirt oder geht sogar ohne Hemd. Man ist völlig zwanglos. Golfen dagegen bedeutet: Brust raus, Bauch einziehen, Katzenschritte, Entenwatscheln. Und darüber hinaus gibt man vor, entspannt zu sein: einmal durchatmen, noch ein wenig tiefer. Wie schwierig ist es doch, aus dem Meer der Geschäftigkeit auftauchend Atem zu schöpfen.

Was den Wettkampf angeht, so ist das Murmelspiel besonders komplex und unvorhersehbar. Man muss nicht nur die eigenen Murmeln der Reihe nach in die fünf Löcher bugsieren, sondern auch durch Angriffe den Weg nach vorne schützen und freikämpfen. Die wichtigste Taktik ist, die Murmel des Gegners so zu gewinnen wie das Herz einer Geliebten. Das ist der Moment, der das Innere zutiefst aufrührt. Aufgrund meiner unlösbaren technischen Schwierigkeiten habe ich diesen Augenblick der Ergriffenheit persönlich nicht oft erlebt. Meine Spielmethode könnte man »Bohnendrücken« nennen: ohne Kraft und ohne jede Treffsicherheit. Man schaue sich nur einmal einen Könner an, wie dieser mit dem Zeigefinger und Daumen, mit einem Auge auslotend, die Murmel wirft, zielsicher und unerbittlich. Klick, Klack klingt es über das Land.

Mir ist aufgefallen, dass Knaben besonders vernarrt in Spielzeuge sind, wo sich etwas dreht. Wie zum Beispiel der Kreisel, der mit einer Art Peitsche geschlagen wird. Das Spiel trug seinerzeit auch den Namen »Schlagt den Landesverräter«, eine Bezeichnung, die wohl aus der Zeit des Krieges mit Japan stammt. Kreisel waren meist selbstgefertigt: Man sägt ein Stück vom Griff eines Spatens ab und schnitzt es mit einem Messer zu einem Kegel. In den Boden fügt man die Lagerkugel eines Fahrrades ein, die Fläche bestreicht man mit Farbkreisen. Schließlich windet man eine Wäscheleine um eine Bambusstange. So wird eine Peitsche draus. Der Kreisel wirkt dann tatsächlich so wie das abscheuliche Ebenbild eines Halunken in seiner Rolle als Landesverräter. Je heftiger man ihn schlug, umso mehr unterwarf er sich. Schlug man ihn nicht, dann schaukelte er mal hierhin, mal wiegte er sich übermütig dahin. Dann rief ein Pekinger Junge: »Du Schlaffi, willst wohl eine Tracht Prügel!« So ist es wohl zu diesem Namen gekommen.

Einen Eisenreifen rollen. Man befestigt einen Haken an einem großen Eisenrad und rollt es balancierend vorwärts. Ich habe schon früh ein Gedicht mit dem Titel »Blauer Eisenreifen« geschrieben, offensichtlich aus dieser Kindheitserfahrung heraus. Das Runde ist vielleicht die allererste Form der menschlichen Vorstellung von Bewegung: Ein Rad mit einem anderen Rad ergibt ein Fahrrad, mit einem weiteren Rad wird ein Dreirad daraus, vier Räder sind ein Auto und viele ein Zug.

Mit einem Diabolo spielen. Das Spiel erscheint simpel, in Wahrheit jedoch hat es in sich. Betrachtet man es nach den Meistergraden des chinesischen Schachspiels Weiqi, dann entspricht der neunte Grad der Kunst der Akrobaten. Zwei Stöcke, eine Schnur, die sich dreimal um den feinen Hals des Diabolos schlingt. Dann hebt man die eine Seite an, und wenn sich das Diabolo gelockert hat, wiegt man es erst langsam, dann immer kräftiger hin und her. Das Diabolo beginnt zu sausen wie ein Sturm im Bambuswald. Auf dem Höhepunkt schleudert man es mit geöffneten Armen in die Luft. Waren wir nach einiger Zeit nicht mehr so versessen auf das Diabolo, versuchten wir unser Glück mit den Deckeln von Töpfen oder Teekannen.

Knabenspiele haben eine latente Tendenz zur Gewalt und zur Abenteuerlust. Zu Beginn der 60er Jahre war der Film *Held der fliegenden Messer* groß in Mode. Wir waren verrückt nach Messerwerfen. Zunächst begann es mit gespitzten Bleistiften. Sobald die Eltern nicht daheim waren, verwandelten wir die Türen mit ihnen in eine durchlöcherte Honigwabe. Danach kamen die Obstmesser an die Reihe. Diesmal war das Hackbrett unsere Zielscheibe. Doch das waren zu guter Letzt keinesfalls die wahren Wurfgeschosse des Meisters der fliegenden Messer. Eine Zeitlang suchten Yifan und ich wie verrückt nach geeigneteren Messern. Vom Reich der himmlischen Jade bis zu den Gelben Quellen. Schließlich wurden wir fündig: ein paar verrostete Messer mit Scheide und Griff im Abfallhaufen einer Stahlfabrik, die wir mitgehen ließen. Zunächst wetzten wir unsere Fundstücke am Betonboden nahe dem Hauseingang, so dass alle Welt vor Schrecken einen Bogen um uns machte, als wären wir Götter, vor denen man sich aus Ehrfurcht zurückzuhalten hätte. Wir wurden immer wilder und hängten die Holzdeckel der Abfalleimer im Garten in einer Entfernung von mehr als zwanzig Metern auf, unsere Messer blitzten, ihr Anblick war furchterregend. Später hieß es, wir hätten Menschenleben aufs Spiel gesetzt, die Schule und das Nachbarschaftskomitee untersuchten die Sache, unsere Messer wurden daraufhin eingezogen.

Wonach wir uns jedes Jahr am meisten sehnten, war das Frühlingsfest. Für uns Knaben waren die Knallkörper von größter Anziehungskraft. Ganz gleich, wie die Familienfinanzen aussahen, es hatte stets etwas Geld für uns zu geben. Wir Jungen kauften dann überwiegend Böller. Die Auswahl war groß. Man kann die Feuerwerkskörper mit der Feuerkraft einer Armee vergleichen: »Kleine Peitsche«, das war die Munition, »Große Peitsche«, das war die Handgranate, »Kanonenschusslampe« war die Leuchtkugel, »Zweifacher Beinschuss«, das war der Granatwerfer, »Himmelskanone«, das war eine Boden-Luft-Rakete, »Betäubender Donnerschlag«, das kam wohl einer taktischen Kernwaffe in Kleinformat nahe.

Als ich im siebten Lebensjahr war, durfte ich zum ersten Mal einen Kracher allein vor der Tür zünden. Man kann sich meine Begeisterung vorstellen. Zunächst hatte ich daheim Vorbereitungen getroffen: Ich teilte das Feuerwerk in mehrere Teile auf und steckte sie in die Kleidertaschen. Des Weiteren nahm ich Klopapier und rollte es wie zu einem Räucherstäbchen zusammen. Wenn man es in Salpeter tunkte, verbreitete es nach dem Entzünden einen wohlriechenden Geruch. Doch gelegentlich hatte man das Stäbchen anzupusten, damit es nicht ausging. Trat ich schließlich in die Welt aus Eis und Schnee hinaus, waren vereinzelt bereits Feuerwerkskörper entzündet worden und erleuchteten die dunkle Nacht. Ich steckte meinen ersten Böller an. Am Endpunkt seines Parabelbogens explodierte er mit hellem Klang und für sich allein, ganz so wie der erste Schuss bei einer Generaloffensive.

Mit den Jahren wurde ich mutiger. Zum Beispiel fasste ich den »Zweifachen Beinschuss« zwischen zwei Fingern, zündete den Docht an und warf den Kracher mit einem Knall auf die Erde, ehe er in die Lüfte entwich, wo er explodierte. Und da gab es noch eine Spezialwaffe namens »Gelbrauchkanone«. Sie kam einer Nebelbombe oder einer Giftgasbombe nahe. Sie produzierte einen gelben Qualm, der den Himmel verdeckte und die Sonne verdunkelte, mit einem Schwefelgeruch, so dass man keuchte und schnaufte. Yifan und ich steckten die Gelbrauchkanone in einen Spalt der Tür 211, wo Familie Ma wohnte. Wir zündeten sie an und rannten eiligst davon. Das Abendessen der Familie Ma, vorbereitet in Erwartung des Frühlingsfestes am kommenden Tag, war gründlich verdorben. Daheim berichtete ich von dem Ereignis. Meine Eltern gingen mit mir zurück, um mich zu entschuldigen. Das Gute war, damals gab es noch kein allgemeines Rechtsbewusstsein, sonst wäre ich verklagt worden, und es hätte den Ruin meiner Familie bedeutet.

Ein Nachmittag des Frühlingsfestes im Jahre 1959 ist mir bis heute noch frisch in Erinnerung geblieben. Die Jungen in unserer Unterkunft waren in zwei Gruppen aufgeteilt und führten Krieg miteinander. Die eine Gruppe verteidigte den Hauseingang, die andere Gruppe machte sich die vorteilhafte Lage der künstlichen Felsen im Hof zunutze, um ihre Angriffe zu führen. Der »Zweifache Beinschuss« und die »Kleine« wie die »Große Peitsche« flogen, mit Hilfe von Schleudern abgefeuert, massenweise hin und her. Der Lärm war ohrenbetäubend. Zur Verteidigung benutzten wir Schaufeln als Schilde. Im Handumdrehen war überall Pulverrauch wie bei einem Angriffskrieg auf eine alte Stadt, bis der Abend sich senkte, bis die Eltern uns riefen …

Danach hielten wir fast Jahr für Jahr diese Manöver ab, als ob wir uns auf eine Schlacht mit echten Waffen vorbereiteten. Am Tag, als die Kulturrevolution ausbrach, dachte ich an den Geruch des Klopapiers, der einem in die Nase stach, sowie an den ersten Böller, den ich entzündet hatte. All die große Energie, die diese Revolution freigab, einschließlich der blutigen Gewalt, kam von uns Kindern. Wir schienen über Nacht groß geworden zu sein, um unsere Verkleidung abzulegen und unsere Spielzeuge und Vergnügungen hinter uns zu lassen.

Beim Essen

Mit meinem kleinen Bruder

Mit meinem kleinen Bruder und meiner Schwester, 1956

Geschwisterporträt, 1959

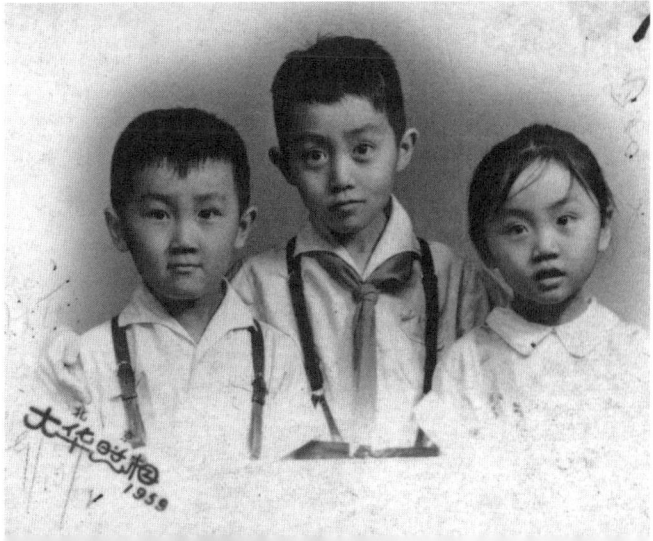

Mit meiner Schwester in der Gasse Sanbulao Nr. 1, 1958

Rudern im Nordsee-Park

Rudern mit meinem kleinen Bruder

Möbel

I

Im Mai 1948 heirateten Vater und Mutter in Shanghai. Sie zogen anschließend nach Peking. Erst ließen sie sich in der Glücksgasse an der Kreuzung von Dongdan nieder. Danach ging es Richtung Ostteil in die Volksgasse. Vater arbeitete bei der Zentralen Treuhandgesellschaft, Mutter blieb daheim. Den Alltag verbrachten wir wohlsituiert. Das lässt sich auch an den Möbeln erkennen, die damals angeschafft wurden: ein Bett Marke Simmons, eine Frisierkommode, ein großer Kleiderschrank, eine Speisegarnitur aus Hartholz usw. Das alles hatte den satten Flair des Kleinbürgertums.

Die Wiege war mein erstes Zuhause. Die Möbel in meiner Umgebung wirkten groß und mächtig. Als ich die schaukelnde Wiege verließ, mich an Bettpfosten, Tischbeinen, Stuhlbeinen hochzuziehen begann, erblickte ich eines Tages auf den Zehen stehend zum ersten Mal den Horizont.

Von der Volksgasse im Ostteil zogen wir in die Amtsstraße und dann weiter in die Fuwai-Hauptstraße, ehe es in die Gasse Sanbulao Nr. 1 ging. Die für unseren Umzug zur Verfügung gestellten Gemeinschaftsmöbel machten den Eindruck von Fremden, die in unser Leben eindrangen. Dazu gehörten zwei

Schreibtische, der eine tiefbraun mit drei Schubladen nebeneinander, der andere hellgelb mit Fächern für Akten auf der rechten Seite. Letzterer wurde nur von Vater genutzt. Darin waren die geheimsten Schriftstücke der Familie verschlossen. Und dann gab es noch ein Bücherregal, zwei Stühle sowie zwei Betten, alles Kollektivbesitz, in ihrem Aussehen unverkennbar militärisch wie kommunistisch. Der Ruch drang durch die Türen in die Heime, ein aufgenageltes Blechschild gab Auskunft, zu welcher Einheit die Dinge gehörten. Vom Gehalt meines Vaters wurden monatlich ein paar Kupferstücke als Leihgebühr einbehalten.

Von da an schlugen Gemeinschaftsmöbel bei uns Wurzeln. Zusammen mit dem privaten Mobiliar wuchsen wir heran. Nie hätten wir uns träumen lassen, dass ein solch unansehnliches Inventar derart strapazierfähig sein und einen durchaus zähen Lebenswillen haben würde, so dass die private Ausstattung mit ihrem kapitalistischen Flair im Nu unglücklich wirkte.

Als erstes schmiedeten die Sprungfedern der Simmons-Matratze Ränke und rebellierten. Eine nach der anderen machte sich von ihrem Gefängnis los, eilig hierhin, Ausbruch dorthin. Außer dass sie uns im Schlaf in die Hüften und die Beine drückten, quietschte es auch noch die ganze Nacht wie eine ungestimmte Zither. Aber wie sollte man jemanden finden, der die Matratze repariert? Denn die drei schlimmen Jahre der Großen Chinesische Hungersnot standen bevor und Essen und Trinken war keine Selbstverständlichkeit.

Wir erkundigten uns überall. Dem Hörensagen nach gab es eine kleine Fabrik, die Sprungfedern abkaufte, eine für fünf

Yuan. Vater war hocherfreut, das ganze Wochenende montierte er Sprungfedern ab und tauschte sie gegen Holzlatten ein. Die insgesamt 28 Sprungfedern hätten pro Stück auf dem Schwarzmarkt einen Kopf Chinakohl eingebracht. Von seiner Arbeit lieh er sich ein Dreirad. Siegesgewiss fuhr er los, enttäuscht kehrte er heim. Die Information war falsch gewesen. Für alle Federn zusammen gab es nur fünf Yuan. So blieb ihm nichts anderes übrig, als die Sprungfedern auf dem Balkon aufzuschichten. Wind und Regen besorgten den Rest. Als alles verrostet war, ging es zum Schrotthändler nebenan. Für das Geld wurde Fruchteis für uns drei Kinder erstanden.

In dichtem Abstand rebellierten auch die vier Stühle des Esstisches: Ihre Sprungfedern riefen einander aus dem Abseits zu. Vielleicht stammten diese Möbel aus derselben Fabrik wie das Bett von Simmons. Sie alle hatten das Ende ihrer Brauchbarkeit erreicht. Vater gelang es, fünffach gepresstes Sperrholz aufzutreiben, er sägte es entsprechend zu und nagelte es fest. So wurde der Aufstand befriedet. Auch wenn es hieß, das Sperrholz sei kein erfreulicher Anblick, genossen wir doch zumindest den festen Sitz. Wir hatten sie noch nicht gestrichen, da stand schon die Kulturrevolution an. Die Sitzflächen blieben blank, gleichwohl hatten unsere Hinterteile im Lauf der Jahre einen dunklen Ton hinterlassen.

II

Als Ältester hatte ich gelernt, Hausarbeiten zu erledigen. Ich
half unserer Haushaltshilfe Qian, das Gemüse zu putzen, Ge-
schirr zu waschen, Feuer zu machen, die Küche zu säubern.
Was mir Mühe bereitete, waren die Glastüren des alten Ge-
schirrschranks. Ganz gleich, wie ich sie putzte, es brachte alles
nichts. Mit einem nassen Lappen drübergegangen, gab es zwar
ein paar helle Stellen, doch kaum waren die Wasserflecken getrocknet, waren die Scheiben wieder dunkel. Ich hatte immer
vorgehabt, meine Eltern nach der Arbeit vor den Schrank zu
rufen, um ihnen eine Überraschung und Freude zu bereiten.
Doch ob nun Seifenlauge oder Scheuerpulver, jedes Unterfan-
gen war von Misserfolg gekrönt. Das hatte mächtige Auswirkungen auf mein Gemüt. Später erst erfuhr ich, dass die blin-
den Scheiben Absicht waren, um den Inhalt zu verbergen. Für
viele Jahre glich meine Stimmung ebendiesen dunklen Scheiben: Egal wie viel geschrubbt wurde, es machte keinen Unterschied.

Es war im ersten Jahr der Mittelschule, dass ich schließlich
ein eigenes abschließbares Schubfach bekam. Das begrüßte
ich natürlich, denn nun hatte ich meine Geheimnisse für mich.
Früh habe ich einmal folgende Verse geschrieben: »In einem
Schubfach seine Geheimnisse verschließen, / in Lieblings-
büchern seine Notizen hinterlassen«. Derlei verfasste ich wie
im Taumel. In meinem Schubfach verbarg ich mein Taschengeld, mein Notizbuch, meine Schulzeugnisse, Neujahrskarten
und meine erste Erzählung. Ja, und auch noch ein Foto meiner
Cousine Mei, in die ich heimlich verliebt war, eigentlich han-

delte es sich nur um ein Familienfoto, aufgenommen vor der Drachenwand im Pekinger Nordsee-Park.

Möbel haben mit den Menschen wider Erwarten etwas gemeinsam: Sie altern, werden krank und siechen dahin. Als ich in die Mittelstufe der Mittelschule eintrat, waren unsere Möbel mit einem Male gebrechlich geworden. Die Zapfen in der Kommode versagten ihre Dienste. Die Schubladen ließen sich nach dem Öffnen nicht mehr schließen. Die Bücherregale schwankten, sie ertrugen das Gewicht der Klassiker nicht länger, die Stühle quietschten, sie beklagten das eigene und das menschliche Geschick. Die Glasplatte des Esstisches zerbrach, ganz so wie das Vaterland in Stücke zerfiel. Vater griff zum Isolierband, um die Dinge wieder zusammenzufügen, doch das Klebeband machte sehr bald nicht mehr mit. Stattdessen hinterließ es einen ranzigen Geruch.

Das Auftauchen von Kunststoff war von revolutionärer Bedeutung. Vater war einer der Ersten, der ein Gespür dafür hatte, welche landesweite, ja, weit über den Horizont hinausgehende Innovation das für die Raumausstattung war. Eines Tages brachte er von einem Metallwarengeschäft ein paar Plastikfolien, Restposten in der Farbe von Kacke. Ich vermute, das war der Grund, warum man sie ihm billiger gab. Er nahm Latexkleber und fügte vier Folienreste zusammen. Zum Trocknen packte er Klassiker, Flaschen und Büchsen obenauf. Nach ein paar Stunden erwies sich der Versuch als geglückt. Die Plastikfolien hielten weit besser als das Glas. Vater war mehr als zufrieden. Er konnte sich kaum einkriegen, so kaufte er noch mehr Folien, mit der Folge, dass fast alles abgedeckt war, die Kommode, der Geschirrschrank, der Nachttisch, die Tischplatte.

Für 25 Yuan erwarb mein Vater von Nachbar Zheng Fanglong eine Ledergarnitur, die nur für eine einzige Person gedacht war, sie war groß, aber unpraktisch, in keinem Vergleich zu den Maßen unserer Gemeinschafts- und Privatmöbeln. Dieses Sofa war wie ein gekrümmter Riese, eingepfercht zwischen Kleiderschrank und dem Bett meiner Eltern. Der Handel erwies sich als zweifelhaftes Geschäft: Nicht sehr viel später sprang eine Feder aus dem Lederpolster hervor, ganz wie eine Blüte, zunächst verschlossen, dann streckten die Sprungfedern ihre Köpfe eine nach der anderen hervor. Das dicke Rinderleder des Sofas begann sich ebenfalls zu verabschieden: Es zerfiel in Streifen wie eine geschälte Apfelsine.

Der Frisiertisch wurde mit einem Mal das einzige extravagante Möbelstück bei uns zuhause. Es stammte mit Sicherheit aus der Zeit vor meiner Geburt. An den beiden Seiten des großen Spiegels befand sich je eine kleine Vitrine. Beide waren durch einen gläsernen Durchgang miteinander verbunden, der aussah wie ein rechteckiges Aquarium. Die Glasabdeckung oben war schon zeitig zerbrochen, der Frisierstuhl hatte sich ebenfalls auf und davon gemacht. Aufgrund seines Alters zeigte der große Spiegel eine verschwommene Oberfläche, ganz so als hätte er Demenz und vermochte sich nur an die Jugend von Mutter zu erinnern. Er hatte sich dem neuen Zeitalter verweigert, seine Existenz machte mich unruhig, ließ mich Scham fühlen, besonders als die Kulturrevolution bevorstand und er gleichsam als Schuldbeweis gelten konnte.

Vater und Mutter hatten zur Umerziehung in die Kaderschule zu gehen. Ich machte mir einen freien Tag zunutze, lieh mir ein Dreirad und schleppte die Frisierkommode zum Trödler. Ich bekam dreißig Yuan dafür. Ich war wie erlöst von einer schweren Last. Mit dem Geld lud ich meine Kumpane ins Moskauer Restaurant ein. Wir ließen es uns gut schmecken und gedachten dabei unserer Jugend, die im Fluge vergangen war.

III

Als meine Eltern von der Kaderschule zurückkamen, stellte sich daheim die alte Lebensordnung wieder ein. Die Möbel glichen Trunkenbolden und fielen in sich zusammen. Mein Vater setzte seine Reparaturarbeiten fort, weiterhin bemüht, allerorts Flicken und Plastiküberzüge anzubringen.

Wir kauften als erste Familie im ganzen Haus einen Schwarz-Weiß-Fernseher mit gehörigem Durchmesser (natürlich abgesehen von der Familie des Generalsekretärs). Das brachte eine Revolution unseres ansonsten so wenig geräuschvollen Zeitvertreibs mit sich. Der Fernseher stand auf einer Plastikfolie, mit welcher die Kommode im Außenzimmer abgedeckt war. Er verdeckte die Hälfte der Gipsstatue des Vorsitzenden Mao Zedong. Gab es einen Spielfilm, kamen die Nachbarn wie Bienenschwärme, mit Schemeln und Klappstühlen, in unsere Bleibe. So begann die Zeit kollektiven Vergnügens. Als dann eine Familie nach der anderen in der Lage war, einen eigenen Fernsehapparat zu installieren, beruhigte sich unser Zuhause.

Das Fernsehen änderte unsere Lebensgewohnheiten. Zuerst war da die Körperhaltung. Das lange Sitzen tat unserer Hüfte und unserem Rücken nicht gut. Daraufhin half nur noch das Bett mit einer Wolldecke als Rückenstütze. Als sich dann unsere Nacken versteiften, die Wirbelsäulen verrenkten, tauchte der Kleine Qu auf. Er lebte in Gebäude Nr. 6 und war Arbeiter bei einem staatlichen Unternehmen. Seine Frau arbeitete als Schaffnerin eines Trolleybusses. Er hatte ein typisch mongolisches Gesicht und war immer zu einem Lachen aufgelegt. Seine Augen blieben dann lediglich einen Spalt geöffnet, als ob er hinter Sandstürmen Oasen wahrnehmen könnte. Er meinte, die Zeiten haben sich geändert. Fernsehen bedeute eben in einem Sessel zu sitzen. Er bot an, uns zu helfen und ein Sofa für zwei zu besorgen. So war es denn. Bald darauf konnten wir das von ihm provisorisch gezimmerte Möbel begutachten. Es sah bequem aus und kostete nicht viel. Das eben war das Zeitalter, wo alles sich in Subtraktion übte, um allzugleich, kaum dass sich etwas geändert hatte, dem Verfahren der Addition zu verfallen. Mit dem Ergebnis, dass Vater und mir schwindlig wurde.

Mit dem Kleinen Qu machte ich mich zum Trödler im Stadtteil Xinjiekou auf, um Stangen, Sprungfedern, Seile, Leinen sowie weitere Kleinigkeiten für das Sofa zu besorgen. Jeden Abend nach der Schicht schaute der Kompagnon bei mir vorbei. Selbst wenn er viel zu tun hatte, war er beherzt und behände. Ich konnte meistens lediglich hilfreich zur Seite stehen. Mit nur einem Auge lotete er aus, sägte die Stangen in zwei Teile, glättete und polierte sie mit Schleifpapier. Abschließend trug er drei Schichten farblosen Lack auf. Als diese, dünn wie Zikadenflügel, getrocknet waren, griff er zu langen Nägeln und Latex, um kreuz und quer alles zu befestigen. Das Ergebnis war das Grundgerüst, anschließend nahm er die Seile, um die Sprungfedern, eine nach der anderen, fest miteinander zu verbinden. Schließlich überzog er alles mit Leinen und legte bunte

Badetücher darüber. Zusätzlich zimmerte er nebenbei ein Tee-tischchen, das zwischen die beiden Garnituren passte.

Auf dem provisorischen Sofa war mir wider Erwarten mul-mig, ganz so als säße ich, einem Herrscher gleich, auf einem Drachenthron. Natürlich gab es viele Vorteile: Der Empfang von Gästen war komfortabler und ähnelte nicht mehr Ge-schäftstreffen. Es ging würdevoller und mit Abstand zu. Aber auch unsere Beziehung zum Fernseher änderte sich entschei-dend. Sessel und Fernsehgerät formten in unserem modernen Leben eine Allianz. Sie konnten nicht mehr ohne einander. Ihr Besitz war nicht länger lediglich wünschenswert, sondern eine Notwendigkeit geworden. Bald nahmen alle Nachbarn, die mit einem Fernsehapparat ausgestattet waren, den Kleinen Qu in Beschlag. Er half gerne und ohne zu ermüden. Die neue Wel-le, ausgelöst von einem provisorischen Sitzpolster, änderte zusammen mit dem Fernseher die Lebensweise im gesamten Block.

IV

Seit meiner Bekanntschaft mit Lin Dazhong begann ich, mich noch minderwertiger zu fühlen, dies trotz der Tatsache, dass er hauptsächlich ein Händler der russischen Kunsttheorie des 19. Jahrhunderts war. Er war beredt wie ein Wasserfall. Seine Sätze und Worte trieben nebulös auf und ab. Als er noch arm war, rauchte er Zigaretten der Marke »Dicke Kanone«, als der Reichtum ihn beflügelte, rauchte er Zigarren. Eine Zeitlang bot der Markt an der Kreuzung von Xidan Zigarren aus Kuba an, die »Romeo und Juliette« hießen. Das war eine erstklassige, hochberühmte Marke, verpackt in einem Metallzylinder, pro Stück für nur einen Yuan zu haben. Vermutlich war das ein Teil von Kubas Strategie, die Revolution zu exportieren. Mit einer solchen Zigarre im Mund entschwand Lin Dazhong in noch dichteren Wolken- und Nebelschwaden.

Eines Abends – ich war gerade daheim – erschien Lin Dazhong und schlüpfte in die Maske des russischen Publizisten Wissarion Belinski. Eine Zigarre schmauchend verkündete er, ganz gleich ob im Namen der Ästhetik oder der Freiheit, all das vergammelte Mobiliar bei uns daheim gehöre weggeworfen, Stück für Stück. Mit einer eleganten Geste besänftigte er meinen Zorn. Er verwies auf die Pflicht, energisch mit den Verfallserscheinungen der Familie aufzuräumen. Der einzige Ausweg sei es, einen neuen Bücherschrank zu zimmern. Ich hatte kaum auf das wackelnde Bücherregal gezeigt, da gebot er mir gleich mit einer entschiedenen Geste Einhalt: »Wovon ich spreche, ist ein eleganter Bücherschrank mit Glastüren, von modernem Flair. Ein solcher erst steht für die Würde des Wissens.« So jedenfalls Lin Dazhong.

Von ihm überzeugt versuchte ich, die Eltern dafür zu gewinnen. Daheim verfügten wir über etwas Nutzholz, das im Flur aufgeschichtet war und ideal am Schauplatz des Geschehens zur Verfügung stand. Lin Dazhong fertigte eine Zeichnung an, vermaß das Material, aber verkündete bereits im Voraus, er entwerfe nur, daher bedürfe es eines Gehilfen, der die Ausführungen übernehmen sollte. Damals gab es unter meinen Kumpanen etliche, die nichts zu tun hatten, sie rissen sich um Gelegenheitsarbeiten wie bei der Errichtung von Wohnungen und der Anfertigung von Möbeln helfen zu dürfen. Sie standen auf Abruf bereit. Ich entschied mich für Sun Junshi und Li Sanyuan. Der erstere war von mittlerer Statur und stämmig. Der letztere war 1,93 Meter groß und von kräftiger Erscheinung. Beide waren Teil desselben Literatursalons. Lin Dazhong händigte uns die Zeichnung aus, zündete eine Zigarre an und war sogleich verschwunden.

Jeden Morgen gegen 10 Uhr 30 traten meine beiden Kumpane ihre Schicht bei uns daheim an. Erst wurde Tee aufgebrüht, dann begann die Unterhaltung. Sie lasen gerade gemeinsam *Farm der Tiere* im Original. Erst nach 11 Uhr erhoben sie sich zur Arbeit. Der erste Schritt war, das Material in acht Zentimeter dicke Holzplatten zuzusägen. Wir brachten zu diesem Zweck die Platten in den Hof. Dort machten wir sie an einem Baum fest. Die beiden sägten mit einer großen Säge und plauderten. Ihr Gespräch hob mit dem Satz »Alle Tiere sind Kameraden« an. Im Nu war es Mittag und ich machte mich geschwind ans Kochen. Nudeln und dazu ein paar Gerichte aus der Pfanne. Dazu hochprozentigen Volksschnaps. Die beiden waren von ausgesprochenem Appetit, besonders Li Sanyuan, der essen konnte für drei. Kaum hatte Kamerad Sun einen Schluck Schnaps zu sich genommen, da rötete sich schon sein weißes Gesicht. Er kam wieder auf die *Farm der Tiere* zu sprechen: »Alle Tiere sind von Geburt an gleich, doch einige Tiere sind noch gleicher als andere.« Da war es bereits nach 15 Uhr. Also zurück zur Arbeit! Bevor es dunkelte, tranken wir noch zweimal Tee. Zum Abendessen wurde selbstverständlich wieder der eine oder andere Schnaps zum Imbiss gereicht. Wir erörterten dann Fragen wie: »Sind Vierbeiner gut und Zweibeiner schlecht?« Zu diesem Zeitpunkt hatte Suns Gesicht nicht mehr die Farbe Rot, sondern konnte als Purpur beschrieben werden.

Lin Dazhong vermochte in seiner Eigenschaft als Aufpasser plötzlich aus dem Nichts aufzutauchen. Manchmal rauchte er Zigarren, manchmal Zigaretten der Marke »Große Kanone«. Er wies uns auf ideologische Probleme im Roman *Farm der Tiere* hin, die mit dem Kalten Krieg zu tun hätten. Danach war für längere Zeit wieder nichts von ihm zu hören und zu sehen.

Für das Sägen der Holzbretter hatten wir mehr als zwei Monate gebraucht. Meine Familie stand vor dem Ruin. Die zugeteilten Lebensmittel waren so gut wie aufgebraucht, es gab kaum mehr Speiseöl. Und unser Unternehmen kannte kein Ende. Mutter begann sich Sorgen zu machen. Lin Dazhong tröstete sie, man sei bereits in die letzte Arbeitsphase eingetreten.

Eines Tages kreuzte er mit einer Rolle Papier von brauner Holzmaserung auf. Er krempelte die Ärmel hoch, strich Latexkleber auf, bespannte Brett für Brett mit dem Papier und gab glanzlosen Lack darüber. Am nächsten Tag war der Bücherschrank schließlich dank seiner Leitung und Inspektion fertiggestellt. Wir hängten die Glasscheiben ein, und schon machte das Kunststück etwas her. Darauf stießen wir an. Auf die Würde des Wissens.

Wer hätte gedacht, dass ein moderner Bücherschrank wider Erwarten innerhalb kürzester Zeit seine Existenz aufgeben würde? Das Papier warf Blasen, das Holz verlor aufgrund der Feuchtigkeit seine Form, die Glastüren klemmten fest. Infolgedessen änderte sich seine Funktion. Krimskrams, Schuhe, Hüte traten an die Stelle von Büchern, schließlich zog der Schrank in die Küche um: Töpfe, Schalen, Löffel und Schüsseln waren seine Zukunft. Immerhin bestand der Schrank im Laufe der Umwälzungen alle Prüfungen und hielt bis zu dem Zeitalter stand, da sich die Maßstäbe von Volk und Land zu ändern begannen. Sie überschwemmten uns, das Leben wurde durchsichtig, als würden wir in einem Glashaus leben.

Schallplatten

Anfang 1960 gab Vater mehr als vierhundert Yuan aus, um ein Radio Marke »Päonie« samt Schallplattenspieler zu kaufen. Besonders das Grammofon war ohne Zweifel ein Meilenstein der damaligen Technik: Vier Arten von Geschwindigkeit standen zur Auswahl, die das System regulierte, außerdem vermochte das Gerät automatisch zu stoppen. In meiner Vorstellung entströmte die Musik der grünen und roten Ein- und Ausschaltlampe.

Hier muss ich einfügen, Vater verstand eigentlich nicht viel von Musik. Gleichwohl war der Kauf eine Reaktion auf seine romantische Ader und ebenso auf seine Besessenheit von moderner Kunst. Das stand in starkem Kontrast zu dem trübsinnigen Zeitalter. Damals waren alle vom Hunger geplagt, waren damit beschäftigt, den Magen mehr schlecht als recht zu füllen. Müßige Ohren erschienen dagegen als der reine Überfluss. Vater kaufte weiter zahlreich Schallplatten. Unter ihnen befand sich *An der schönen blauen Donau* von Johann Strauss. Ich erinnere mich: Die Geräte waren kaum angeschaltet, begannen die Eltern schon gemeinsam zum Donauwalzer zu tanzen. Ich traute meinen Augen nicht.

An der schönen blauen Donau war eine Platte mit 33 Umdrehungen. Auf dem blauen Umschlag mit dem Fluss im Hintergrund fanden sich kyrillische Buchstaben. Ich vermute, es war der Verweis auf die Aufführung irgendeines sowjetischen Orchesters. Dieses Erlebnis war für mich eine Erleuchtung, was westliche Musik angeht. Ich war einem Kinde gleich, das zum ersten Mal eine Süßigkeit kostet. Viele Jahre später ging ich nach Wien. Der Walzer und all das süße Zeug in Österreich verdarben mir schließlich den Appetit.

Die Kulturrevolution brach aus. Ich weiß nicht wieso, aber dieser Orkan lässt mich an die schwarzen Schallplatten denken. Die Zeiten änderten sich. Man kehrte zurück zur Muße der Lippen, die Ohren stellten sich auf. Ich verbannte den schrillen Hochtonlautsprecher vor das Fenster, senkte die Lautstärke, danach legte ich meine geliebten Schallplatten auf.

Zu Beginn des Jahres 1969 lieh sich ein Mitschüler namens Da Li, der in der Mittelschule eine Klasse über mir war, die Platte *An der schönen blauen Donau*. Er nahm sie mit in die Innere Mongolei, wo er, ganz dem Geist der Zeit verpflichtet, auf dem Lande ansässig wurde. Das war bei der Flussbiegung des Gelben Stromes am Fuße des Berges Daqing. Im Herbst desselben Jahres fuhr ich zum Aufbaukorps an der chinesisch-mongolischen Grenze, um meinen Bruder zu besuchen. Auf dem Rückweg nach Peking stieg ich im ehemaligen Gebiet der Tu-Minderheit aus dem Zug. Ich wollte dort Da Li und einige Mitschüler wiedersehen. Ich blieb zwei Tage in dem Dorf. Die Gruppe kehrte mit dem Abendrot zurück. Sie schulterten Hacken, um die Hüften hatten sie sich Gräser geschnürt, ein einziges Jubeln und Lachen. Da Li legte die Platte *An der schönen blauen Donau* auf. Die elegante Musik aus dem Adel des österreichisch-ungarischen Reichs stieg mit dem stickigen Rauch des Herdfeuers zu den Dachbalken eines nordchinesischen Bauernhauses auf. Viele Jahre später kehrte Da Li nach Peking zurück. Die Schallplatte war verschwunden.

Meiner Erinnerung nach war die zweite Platte, die ich hörte, Tschaikowskis *Italienisches Capriccio*, eine schwarze Bakelit-Platte mit 78 Umdrehungen, produziert von der Firma Columbia. Zu Beginn der 70er Jahre habe ich mich mit Freunden wie Yifan, Kang Cheng und anderen oft daheim getroffen, ganz so, als säßen wir dort gemeinsam um ein Lagerfeuer, um mit dem Rücken dem kalten Wind zu trotzen. In diesem Salon der Bücher und der Musik war verbotener Spaß an der Tagesordnung. Es waren auch Mädchen dabei, die eine romantische Stimmung mitbrachten. So begann unser Schreiben. Ein jeder von uns war Autor, Leser und Kritiker in einer Person. Unstreitig infiltrierte die Musik, die wir immer abspielten, unsere frühen Werke.

Es wurde schließlich zu unserer Zeremonie: die schweren Vorhänge zuziehen, die Becher füllen, Zigaretten anzünden, dank Musik die Umzingelung der Nacht durchbrechen, in die weite Ferne reisen. Da wir die Platten immer wieder laufen ließen, hatte die Grammofonnadel erst die irdische Welt mit all ihrem Lärm zu durchstreifen, bevor sie wieder zum großen Hauptthema zurückfand. Dann eine kurze Pause. Kang Cheng verstärkte gestisch die Atmosphäre im Raum, als er begann den zweiten Satz zu erläutern: »Gegen Morgen zieht ein kleiner Pulk Reisender durch die Ruinen des alten Rom ...« Tief in der Nacht fand die Musik ein Ende, doch es rührte sich niemand. Jeder schlief irgendwie, irgendwo ein. Derweil drehte sich die Nadel im Schlusssatz endlos weiter.

Yifan entwickelte daheim eigene Fotos. Einmal wurde das rote Sicherheitslicht seiner Dunkelkammer als Spionage-Signal missverstanden. Dies rief die Polizei auf den Plan, die Untersuchungen anstellte. Unglücklicherweise wurden dabei alle Schallplatten eingezogen, darunter auch unser *Italienisches Capriccio*. Es wanderte in die dunklen Nächte der Akten und Archive, ohne sich jemals wieder auslösen zu lassen.

Die dritte Platte war das *Violinkonzert Nr. 4* von Paganini. Sie hatte 33 Umdrehungen und stammte von einer deutschen Grammofongesellschaft. Ein Onkel hatte sie während eines Auslandskonzertes erworben und mitgebracht. Dieser spielte die Flöte im Zentralorchester und war erst vor ein paar Jahren in den Ruhestand getreten.

Kaum kam man auf seine Konzertreise in Europa zu sprechen, da führte der Onkel Freudentänze auf. Besonders angetan war er von einer Aufführung in Wien. Es wurde dort Zauberkunst in alten chinesischen Gewändern aufgeführt, die die Zuschauer verblüffte. Der Magier zauberte zunächst aus seiner langen Robe und aus einer Mandarinjacke einen Kohlenofen, eine Taube, frische Blumen und Papierschlangen, mit deren Hilfe er die ganze Bühne verwandelte. Zum Abschluss schlug er einen Purzelbaum und verwandelte sich in eine müßig an der Seite stehende Pauke, wie sie in der Pekinger Oper vorkommt. Ein Moment der Stille, dann Ovationen. Aber diese amüsante Anekdote schien mir fehl am Platz, sie passte nicht so recht in mein Bild. Denn sie hieß mich, Paganini mit dem kostümierten Zauberer aus China auf eine Stufe zu stellen, als wenn die Platte ebenfalls nur Magie wäre.

Zur Zeit der Kulturrevolution war der Onkel in der Kader-

schule. Die Sorge um die guten Platten, einschließlich Paganini, lag nun in meiner Hand. Besonders der Stereoton, auf der
Hülle vermerkt, ließ mich in Ehrfurcht erstarren. Damals verfügte keine einzige Familie über ein Stereogerät. Ohne Zweifel prägte der monofone Klang unsere monofonen Ohren, und
sie wiederum formten unsere besondere Art, der Welt aufmerksam zu lauschen. Jedes Mal, wenn ich mir eine Schallplatte auslieh, fixierte mich der Onkel und schärfte mir immer wieder ein: Auf gar keinen Fall an andere weiterverleihen!

Ich erinnere mich noch, wie wir das erste Mal Paganini
hörten. Wir waren von seiner Leidenschaft hingerissen. Kang
Cheng, der sich gerade selbst Deutsch beibrachte, erläuterte
und übersetzte Wort für Wort die Schallplattenhülle. Als dann
die stürmische Hauptmelodie ertönte, begann er, mit den Armen zu dirigieren, wie wenn er den Geiger und das Orchester
leitete. »Umso mehr einem Vogel gleichend, zum Himmel hinauf, in neue Höhen, dann wieder hinunter, doch wie unbeug-
sam, hinauf und weiter hinauf ... «

In unserem Salon gehörte aller Besitz allen. Es war keine
Frage ob weiterverleihen oder nichtweiterverleihen. Das verstand sich von selbst. Die Platte verstaute Kang Cheng in seinen Ranzen und kehrte damit auf dem Rad nach Hause zurück.
Eines Morgens ging ich zur Unterkunft des Ministeriums für
Eisenbahnwesen in den nördlichen Teil der Straße, die nach
dem Mondtempel benannt ist. Plötzlich bemerkte ich durch
eine Fensteröffnung die Schatten von Polizisten, die sich im
ersten Stock der kleinen Bleibe von Kang Cheng und seinem
Bruder hin und her bewegten. Es musste etwas passiert sein.
Ich begann zu schwitzen und es lief mir kalt den Rücken hi-

nunter. Ich informierte auf der Stelle Yifan und alle anderen Freunde, wir berieten Gegenmaßnahmen. Unser erster Gedanke war: Die Briefe waren ein Problem. Für jede Hypothese legten wir uns eine passende Reaktion zurecht. Das war im Jahre 1975, der Sommer hielt gerade Einzug und der Tag verstrich denkbar langsam.

Gegen Abend erschien Kang Cheng auf geheimnisvolle Weise bei mir zu Hause. Er trug einen großen Mundschutz.

Es stellte sich heraus, dass alles mit Paganini zu tun hatte. Irgendein Freund irgendeiner Schülerin der Pädagogischen Hochschule angegliederten Mittelschule für Mädchen war der Sohn eines Kaders. Sie hatten in ihrem Salon die gleiche Platte. Eines Tages war sie plötzlich verschwunden. Laut Hörensagen wollte irgendjemand die Platte bei Kang Cheng gesehen haben. Es wurde kategorisch behauptet, dieser habe sie mitgehen lassen. Die vermeintlich Betrogenen suchten ihn daraufhin frühmorgens auf. Sie hatten Waffen bei sich. Die Großmutter von Kang Cheng öffnete die Tür. Die Bande stürmte in die Wohnung. Die beiden Brüder schliefen noch. Im folgenden Handgemenge flogen die Flaschen mit Sojasoße. Ein Trupp älterer Frauen, die für die Sicherheit zuständig waren, erstattete unverzüglich Bericht. Die Polizei eilte sogleich zum Schauplatz des Geschehens. Egal, um wen es sich handelte, alle wurden ergriffen, um später befragt zu werden. Paganini galt nicht als Anführer einer Konterrevolution. Daher hatten die Unruhestifter wegen »Störung der öffentlichen Ordnung« lediglich einige Tage einzusitzen sowie eine Selbstkritik zu verfassen, und damit war die Sache erledigt.

Paganini wird sich kaum vorgestellt haben können, dass seine Musik diese besondere materielle Form annehmen, dass sie vervielfältigt und übermittelt würde. Und dass bei der Übermittlung derartige Probleme auftreten würden: Wohl zweihundert Jahre nach ihm trugen ein paar chinesische Jugendliche seinetwegen einen blutigen Streit aus. Doch noch unvorstellbarer ist die Tatsache, dass zwei gleiche Schallplatten ihren Weg über unbekannte Kanäle ins abgeschottete China gefunden hatten und überdies in zwei Salons des Pekinger Untergrunds Begeisterung weckten, bis sie zu guter Letzt aufeinandertrafen. Dies muss mit Zauberei zu tun gehabt haben.

Angeln

Das erste Mal ging ich mit elf, zwölf Jahren angeln. Nach dem Unterricht, einen Tag bevor es losgehen sollte, war ich den lieben langen Nachmittag mit Vorbereitungen beschäftigt. Um das Angelgerät hatte ich mich selbst zu kümmern. Mutters Bambuslatte zum Trocknen der Wäsche hatte als Angelrute herzuhalten, eine Nähnadel ließ sich zu einem Angelhaken biegen, ein gekürzter Bleistift sollte als Schwimmer dienen. Ich nutzte die Gelegenheit, als Mutter mir einmal keine Aufmerksamkeit schenkte, und bereitete zuletzt den Teig für den Fischköder vor. Ich gab ein paar Tropfen Sesamöl hinein. Nachts konnte ich kaum schlafen. Ich stand früh auf, schulterte die Rute und machte mich auf den Weg zum Stadtgraben am Tor triumphaler Tugend.

In Peking gibt es eine alte Redeweise: »Zuerst war das Tor triumphaler Tugend da, dann erst kam die Stadt Peking.« Das Tor hieß zur Yuan-Zeit Tor zur Kräftigung der Tugend und Peking nannte man damals Große Hauptstadt (Dadu). 1368 führte General Xu Da ein Heer von 100 000 Mann an, zerschlug das Tor und drang in die Stadt ein. Kaiser Shundi floh aus ebendiesem Tor. Man benannte es daraufhin in Tor des Sieges um. Da der Ming-Kaiser Zhu Di Anfang des 15. Jahrhunderts eine tugendhafte Regierungsführung pflegte, änderte man den

Namen ein weiteres Mal, und zwar in Tor triumphaler Tugend. Bis 1420 wurden die Stadt Peking und die Mauer neu erbaut. Nach den Entwürfen des Kanzlers Liu Bowen versetzte man die nördliche Mauer zwei Kilometer nach Süden. Das Stadttor und die Schutzmauern wurden erneuert, der Stadtgraben erweitert. So veränderte sich das sechshundert Jahre alte Stadtbild von Peking. In der Innenstadt gab es neun Stadttore, jedes hatte seinen eigenen Zweck. Das Tor triumphaler Tugend war eigens für Kriegswagen vorgesehen. 1644 schlug der Bauernführer Li Zicheng die Armee der Ming vor dem Tor und nahm die Stadt ein. Kaiser Chongzhen erhängte sich daraufhin auf dem Kohlehügel.

Seit Beginn des letzten Jahrhunderts hat man die Stadttore und die Stadtmauern von Peking nach und nach abgerissen, bis kaum mehr etwas verblieben war. Es war eine Folge des Niedergangs der kaiserlichen Macht und der Bedürfnisse moderner Infrastruktur. Das Tor triumphaler Tugend wurde ebenfalls abgerissen, lediglich der Wachturm hat überlebt. Zu Beginn der 60er Jahre bestand die Mauer nur noch aus bröckelnden Trümmern, ein jämmerlicher Zustand. Der Wind strich über Unkraut und Gräser. Das Rinnsal des Stadtgrabens floss um den Wachturm. Die Stadtmauer trennte Stadt und Land. Das Tor triumphaler Tugend öffnete sich zur nördlichen Vorstadt, eine Ödnis ohnegleichen. Der Legende nach ein Ort, wo die armen Seelen spukten.

Von der Gasse Sanbulao, wo wir wohnten, entlang des Innenrings der Straße zur Tugend waren es etwa drei Kilometer bis zum Tor triumphaler Tugend. Ein Kind meines Alters brauchte bei normaler Geschwindigkeit dafür eine Stunde.

Die Straße war sehr schmal, es gab nur Platz für zwei entgegenkommende Busse, die einander Vorfahrt lassen mussten. Die Endstation für die Linie 14 war das Tor triumphaler Tugend. In dieser Straße wirkte der in die Jahre gekommene Bus schwerfällig. Er erschütterte die Türen und Fensterscheiben, er stieß einen schwarzen Qualm aus. Im Nu war der blaue Himmel bedeckt.

Damals waren die üblichsten Beförderungsmittel Maultierkarren, Pferdewagen oder Dreiräder. Wenn ich am frühen Morgen erwachte, konnte ich hellklingende Pferdehufe hören, fern und doch nah, nah und doch fern. Wollte man sagen, was in jenen Jahren am ehesten den Rhythmus von Peking repräsentierte, so war es der Klang von Pferdehufen.

Auf dem Innenring änderte sich dieser Rhythmus häufig, denn es ging einen steilen Hügel bis zur Werksbrücke-Kreuzung hinauf. Und ging es dann den Hügel wieder hinab, war es notwendig, zuvor die Zügel fest anzuziehen, um den Tritt von Maultier und Pferd zu regulieren. Sonst liefen die Tiere Gefahr, auf dem Asphalt auszugleiten. Hinauf, da galt es, die Peitsche zu schwingen und laut zu rufen, ja, vom Wagen herunterzuspringen und die Tiere anzuspornen. Eines Tages half ich, ganz im Sinne der Kampagne »Vom Genossen Lei Feng lernen«, einem Dreiradfahrer mit aller Kraft schieben, kramte dann mein Kleingeld zusammen, kaufte zu seiner Verwunderung vier Fladen und gab sie ihm. Ich schrieb einen Aufsatz im Tagebuchstil darüber und erntete das Lob meines Lehrers.

Doch zurück zum Angeln in der Früh. Am Ziel angekommen, schwitzte ich bereits. Der Stadtgraben führte kaum Wasser, die Oberfläche war etwa zehn Meter breit. Sie war gelblich grün, trüb und stank nach Fisch. Ich ließ mich an der brüchigen Steinbrücke nieder und warf den Angelhaken aus.

Für Hobbyangler ist Angeln eine Art metaphysischer Sport: Die Kraft, die man aufzuwenden hat, geht gegen null. Von außen wirkt es wie Meditation. Das höchste Ziel ist die Vervollkommnung. »Großherzog Jiang angelt. Der Willige endet am Haken.« Diese Redeweise trifft hier nicht zu. Seine Art zu angeln war besonders: Er fischte ohne Köder, drei Zoll über dem Wasser. Was er zu fangen wünschte, war kein Fisch, sondern ein heiliger Herrscher.

Unter der Brücke begann ich, unruhig zu werden, ich konnte weder sitzen noch stehen. Ich sorgte mich, zu wenig Köder für die Vielzahl der Fische vorbereitet zu haben. Ich befürchtete, der Herausforderung nicht gewachsen zu sein. Meine Sorge erwies sich bald als überflüssig. Es biss nämlich kein einziger Fisch an. Nahe der Angelschnur schwammen die Schwärme unbesorgt. Kräuselnde Wellen überlappten sich, als ob greifbare Echos kollidierten. Mir schmerzte das Herz wegen des verschwendeten Sesamöls.

Die brennende Sonne stand hoch am Himmel, der Schwimmer drehte sich in ihren Spiegelungen. Vor lauter Helligkeit bekam ich die Augen nicht auf. Dampfig stieg der Geruch von Fisch auf und breitete sich in der Umgebung aus. Ich fühlte mich heiß und ausgetrocknet, meine Kehle brannte. Plötzlich trieb ein kleiner Fisch an den Uferrand, so nah, dass ich ihn fast mit Händen hätte fassen können. In der Not kommt Rat. Ich fand auf die Schnelle ein Stück Pappe, um mir den Fisch zu holen. Kaum dass er sich der Gefahr bewusst wurde, war er schon in der Strömung untergetaucht. Eine gute Gelegenheit war verpasst. Ich war über die Maßen niedergeschlagen.

Wundersamerweise kam der Fisch aber wieder. Er trieb mit den Wellen, als würde er von einer geheimen Macht ans Ufer getragen. Dem Anschein nach war er krank oder in tiefen Schlaf gesunken. Lediglich das Stück Pappe, als es sich ihm näherte, ließ ihn eilig davonschwimmen. War ich gerade noch niedergeschlagen, so wurde ich nun wütend. Mit einem Male fasste ich mich und wartete sein nächstes Erscheinen ab. Mein Plan stand fest, ich stellte mich in Position. Schließlich gelang es mir, ihn von hinten mit der Pappe zu ergreifen. Mir schlug das Herz, ich stieß einen Siegesschrei aus.

Der Fisch war etwa zehn Zentimeter lang, glänzend schwarz und glitschig. Die Wasserspuren begannen sich auf der Pappe abzuzeichnen. Er schien wie auf einem Bett zu liegen. Er mühte sich nicht ab, er rührte sich nicht. Seine Bäckchen atmeten. Meine anfänglich triumphale Begeisterung fand schnell ein Ende. Was mich wunderte, war meine Indifferenz gegenüber meiner Beute. Diese schien mich ebenfalls zu beobachten. In ihren Augen lag Apathie, die Apathie gegenüber der Macht über Leben und Tod. So verging die Zeit in unserem gegenseitigen Blick, bis der Fisch verschied.

Ich hatte vergessen, Trinkwasser und Verpflegung mitzunehmen. Jetzt erst spürte ich, wie mir der Magen knurrte. Mein Mund war trocken, die Zunge ausgedörrt. Die Sonnenschatten neigten sich nach Westen. Ich sammelte meine Anglergeräte ein. Aus purer Neugier wendete ich den Stein, auf dem ich gerade noch gesessen hatte. An dem schattigen Ort waren sage und schreibe mehr als zehn braune Blutegel, die eng beieinanderlagen und sich nun in der Sonne wanden. Mir brach vor Schrecken der kalte Schweiß aus und ich floh Hals über Kopf.

Auf dem Heimweg hängte ich den Fisch an den Haken und schulterte die Angelrute. Erhobenen Hauptes und mit geschwollener Brust zog ich durch die großen Straßen und engen Gassen, in der Annahme, die ganze Welt würde mich in ihr Visier nehmen. Ich sah meinen Schatten auf den Wänden. Die Rute übertraf mich um das Doppelte. Der Fisch am Ende der Angelschnur schwankte. Der Rauch aus den Kaminen verschmolz mit den Wolken des Abendrots, die mich begrüßten wie Fahnen im Wind.

Daheim rief Mutter überrascht: Kind, du bringst es einmal zu etwas, hast du doch einen so großen Fisch gefangen. Damals war die Zeit der Hungersnot. Mutter ging in die Küche und begann ihr Werk. Ich genoss den Müßiggang des Siegers. Fast wäre ich am Tisch eingeschlafen. Bis Mutter einen großen Teller hereinbrachte, der Fisch in seiner Mitte, golden und knusprig, auf die Größe eines Bleistiftstummels geschrumpft. Ich war verdutzt, und dann, ja dann war der Happen mit einem Biss aufgegessen.

Schwimmen

I

Mit dem achten Lebensjahr lernte ich schwimmen. Abgesehen von Tischtennis war das damals die populärste Sportart. Mit der ersten Hitze strömten fast alle Kinder ans Wasser. Anstatt von Schwimmen zu sprechen, wäre besser von kollektivem Waschen die Rede, von einem gemeinschaftlichen Vergnügen, um dem Sommer zu entkommen.

Am nächsten, von daheim aus gesehen, war das Schwimmbad in der Seenplatte von Shichahai. Begleitet von Nachbarskindern, allesamt Schulkameraden, brach ich auf. Wir gingen eine halbe Stunde und trotzten der heißen Sonne im Zenit. Am Ende waren wir ausgelaugt. Doch schon drang uns aus der Nähe ein lautes Stimmengewirr entgegen, begleitet von einem Geruch aus Urin, Chlor und Lysol. Wir fühlten uns auf diese wilde Art willkommen geheißen, so sehr, dass uns das Blut im Leibe brannte. Aber auf dem Heimweg später taumelten wir eher, als dass wir schritten. Den Kopf zierten unsere nassen Badehosen, wodurch die Schatten auf der Erde zu schwimmen schienen. Wenn wir am Gemüsestand angekommen waren, taten wir uns an den faulenden Tomaten gütlich, die verramscht wurden. Für fünf Kupferstücke gab es einen halben Korb voll. Wir futterten drauflos und waren bald am ganzen Körper völlig verschmiert. Unterwegs mussten wir uns an Wasserhähnen waschen und füllten uns den Bauch mit kaltem Wasser.

Zuerst versuchte ich im Planschbecken Freistil nachzuahmen. Beide Hände teilten im Wechsel das Wasser und stützten sich schließlich am Boden auf, die Füße traten das Wasser, aber ich kam vom Fleck nicht weg. Ein Blick vom Planschbecken hinüber auf die tiefe und feurige Wasserwelt der Erwachsenen: gefährliche Bewegungen, lautes Stimmengewirr, verrückte Wettbewerbe, es ging zu wie im Krieg.

Wieder daheim machte ich Gebrauch von der Waschschüssel, die eigentlich für das Gesicht vorgesehen war, um Luftanhalten zu lernen. Ich schaute auf den Wecker, holte tief Luft, steckte den Kopf unter Wasser, begann zu blubbern, und wenn es nicht mehr ging, riss ich wild den Kopf hoch. Im Wettkampf mit den Kumpanen lernte ich immer länger Luft anzuhalten, doch wenn ich vor Atemnot zu schnaufen begann, wurde mein Gesicht eine Fratze, purpurn wie eine Aubergine. Abgesehen vom Luftanhalten übte ich auch, unter Wasser die Augen offen zu halten, wobei ich mir eine Bindehautentzündung zuzog. Ich schloss: Will der Mensch die Fähigkeit von Fischen erlernen, muss er in der Evolution Millionen von Jahren zurückschreiten.

Von der Waschschüssel zum Schwimmbad. Die Welt weitete sich, der Grad der Schwierigkeit ebenfalls. Das Atemanhalten nicht richtig geübt, und schon drang das Wasser in den Mund, gar nicht erst von den unangenehmen Dingen zu reden, wenn jemand ins Becken gepullert hatte. Doch wer nicht willens ist, ein bisschen mehr Wasser zu schlucken, vermag die Kunst der Fische nicht zu lernen. Vom Planschbecken zum Lehrbecken: Beide Arme hakten sich an der Abwasserrinne ein, ich hielt den Atem an, tauchte tief ab ins Wasser. Wild trat ich gegen den Beckenrand. In einem Atemzug zappelte ich sieben, acht Meter weit.

Ich schluckte viel Wasser, dennoch machte ich technisch gesehen letzten Endes einige Fortschritte: Hatte ich Schwierigkeiten mit der Atemtechnik, dann streckte ich den Kopf aus dem Wasser und planschte mit Händen und Füßen weitere zwanzig, dreißig Meter. Mit den Fertigkeiten wächst bekanntlich der Mut. Ich ging mit den Kameraden zum Hinteren See, um frei zu schwimmen. Was man damals Freischwimmen nannte, war ein Schwimmen in Flüssen und Seen unter weitem Himmel. Das kostete nichts, aber es gab auch keinen Lebensretter, man konnte sich im Notfall nur selbst retten. Der Hintere See war das Paradies für arme Kinder, die frei schwimmen wollten. Niemand passte auf einen auf. Überdies konnte man angeln, Garnelen fangen, Muscheln sammeln. Die anderen Kinder, kaum ins Wasser geworfen, zappelten nicht nur um ihr Leben, sondern fühlten sich bald in ihrem Element; schwarzgebrannt waren sie, weiß leuchteten lediglich ihre Zähne und Pupillen. Wenn auch nicht auf einem Niveau mit ihnen, war mein Herz erfüllt, solange ich nach Lust und Laune mit den Wellen treiben konnte.

Die *Pekinger Abendzeitung* berichtete regelmäßig von Ertrunkenen. Das hatte für Wasserratten wie mich und meinesgleichen keinerlei abschreckende Wirkung. Der Hintere See ist nicht tief. Solange man Wasser treten konnte, war selbst bei Höchststand nichts zu befürchten. Am schwierigsten war das Wagnis, Muscheln vom Grund aufzuklauben. Mutige taten einen einzigen Sprung, die Füße wie eine Gabel in der Luft, das Wasser viele Male tretend, bis kein Schatten mehr zu sehen war. Lediglich eine Reihe Wasserbläschen gab Auskunft über den Verbleib des Schwimmers, ehe dieser wieder auftauchte, in Händen eine Riesenmuschel. Ich habe das Kunststück auch einmal versucht. Es endete in einer Niederlage: Mit der einen Hand hielt ich mir die Nase zu, beugte den Rücken, streckte den Hintern heraus, beide Füße zappelten, folglich drehte ich mich wie ein Querbalken an Ort und Stelle. Unter der Wasseroberfläche war ich wie ein Analphabet. Im Blick nichts anderes als die eigenen Luftblasen. Vom Klauben der Muscheln konnte keine Rede sein. Ich erreichte nicht einmal den Schlamm am Boden.

II

Ich begab mich in größere Wassergefilde. Ich brach zu einem Seegefecht auf.

In jenem Sommer befand ich mich im zehnten Lebensjahr. Mit meinen Mitschülern ging ich zum Sommerpalast. Es war ein Tag ohne jeden Wind, die Wellen waren ruhig. Wir mieteten zunächst zwei Boote, wir jagten einander, bis uns der Schweiß den ganzen Körper herunterlief. Wir legten am Pavillon der Schreibkunst an und gaben die Boote zurück, wir gingen ans Ufer und machten uns zum Schwimmen bereit. Die Umkleidekabinen damaliger, provisorisch eingerichteter

Schwimmbäder waren denkbar einfach. Man benutzte noch Holztafeln, um den Wasserstand und den Sicherheitsbereich zu markieren.

Ich verließ den Steindamm, denn ich wollte mit der Zehenspitze die Tiefe des Wassers erproben. Der Boden des Sees bestand aus Schlamm und scharfen Steinen. Der Schlick fühlte sich wie Samt an und saugte an den Fußsohlen. Die Unterströmung wogte, Schlammbeißer hatten es auf meinen Hosenzwickel abgesehen. Das Wasser reichte mir bis an die Magengrube, ich begann nach vorne zu schwimmen. Bis zur Holztafel mit dem Warnhinweis, dann kehrte ich um. Am Ufer schnappte ich Luft und begrüßte die Schulkameraden. Ich war hungrig. Ab zum Kiosk, was kaufen, satt und nicht mehr durstig ging es dann zurück ins Wasser.

Mit jedem Schwimmzug wuchs mir der Mut. Ich verließ die Sicherheitszone. Die Gestalten am Ufer wurden immer kleiner. Die Stille brach herein. Da verblieben nur die Stimme des Windes, das Plätschern des Wassers und mein Atem. Die Sonne strahlte, die Wolken ballten und zerstreuten sich. Das Gefühl der Einsamkeit kam unerwartet auf und ängstigte mich.

Eine Fähre jagte vorbei, eine große Welle, die Himmel und Erde unter sich begrub, rollte heran. So fand ich mich jäh unter Wasser wieder. Ich schluckte einige Mundvoll Wasser. Ich schwebte irgendwo inmitten. Ich war nicht tief genug, um den Boden zu spüren, nach oben schaffte ich nicht die Flucht. Der Himmel war fahl, im Wirbel wirkte die Sonne trübe. Das Gefühl zu ersticken machte meinen Körper kraftlos, den Geist klar. In dem Moment blitzten Erinnerungen auf: Abendessen,

Schultasche, Eltern, daheim gehaltene Häschen. Sie vergingen so schnell, wie sie gekommen waren. Ganz wie ein Feuerwerk. Ich war dabei, von alldem Abschied zu nehmen. Das Bewusstsein des Todes erschütterte mich, im Nu kam der Impuls, mein Leben in die Hand zu nehmen. Ich begann, wie wild zu zappeln, schließlich kam ich an die Wasseroberfläche, doch aufgrund des heftigen Keuchens schluckte ich erneut Wasser und tauchte wieder unter.

Ich kam wieder empor und ruderte beide Arme schwingend Richtung Ufer zurück. Heute betrachtet, glich ich wohl einem Kind, das beim Streit wie eine Schildkröte die Tatzen schlug. Erst als ich genug Boden unter den Zehen spürte, fühlte ich mich sicher. Ich spuckte das Wasser aus den Lungen und kroch ans Ufer; kraftlos, wie ich war, ließ ich mich auf einem Stein nieder. Ich blickte mich um, meine Mitschüler vergnügten sich mit Fangspielen im Wasser. Niemand nahm mich wahr. Das Leben schritt weiter. Der Abend senkte sich, die Sonne ging in den Bergen unter. Die letzten Strahlen, die ich im Wasser sah, waren dieselben wie eh und je.

Ich erzählte nichts von dem, was geschehen war, meinen Mitschülern; meinen Eltern noch weniger. Das war meine erste Todeserfahrung, die ich mit niemandem teilen mochte.

III

Meine erste und letzte Begegnung mit meinem Cousin Kaifei fand mit Sicherheit an einem Sonntag statt, denn nur an einem Sonntag konnte er freibekommen. Damals war ich im dreizehnten Lebensjahr oder so. Wir aßen erst bei seinem Onkel mütterlicherseits, gleichzeitig meines Vaters älterer Bruder, zu Mittag. Danach gingen wir zum Schwimmbad im Park zum Pavillon der Sorglosigkeit (Taoran Ting). Mein Vetter lies die meiste Zeit den Kopf hängen und redete nicht viel.

Der Cousin war Schüler an der Rote-Fahne-Mittelschule. Das war eine Schule, die bekannt war für ihre Umerziehung durch Arbeit und Lehre. Arbeit und Lehre war die Lieblingsphrase von Lehrern und Eltern, um uns Kinder zu erschrecken. Wie dem auch sei, Vater ermunterte mich, Kaifei zu treffen, schließlich war er ja ein Verwandter. Was der Vetter auch ausgeheckt haben mochte, darüber wurde in der Familie so gut wie gar nicht gesprochen. Kinder erfassen die Moralvorstellung der Erwachsenenwelt womöglich nicht gänzlich. Aber alles, was nach Tabu riecht, nach Ungesetzlichkeit oder Häresie, reizt sie, bis hin zu einer natürlichen Hochachtung.

Wir verließen die Dongjiaomin-Gasse, nahmen den Oberleitungsbus Linie 6 und stiegen am Schwimmbad aus. Unterwegs hatten wir kaum gesprochen. Der Cousin war drei Jahre älter als ich, nicht groß, aber kräftig, von schwarzer Haut, der Adamsapfel sprang ihm als Zeichen der Pubertät hin und her. Ich dagegen war noch unterentwickelt. Im Vergleich zu ihm war ich schlaksig, hilflos, ein Hühnchen, mit nichts auf den Rippen.

An der Kasse musste man vor dem Gatter Schlange stehen. Wir wollten gleichzeitig etwas sagen, hielten aber inne. Wir sahen einander an und lachten. Als wir an die Reihe kamen, zahlte jeder für sich. Am Eingang kaufte er zwei Stangeneis. Eines für mich. Ich wollte mich bedanken, aber er winkte ab. Von der Umkleide zum Bad blendete uns die Sonne. Überall lautes Stimmengewirr. Der Himmel schien auf einmal zu schwanken. Auf dem rutschigen Boden wäre ich fast ausgeglitten. Der Vetter griff nach mir, seine Hand war kräftig und stark.

Kaifei ließ die Hüften kreisen, streckte die Beine, und als er die Vorbereitungen abgeschlossen hatte, lief er los, und ab ging es ins Wasser. Sein Freistil war kurz und bündig, offen und schnell, seine Füße hinterließen kaum Schaum, als wenn er Sportler von Beruf wäre. Ich war ganz baff, konnte ihm nur meine Bewunderung zollen.

Wir ließen uns am Ufer zum Verschnaufen nieder, legten uns auf den kochend heißen Zementboden. Tropfen um Tropfen lief Kaifei schwarz das Wasser von den Armen herunter. Es formte sich auf dem rauen Boden zu einer Lache. Ich sagte ein paar anerkennende Worte, die von der lauten Umgebung verschluckt wurden. Eigentlich wollte ich sie wiederholen, bemerkte dann aber, dass er nachdenklich war. Ich schloss schnell die Lippen. Er lebte in einer abgeschlossenen Welt, in die er niemanden eindringen ließ.

Die Sonnenstrahlen bewegten sich langsam, der Glanz auf den Wellen blendete, überall scherenschnitthafte Menschenschatten. Der Cousin erhob sich, er ging zum tiefen Becken, das von einem Drahtseil umgeben war. Das Wasser war dort klar und blau. Es gab nur wenige Schwimmer. Die Lebensretter trugen Sonnenbrillen und saßen auf Hochsitzen. Kaifei ging zuerst zum Dreimetersprungturm. Am Ende der Planke wippte er zweimal, sprang hoch, öffnete beide Arme, zog sie wieder zusammen und tauchte ins Wasser. Aus dem blauen Schaum tauchte er erneut auf. Auf der Leiter kehrte er ans Ufer zurück.

Dann ging es zum Zehnmeterturm hinauf. Es war ihm nicht eilig, von oben schaute er erst einmal in die Ferne.

Heiter kehrte er zurück, doch er war nicht bei der Sache. Sein Blick war nach innen gerichtet. Ich konnte ihn nicht dazu bewegen, mich wahrzunehmen. Das tat mir weh. An jenem Tag haben wir kaum mehr als zehn Sätze miteinander gesprochen. Selbst beim Abschied gab es keinen Gruß. Das war das erste und auch das letzte Mal, dass wir einander sahen.

IV

Ich begann, Mädchen Aufmerksamkeit zu schenken, besonders denjenigen, die in der Pubertät waren. In Zeiten der Askese war die Badeanstalt der öffentliche Ort, wo der Körper am meisten enthüllt wurde. Ich lag bäuchlings auf dem Zement, bettete den Kopf in meine Arme und tat so, als ob ich döste. Doch ich linste nach den schönen, geheimnisvollen Kurven. Ich seufzte heimlich. Auf Erden gab es tatsächlich solche Geschöpfe. Wie hatte ich früher nur daran vorbeisehen können?

Da das Bad klein war, aber viele Besucher hatte, stieß ich beim Schwimmen oft mit fremden Mädchen zusammen, versehentlich traf ich dabei auf Brust oder Oberschenkel. Das war wie ein elektrischer Schlag. Im Großen und Ganzen keine große Sache, meistens ging es glimpflich aus, aber selten gab es auch gerissene Mädchen, die das Mundwerk aufrissen und zu schimpfen begannen: »Benimm dich, du Stinkstiefel!« War es erst einmal zu einer solchen Malaise gekommen, blieb einem nichts anderes übrig, als so zu tun, als sei nichts passiert, und dann kräftig zurückzubeschuldigen, um seine Ehre zu retten. In Schwimmbädern gab es allerdings auch tatsächliche Belästigung von Frauen. Am Anfang entstand meistens ein kleines Gemenge, das sich schnell zu einem Pulverfass ausweitete. In der Menge tauchten unweigerlich weitere Randalierer und Störenfriede auf. Die Unruhestifter wurden zu guter Letzt zur Polizeiwache mitgenommen. In der Annahme, man habe für die Verurteilung alle Beweise beisammen.

Jeder Sportart liegt ein triebhafter Faktor zugrunde. Unter der Aufmerksamkeit meiner Kusine, in die ich heimlich verliebt war, und unter all der Aufmerksamkeit fremder Mädchen wuchsen meine Schwimmkünste ins Unermessliche. Und das höchste Ideal war, wie mein Cousin Kaifei ins Becken für Schwimmer einzutauchen, überdies in die Höhe zu steigen und in die Ferne zu schauen.

Das Schwimmbecken, welches die höchsten Vorrechte in einem Bad für sich in Anspruch nehmen konnte, verfügte über arktisches Blau und arktische Temperaturen. Am Eingang befand sich eine Holztafel, welche die Wassertemperatur anzeigte: Heute elf Grad. Das erinnerte mich an das beste Eis am Stiel: »Nördliches Eismeer«. Doch das trübe Wasser, in das wir Sterblichen uns gewöhnlich begaben, hatte nicht nur eine schwer zu beschreibende Farbe, noch weniger sollte man die Temperatur erwähnen. Da es seicht war, aber von vielen aufgesucht und selten gewechselt wurde, lag seine Temperatur über der des Körpers, fast so hoch wie in einem Dampfbad.

Wollte man das Privileg des reinen Blaus und der niedrigen Temperatur für sich in Anspruch nehmen, musste man eine Prüfung über sich ergehen lassen: zweihundert Meter Schwimmen. Ich steigerte die Intensität der Übungen, ich machte Überstunden, ich tat noch ein bisschen mehr, selbst abends legte ich Sonderschichten ein. Wollte man zweihundert Meter knacken, so war es entscheidend, die eingebildete Ermüdung auf den ersten fünfzig Metern zu überwinden. Vorteil des Abendtrainings war: Es gab nur wenige Schwimmer, man schwamm frei und ganz bei sich. Jedes Mal, wenn ich den Kopf hob, um Atem zu holen, erblickte ich eine Reihe Lichter, einer Reihe Perlen gleich, wie sie sich schickten für eine geliebte Person oder für eine, die noch zu lieben sein würde.

Blauer Himmel über mir, ich hatte die Prüfung schließlich bestanden. Ich erhielt den Schwimmausweis für das tiefe Becken. Aufgenäht auf meine Badehose fand er seinen sichtbarsten Ort.

Am Nachmittag desselben Tages betrat ich das Schwimmerbecken stolz wie ein Hahnrei. In dem Moment meinte ich, die Blicke der Mädchen müssten wie Scheinwerfer an mir kleben. Ohne auf sie zu achten, stellte ich mich für den Zehnmeterturm an. Ich litt an Höhenangst, also wage ich es nicht, nach unten zu schauen, geschweige denn in die weite Ferne zu blicken. Als ich auf dem Turm stand, pochte mir das Herz bis zum Hals, doch nun war längst kein Rückzug mehr möglich. Es blieb nur noch, die Nase zuzuhalten und kerzengerade hinunterzuspringen. Es klatschte mächtig. Die Wellen schlugen über mir zusammen. Das Eiswasser stach wie Nadeln, meine Kopfhaut war benommen, was für ein Stechen! Am ganzen Leib ohne Unterlass zitternd, kletterte ich die Leiter hinauf. Die Hälfte meines Körpers war rot und geschwollen, ich war gekrümmt wie eine gekochte Garnele. Eigentlich nicht der Rede wert, wenn ich zumindest das Zittern hätte unterbinden können. Mir blieb nichts anderes übrig, als zu flehen, die auf mich gerichteten Scheinwerfer mögen auf der Stelle ausgehen.

Häschenzucht

I

Eines Tages erschien am Tor ein Bauer mit schäbigem Strohhut und Tragestange. Mal in hoher, mal in tiefer Stimmlage pries er seine Ware an und lockte auf diese Weise nicht wenige Kinder an. Ich kam mit Vater vorbei, wir wollten einen Blick erhaschen. In mehrschichtigen Bambuskörben an den beiden Enden der Tragstange befand sich eine Menge gerade geschlüpfter Küken, goldgelb, mit dichtem Flaum. Das ließ mir das Herz springen. Ich begann zu quengeln, Vater möge doch ... So ging er hinauf und holte Schachteln. Er kaufte schließlich sechs, sieben Tierchen. Daheim schnitt er für die Luftzufuhr mit einer Schere ein paar Löcher in die Schachteln. So waren provisorische Hühnerställe entstanden.

Das Fiepen der Küken erschien mir besorgniserregend. Nach der Schule kehrte ich heim und eilte jedes Mal sogleich zu den Schachteln. Erst schauen, dann anfassen. Schließlich hob ich mit beiden Händen eines der Tierchen empor. Die Küken zerkratzten mir mit ihren Krallen die Finger. Ihr Zittern verursachte ein Rascheln, ihr anhaltendes Piepen wirkte wie eine Klage. Das hinderte mich nicht, ein anhaltendes Glücksgefühl zu verspüren.

Ende der 50er Jahre begann die Versorgung Tag für Tag problematischer zu werden. Uns blieb nichts anderes übrig, als Kohl zu verschnippeln, um damit die Hühner zu füttern. Ihre Kröpfe begannen zu schwellen. Im Nu schieden sie eine graugrüne Masse aus, die viele Fliegen herbeirief. Im selben Zeitraum fingen sie an zu siechen: Sie verloren ihre Federn, sie dreckten ein, ihre Zehen wurden schärfer. Die Erwachsenen hatten bis dahin hinter unserem Rücken ihre eigenen Pläne gehegt: Die Hühner legten Eier, die Hähne gäben Fleisch. Doch das Ziel rückte schnell in weite Ferne, wegen einer Infektion verendeten die Tierchen schließlich alle der Reihe nach.

Im Vergleich dazu war es viel einfacher, Seidenraupen zu züchten, solange man seine Hoffnung nicht auf das Spinnen und Weben verlegte. Vor allem: Die Kosten waren niedrig. Eine leere Schuhschachtel, ein paar Maulbeerblätter, eine Unterlage reichten aus. Die kleinen Larven glichen Reiskäfern, sogenannten Nagerchen, mit bloßem Auge waren sie kaum wahrnehmbar, jedoch hinterließen sie eine Spur aus Kot. Im Vergleich zu ihrer Körpergröße wuchsen sie sehr schnell und fraßen so viel, dass es einen ängstigte. Die Maulbeerblätter gingen dem Ende zu, die Maulbeerbäume in der Umgebung standen alle fast leer; es waren lediglich ein paar einsame Blätter an den Zweigspitzen verblieben. Mir wurde angst und bange. Es heißt, Seidenraupen sterben, wenn ihr Faden gesponnen ist. Doch die meinen hatten nichts gesponnen und waren trotzdem tot. Auch gut. Ich litt unter Angst vor Motten. Die aufgebrochenen Kokons wären andernfalls zu meinen Albträumen geworden.

Goldfische zu halten ist am einfachsten – sie können Hunger ertragen. Zehn Tage, ein halber Monat ohne Futter ist keine große Sache. Das einzige Problem stellt die Frage nach dem Zeitpunkt des Wasserwechsels. Doch das kann auch Vergnügen bereiten: Man verlegt das Aquarium zum Waschbecken, holt die Fische einen nach dem anderen mit einem Küchensieb heraus, gibt sie in eine Schale, beobachtet, wie sie nach Luft schnappen, so manifestiert sich die kindliche Heimtücke. Das Leben der Goldfische ist zur Gänze offensichtlich. Das ließ mich wundern: Sind es die Goldfische, die unser Leben verschönern, oder sind wir es, die ihr Leben zieren?

II

Meine Pubertät hatte kaum begonnen, da fing die Große Hungersnot an. Alle sprachen vom Essen, allein das Reden war eine Form des Überlebens. Selbst Mao Zedong sah sich gezwungen, eine Devise zu erlassen: »Die Rationen sind je nach Person anzupassen; bei Beschäftigung mehr essen; wenn nichts zu tun ist, weniger essen; bei Beschäftigung esse man etwas Kräftiges, wenn nichts zu tun ist, nehme man etwas Leichtes zu sich; wenn man weder zu viel noch zu wenig zu tun hat, esse man halb und halb; man mische Süßkartoffeln, Grünkohl, Rüben, Erbsen, Taro und dergleichen.« Die Schulen kürzten die Unterrichtsstunden, der Sportbetrieb wurde eingestellt, die Lehrer hielten alle dazu an, Kräfte zu sparen, sich wenig zu bewegen und viel zu liegen, nach dem Abendessen schlafen zu gehen. Verwandte und Bekannte auf Besuch hatten ihre eigenen Lebensmittelmarken dabei, nach dem Essen wurde abgerechnet. Wir mussten findig sein und ließen uns in jeder Situation etwas einfallen: Was immer an Gefäßen in unsere Hände kam, wir züchteten Chlorella; speicherten das Wasser von gewaschenem Reis, monatlich ergaben sich so zwei, drei Pfund mehr Sediment. Statt es Reismehl zu nennen, spräche man besser von einer Art feinkörniger Fremdsubstanz. Die Familie Mu unter uns betrieb ein System zur gleichmäßigen Verteilung von Soja. Der Kleine Jing und sein älterer Bruder teilten sich 1500 Bohnen. Sie benutzten Murmeln und spielten um die Bohnen. Wir schauten derweil im Kreis zu. Dieser Überlebenskampf hatte in der Tat seine erschütternde Seite …

Es gab einen öffentlichen Park, der Bauern einen freien Platz unter dem Himmel bot, um Handel treiben zu können. In Wahrheit war es ein Schwarzmarkt. Die Preise versetzten einen in Angst und Schrecken: ein Kopf Weißkohl fünf Yuan, ein Fisch für zwanzig Yuan, ein Huhn für mehr als dreißig. Gleichwohl trieb es uns alle am Wochenende zu diesem Spektakel. Vater kaufte gelegentlich dort ein Huhn, das wegen einer Infektion im Preis herabgesetzt war. Daheim wurde dann das Messer gewetzt. Das Huhn, das in den Kochtopf kommen sollte, flog wie verrückt durch das ganze Zimmer, der Boden war voller Federn. Es endete dennoch im Kochtopf. Dort in der Suppe rot geschmort, nagten wir zu guter Letzt selbst die Rippchen kunstvoll ab.

Mitten im Winter ging mein Vater einmal mehr mit mir und mit meinem jüngeren Bruder zum Bauernmarkt. Das war an einem Nachmittag. Wir streiften an etlichen Ständen vorbei. Ich hatte nur Augen für die Häschen, die sich der Wärme wegen aneinanderschmiegten. Ihre geschlossenen Schnäuzchen bewegten sich, die geröteten Augen blitzten, so dass man sie nur liebhaben konnte. Mein Bruder und ich flehten Vater an. Er zögerte. Mit dem Händler, der an seiner Pfeife zog, rauchte er eine Zigarette und feilschte um den Preis. Schließlich kostete der Spaß zwanzig Yuan für einen Hasen und eine Häsin.

Kaum daheim und aus dem Ranzen freigelassen, begannen die beiden Tierchen überall herumzuschnuppern. Wir hüpften und sprangen mit ihnen, noch vergnügter als sie selbst.

Vater holte eine Holzkiste und ein paar lädierte Bretter. Die Säge begann zu singen. Das Klopfen wollte kein Ende haben. Am Ende war aus der alten Holzkiste ein modernisierter Hasenstall geworden: ein schräges Dach, ein hölzerner Zwischenboden zur Abtrennung von unten und oben, eine Holztreppe zur Verbindung, in der rechten Ecke fand sich eine kleine Tür, die mit einem Haken gesichert war. Die Hasen vergnügten sich unten, wo sie ihr Futter zu sich nahmen und ausschieden, oben schliefen sie friedlich. Der Stall wurde auf den Balkon gestellt.

Der Appetit der Hasen war riesig. Es sah so aus, als würden sie nie genug bekommen. Ganz gleich was es gab, es ging alles denselben Weg und wurde zu Küttelchen in Form schwarzer Bohnen. Meinem Bruder und mir blieb nichts anderes übrig, als uns mit einem Beutel auf dem Rücken draußen auf die Suche zu machen. Zunächst im Hof, dann weiteten wir unsere Pirsch aus. Vom Hinteren See ging es zum Purpurnen Bambuspark. Die freie Natur lehrte uns die Praxis erfahren: Abgesehen von Unkraut entdeckten wir, dass die meisten Wildkräuter essbar waren, ja manche äußerst gut schmeckten. Sah ganz so aus, als gäbe es keinen besonders großen Unterschied zwischen Hase und Mensch, beide gleichermaßen auf Lebensanfang gestellt.

Eines Nachmittags hegten Pang Bangdian und ich einen großen Plan. Pang war ein Junge, der unter uns wohnte und ein bis zwei Jahre jünger war. Wir wollten alles daransetzen, die Lebensverhältnisse der Hasen bei uns und der Hühner bei ihm daheim zu ändern. Aus Eisendraht machten wir eine Art Haken und begannen unser Werk an der Mülltonne von Gebäude Nr. 1. So ging es weiter bis Gebäude Nr. 8. Wir durchsuchten alles. Die Sonne war uns auf den Fersen, sie zog an unseren Köpfen vorbei, ehe sie sich hinter den Gebäuden verlor. Aus acht Mülltonnen hatten wir insgesamt 146 Kohlstrünke gesammelt. Ein glänzender Sieg. Die Pekinger schneiden den Wurzelteil vor dem Zubereiten als erstes ab. Mit den erbeuteten Kohlresten wollten wir die Hasen und Hühner füttern.

Im Dunkel der Lampe beim Eingang von Gebäude Nr. 8 teilten wir die Kohlstrünke zu gleichen Teilen auf. Jeder bekam 73. Wir füllten damit zwei Zementsäcke auf. Wir waren voller Begeisterung, unsere Gesichter rot wie die einer Henne, unsere Schritte flink wie die eines Kaninchens.

Ich kehrte abends um 9 Uhr heim und eilte in die Küche. Ich begann die Kohlstrünke im Ausguss zu wässern. Dabei berichtete ich den Eltern von meinem Vorhaben. Sie sahen mich ungläubig an und waren dann der Auffassung, beim Essen gebe es auf Erden eine Hierarchie. Ohne eine Widerrede zu erlauben, nahmen sie mir meine Arbeit ab und gaben die gewaschenen Strünke in einen Topf, um sie mit frischem Wasser aufzubrühen und dann zu zerteilen. In Sojasoße getunkt, knabberten sie an der zarten Mitte. Welch herrlicher Geschmack! Ich war ebenfalls ausgehungert. So schloss ich mich dem Fest an. Im Kaninchenkäfig auf dem Balkon begann es zu rumoren.

III

Das Hungergefühl verschlang allmählich unser Leben. Wassersucht trat immer häufiger in Erscheinung. Bei Begegnungen wandelte sich der fragende Gruß »Schon gegessen?« zu »Schon Wassersucht?«. Man krempelte dann die Hosenbeine hoch und erkundete mit Hilfe der Hände den Stand der Krankheit. Drückte man in Mutters Waden eine Münze, so fiel diese nicht herunter. Das war Stufe drei, die schlimmste Stufe bei Wassersucht. Die Leute schnalzten mit der Zunge vor Bewunderung, als ob die Angelegenheit höchster Ehre gleichkäme.

Die Häsin erwartete Nachwuchs. Die Fortpflanzung war immer noch ein Geheimnis für mich. Tag für Tag wurde die Häsin unbeholfener. Außer dass sie Nahrung zu sich nahm, lag sie nur herum. Sie raufte sich das Fell, um ihr Nest zu bereiten.

Eines Tages gegen Abend entdeckte ich, dass sich im Käfig etwas tat. Ich ging dem im Schein einer Taschenlampe nach. Fünf Häschen scharten sich um die Häsin, sie hatten kein Fell, und ihre Augen waren ganz geschlossen. Sie kamen mir vor wie Mäuslein ohne Schwanz. Mit den Geschwistern öffnete ich das Türchen und nahm eines nach dem anderen heraus. Wir legten sie uns auf die Hand und streichelten sie sacht, ohne zu ahnen, dass wir damit eine Katastrophe heraufbeschworen. Nachdem wir sie in den Käfig zurückgelegt hatten, begann die Mutter sie zu beißen und zu verscheuchen. Erst später erfuhren wir, dass eine Häsin ihren Nachwuchs am Geruch unterscheidet. Kaum ist dieser ein anderer, nimmt sie ihre Kleinen nicht mehr an.

Wir trafen Notmaßnahmen: Wir holten die Häschen ins Zimmer und legten sie in einen mit Baumwolle gepolsterten

Schuhkarton, wir fütterten sie mit Hilfe eines Strohhalms. Außer dünne Reissuppe trieben wir noch etwas Milchpulver auf, das selten wie Gold war. Die Häschen saugten gierig die Suppe und die Milch mit geschlossenen Augen, es war uns, als fiele eine schwere Last von uns ab.

Die ganze Nacht lang schlief ich weder tief noch ruhig. Am nächsten Morgen öffnete ich den Karton, die fünf Häschen waren alle tot. Ihre Leiber waren starr, ihre vier Glieder gekrümmt. Unseres Fehlers wegen brachen wir in Tränen aus. Die Häsin aber tat, als wäre nichts geschehen, sie aß und trank unbekümmert. Wer versteht schon das Gefühlsleben von Hasen?

Der Appetit unserer beiden Haustiere wurde immer größer, doch die Grasflächen wurden immer spärlicher. Ich hatte mit meinem Bruder jedes Mal weiter auszuschweifen. Schließlich ließen wir das Stadttor hinter uns und gingen tief ins Brachland hinein. Oftmals wurden wir von den dortigen Kindern verscheucht. Wegen der Hasen gingen wir bis an unsere Grenzen. Am Lebensanfang stellte sich nicht die Frage, wer schneller war, sondern wer weiter rannte, wir oder die Hasen.

In diesem kritischen Moment kam meine Cousine zu Besuch. Sie studierte Physik im zweiten Jahr an der Pädagogischen Hochschule von Peking. Ihre Familie lebte in Kanton, so wohnte sie im Studentenheim. Nachdem sie sich die Klagen meiner Eltern angehört hatte, machte sie den Vorschlag, die Hasen zur Aufpäppelung zu sich zu nehmen. Vor ihrem Heim gebe es einen großen Rasen, das Treppenhaus zu ebener Erde sei gewöhnlich leer, während der Pausen könne sie die Tiere dort gut rauslassen.

Das war ein Paradies für Hasen.

Mein Bruder und ich lernten damals gerade schwimmen. Zuerst sprangen wir in das Schwimmbecken der Pädagogischen Hochschule, dann besuchten wir die Hasen, die Badehosen noch halb nass auf unseren Köpfen. Die Tiere hüpften ausgelassen herum, sie knabberten vertraut an unseren Sandalen. Vermutlich läuft es auf dasselbe hinaus, ob man nun Hasen hütet oder Schafe. Der Kreislauf der Natur hat seine feste Ordnung, welche den Menschen beglückt. Manchmal bewegten sich die Hasen still und leise wie der Wind und schlüpften in die Tiefe des dichten Grases; manchmal blieben sie erschrocken stehen, die vorderen Pfoten eingezogen, aufmerksam den Geräuschen in der Umgebung lauschend.

Doch die schönen Zeiten waren bald vorbei, jemand beschwerte sich. Die Hochschule trat in Erscheinung und unternahm Schritte. Sie erklärte, das Halten von Tieren in den Wohnheimen störe die allgemeine Umgebung. Nach dem Genuss von ausreichend Nahrung und Freiheit für drei, vier Monate ging es für die Hasen zurück in den Käfig.

IV

Gerüchte breiteten sich wie die Hungersnot überall aus. Die Mitschüler umringten den Ofen im Klassenzimmer, um Dampfbrot aufzubacken. Dabei diskutierten sie die internationale Politik. Eine gängige Ansicht war, der große Bruder, die Sowjetunion, verlange die Begleichung von Schulden aus den Waffenverkäufen für den Koreakrieg. Er wolle einfach alles. Neben Hühnern, Enten, Fischen und Fleisch seien da noch

Getreide und Obst abzuliefern, darunter dem Vernehmen nach Äpfel Stück für Stück. Ich begann mir Sorgen wegen der Hasen daheim zu machen. Mir fiel nämlich ein, dass die Russen in Filmen alle Hasenfellmützen trugen. Ich stellte mir eine herzzerreißende Szene mit einem Zug voller Hasen auf seinem Weg durch Sibirien vor.

Der Häsin wuchs wieder der Bauch. Im Obergeschoss des Käfigs breiteten wir in Erwartung des entscheidenden Moments Heu und alte Watte aus. Die Häsin warf insgesamt sechs Junge. Natürlich vermieden wir diesmal jegliche Berührung. Wir eilten, der Mutter Nahrung zu beschaffen. Da gerade Frühling war, brachen frische Gräser und wilde Kräuter aus der Erde hervor. Wenn die Eltern nicht aufmerkten, riss ich einige welke Blätter von dem im Winter eingelagerten Kohl herunter, hackte sie klein, gab etwas von unserem Lotoswurzelpulver hinzu, das eigentlich für Getränke gedacht war.

Für eine achtköpfige Familie war der Käfig viel zu klein. Mit meinem Bruder ergatterte ich ein paar Ziegel und zäunte den unteren Teil des Gitters auf dem Balkon ein, so dass die Tiere sich mehr bewegen konnten. Die Häschen rollten sich an der Mutter zusammen, um Milch zu trinken. Der Hase hielt Wache. Glücklicherweise gibt es selten Adler in Peking.

Am nächsten Morgen wurden wir blass vor Schrecken: Es fehlten wider Erwarten drei Häschen! Da erst entdeckten wir einen Spalt in der »Ziegelmauer«. Wir stürzten die Treppe hinab. Im Gemüsegärtchen der Familie Gong wurden wir fündig. Da lagen drei Kadaver. Wir waren niedergeschlagen und befestigten die Ziegelmauer. Doch am zweiten Morgen fehlte schon wieder eines. Es war in den Blumentopf auf dem Balkon der Familie Gong gefallen. Wir drehten bald durch: Ihr blindes Selbstmordverhalten war unergründlich. Sie hatten doch noch nicht einmal ihre Augen aufgeschlagen, um diese Welt in Augenschein zu nehmen. Uns blieb nichts anderes übrig, als die Hasen wieder in den Käfig zu schließen.

Die Jahreszeiten kamen, die Jahreszeiten gingen. Die überlebenden Häschen waren herangewachsen. Alle vier Schnäuzchen zu ernähren war schwieriger geworden. Um Gras zu sammeln, liefen wir uns die Füße wund: Ich klapperte mit meinem Bruder die Innenstadt ab, wir zogen durchs Brachland der Vorstädte. Die gesamten Sommerferien kämpften wir für das Überleben der Hasen. Das war unser letzter großer Kampf. Der Winter stand ins Haus. Was sollten wir tun? Selbst wenn wir den im Winter eingelagerten Kohl zur Gänze an die Hasen verfütterten, wäre das vielleicht noch immer nicht genug. Und da waren noch die Russen, die uns die Schulden abpressten, sie warteten nur darauf, Hasenfellmützen zu tragen.

Vater, unser Hausherr, traf eine Entscheidung: die Hasen töten, den Hunger stillen, alle Sorgen wären gelöst. Mir schwante, er hatte das schon beim Kauf im Sinn gehabt: Von den Wildhasen zu den Haushasen. Unsere Ahnen, als sie noch Jäger waren, haben uns diese Form der Selbsterhaltung hinterlassen.

Mein Bruder und ich widersprachen heftig, wir weinten und schrien, ja, wir drohten mit Hungerstreik. Doch das Wort kleiner Leute wiegt wenig. Das diktatorische Dekret der Hierarchie der Nahrungskette ließ sich nicht aufheben.

Das alles geschah an einem Sonntag. Kaum war der Morgen angebrochen, trat ich mit meinem Bruder aus dem Haus, jeder ging seines Weges. Wir hatten uns von den Hasen auf dem Balkon nicht verabschiedet. Ich streunte an den Gewässern des Hinteren Sees entlang, schritt über die Silberbarren-Brücke, zog durch die Krumme Pfeifengasse und am Glocken- wie Trommelturm vorbei, ich verlor mich schließlich im Gewirr der Gässchen. Eigentlich gleichen Hasen, wenn sie aufrechtstehend in die Ferne schauen, den Menschen. Ich erschrak. Die Straßen schienen voller Hasen auf den Hinterbeinen.

Es begann zu dunkeln. Mein Bruder und ich trafen nacheinander daheim ein. Alles war so still. Anscheinend hatte das Schlachten schon sein Ende gefunden. Der Hausherr las im Bett. Mutter erinnerte uns still an das Essen im Topf, sie verlor kein Wort über die Hasen. Das verstand sich von selbst. Obwohl uns vor Hunger der Magen knurrte, hielten wir daran fest, nicht in die Küche zu gehen.

Ich kroch ins Bett, bedeckte meinen Kopf mit der Decke und weinte.

Die Gasse Sanbulao Nr. 1

I

Eines Wintermorgens im Jahre 1957 ging ich mit Mutter durch unsere Gasse, bis wir ein gerade errichtetes rotes Ziegelgebäude erreichten. Es hatte geschneit, der Untergrund war matschig. Der Sandweg, mehr als drei Meter breit, war wegen der vielen Vertiefungen uneben. Ein kleiner Schuppen stand quer in der Mitte. Dichter Rauch trat heraus, es roch nach angebrannten Süßkartoffeln. Meine Mutter – sie war Ärztin – wies mich unablässig zurecht: Da ist es schmutzig, komm hier herüber.

Der Geruch der angebrannten Süßkartoffeln prägte sich mir wie einem Hund in die Erinnerungen an das neue Zuhause tief ein: die Gasse Sanbulao Nr. 1. Von hier ging es hinaus, für viele Jahre ...

An jenem Wintermorgen schaute ich auf, an den Abflussrohren und Fenstern entlang, hinauf zum Balkon bis zum Himmel von Peking hinter den Dachvorsprüngen. Hier wohnte ursprünglich der Seefahrer Zheng He. Wo mögen heute all das Schnitzwerk der Brüstungen und das Treppenwerk aus Jade sein? Nur die künstlichen Felsen verblieben als blinde Zeugen.

Zheng He hieß mit Familiennamen ursprünglich Ma, sein Spitzname war Sanbao (Dreischutz). Der Ming-Kaiser Zhu Di, verewigt als Chengzu, hatte ihm den Familiennamen Zheng gegeben. Nach ihm wurde die Gasse benannt: »Väterchen Sanbao«. Zur späten Qing-Zeit wurden im Pekinger Dialekt wohl ohne jeden Verstand und unter dem Einfluss des Nordwestwinds die Homofone im Schriftbild verdreht: Aus »Väterchen Dreischutz« (Sanbao laodie) wurde »Die drei Ewigen« (Sanbulao). Eigentlich glückverheißend! Die Weltumseglung von Zheng He ist bis heute ein Geheimnis geblieben. Weder hatte er seine militärische Stärke zur Schau stellen wollen, noch war er auf Handel bedacht gewesen. Was also trieb ihn?

Bevor mein Vater der Chinesischen Vereinigung zur Förderung der Demokratie (kurz: Pro Demokratie) beigetreten war, hatte er bei der Allgemeinen Versicherung des chinesischen Volkes gearbeitet. Wir wohnten in dem Heim der Versicherungsgesellschaft (heute an der zweiten Ringstraße) außerhalb von Fuchengmen Wai. Stieß man das Fenster auf, so blickte man auf Felder. Ich lernte in der dortigen Volksschule gerade das Doppelte Neunerlied auswendig: »Eins, neun, zwei, neun, los; drei, neun, vier, neun, raus aufs Eis«. Nach unserem Umzug ging ich zur Volksschule am Tempel der Großen Güte. Dort fuhr ich fort, Lieder, ganz nach dem Geschmack der Zeit, auswendig zu lernen: »Fünf, neun, sechs, neun, Weiden schauen am Fluss; sieben, neun, der Fluss fließt, die Schwalben sind da«. Als wir uns im neuen Zuhause niedergelassen hatten, stand der Frühling schon vor der Tür: »Neun, neun, nochmals neun; mit dem Rind die Erde pflügen«.

Ein Umzug war für einen Knaben im achten Lebensjahr weit aufregender als ein Blick zurück. Wir hatten im Heim der Versicherungsgesellschaft zu Parterre gewohnt, zusammen mit der Familie von Onkel Yu Biaowen. Küche und Bad benutzten wir gemeinsam. Unsere neue Wohnung lag im dritten Stock, mit eigenem Eingang, und war nur für uns. Es roch leicht nach Anstrichfarbe, die Fenster reflektierten das Licht, schauten auf einen ummauerten Hof und künstliche Felsen. Etwas Besonderes war der Blick vom Balkon: Hofhäuser, gedeckt mit grauen Ziegeln, ganz so als zögen Wellen in die Ferne, um an Pekings tiefen Horizont zu branden. Taubenschwärme glitten glitzernd vorüber, ihre Pfeiftöne vertieften die Einsamkeit des Himmels. Dattelbäume hießen die Winde von allen Seiten willkommen. Ihre grünen Früchte, nach und nach rot werdend, lockten Kinder an, die sich auf ihrem Weg unwillkürlich auf die Zehenspitzen stellten.

Ich machte Bekanntschaft mit Cao Yifan. Seine Familie lebte im zweiten Stock, also direkt unter uns. Er war nur einen Monat älter als ich, doch war er viel reifer. Ich verbrachte meine Zeit immer noch mit Bilderbüchern. Er dagegen las längst mit einer Taschenlampe versteckt unter der Bettdecke den Klassiker *Der Traum der roten Kammer*. Er befand sich bereits in der Pubertät. Als er in die Unterstufe der Mittelschule eintrat, überragte er mich um einen halben Kopf. In der Oberstufe wagte er es vorzugeben, der Onkel eines Mitschülers zu sein. Wir hatten an unterschiedlichen Volksschulen begonnen, in der Unterstufe der Mittelschule kamen wir zusammen, aber waren in verschiedenen Klassen. Wir bestanden beide die Aufnahmeprüfung für die Mittelschule Nr. 4, da erst wurden wir Klassenkameraden. Ohne Kulturrevolution hätte mich Yifan sicherlich bei den Jungen Pionieren eingeführt.

II

Die Versicherungsgesellschaft bot keine Sicherheit. Onkel Yu Biaowen sprang vom gemeinsamen Heim in den Tod. Als ich mittags davon hörte, war ich völlig durcheinander. Die Angelegenheit überstieg mein Fassungsvermögen. Der Onkel hinterließ eine Witwe und zwei Söhne. Der Ältere, Yu Meisun, war drei, vier Jahre jünger als ich. Er war wie eine Klette. Der jüngere Sohn trug noch Windeln. Die Witwe schluchzte nebenan einsam und allein mitten in der Nacht. Wer außer mir vermochte schon dies Weinen am tiefsten Ort der Geschichte zu vernehmen?

Der Umzug in die Gasse Sanbulao Nr. 1 ließ mich entspannen. Für mich kam der Ortswechsel dem Beginn eines neuen Lebens gleich. Vater schrieb in sein Notizbuch:

Zhenkai hat sich unter den Kindern in der Gasse Sanbulao als Frechdachs einen Namen gemacht. Die alten Frauen im Hof klopfen ständig bei uns an die Tür, zeigen mir die mit Jod behandelten Wunden ihrer Kinder, die diese angeschleppt hatten. Sie verlangten von mir Rechenschaft: Warum ich denn nicht besser Obacht auf die eigenen Kinder habe? Ich wusste, dass Zhenkai etwas angestellt hatte, mir blieb nichts anderes übrig, als mich jedes Mal zu entschuldigen. Einen Ball treten, einen Ziegel werfen, Fenster von anderen zertrümmern, das alles gehörte zur Tagesordnung.

1958 ging es in unserem Hof hoch her. Neue Geschehnisse stellten sich ohne Unterlass ein. Es war, als feierten wir täglich ein Fest nach dem anderen. Zuerst wurde eine Mensa im großen Hof errichtet. Tante Qian begann dort zu arbeiten. Mein Bruder, meine Schwester und ich schlossen uns an, um zu helfen. Auf dem freien Platz vor Gebäude Nr. 8 wurde ein kleiner Hochofen errichtet. Vater war gemeinsam mit den Nachbarn von morgens bis abends beschäftigt. Umgeben von Rauch und Qualm schmolzen sie zu guter Letzt einen Haufen schlackeartiger Eisenklumpen heraus. Daraufhin schlugen sie Gongs und Trommeln, so dass wir vor Neid erblassten. Fürwahr, die Erwachsenen wussten besser als wir Kinder, wie man seinen Spaß hat.

Der Höhepunkt jenes Jahres war die Jagd auf Spatzen: Ganz Peking stand Kopf, es ging hoch her. Der Tumult hielt drei Tage und drei Nächte an. Die Unterrichtsstätten hatten frei gegeben. Ich schlug auf dem Balkon wie wild auf eine leere Keksdose, bis mir die Arme wehtaten und ich mich heiser geschrien hatte. Ich schlief kaum. Es war aber auch nicht möglich zu ruhen, da es zu laut war. Laut Statistik wurden im Pekinger Raum mehr als 400 000 Spatzen erledigt.

Das Einzige, was schmerzte, war der Abbau der künstlichen Felsen, die vom Taihu-See stammten. Stein um Stein wurde auf einen Lastwagen geladen. Im Nu waren sie weg. Nun hatten wir keinen Ort mehr, wo wir gut Verstecken spielen konnten. Dem Vernehmen nach wurden die Felsen ans Militärmuseum, eines der zehn großen Gebäude von Peking, gebracht. Die Bulldozer waren viele Tage damit beschäftig, die verbliebenen Erdhügel einzuebnen. Danach wurden Bäume gepflanzt: eine

Reihe Pappeln nach der anderen. Sie wuchsen so schnell, dass man fast erschrecken mochte. Innerhalb von wenigen Jahren waren sie so hoch wie ein drei- bis vierstöckiges Gebäude.

Mit Yifan machte ich mich oft zu langen Spaziergängen durch Peking auf. Mit den Füßen durchmaßen wir die Stadt. Wir hatten keinerlei Geld bei uns. Dafür eine Menge grenzenloser Fantasien. Er trug mir begeistert *In achtzig Tagen um die Welt* vor. Wir waren fest davon überzeugt, eines Tages die Welt zu bereisen. Ja, und wir würden auch Assistenten, vorzugsweise all die Mädchen aus unseren Wohnblocks, mitnehmen, damit sie für uns waschen und kochen könnten.

Vom Tor der Triumphalen Tugend bis zur Gegend von Qijia Huozi in der Innenstadt war weit und breit niemand zu sehen. Wir beide stürzten uns kopfüber in die Gemüsefelder. Wir hatten gerade ein paar grüne Paprika gepflückt, da wurden wir von den Dorfkindern entdeckt. Steine und Erdklumpen regneten in Strömen auf uns herab. Wir machten uns Hals über Kopf aus dem Staube.

III

Die Wende kam, als die Süßkartoffeln auf dem Balkon zu verfaulen begannen. Ihr Fäulnisgeruch verwandelte sich sehr schnell in ein Wort: Wassersucht. In einem mündlichen Bericht sagte Mutter:

Ich erinnere mich noch an die drei schwierigen Jahre, es gab nichts zu essen. Die Kinder riefen: Hunger. Ich hieß sie, nicht nach draußen zum Spielen zu gehen, viel im Bett zu liegen, um sich zu schonen. Zhenxian, der zweite Sohn, sagte zu mir: Mama, wenn wir nur zweimal am Tag etwas zu uns nehmen, dann sind wir immer noch hungrig, selbst wenn wir uns hinlegen. Ich dachte bei mir, mein Mann Jinian und die drei Kinder brauchen eine richtige Kost. Daraufhin kaufte ich zwei lebende Hühner, ich wollte sie aufziehen, dann schlachten und allen zu essen geben. Ich bat unseren Zweiten hinunterzugehen und die Hühner auslaufen zu lassen. Ich konnte nicht ahnen, dass jemand sie stehlen würde. Jinian bekam die Wut, ja, er gab gar dem Kind eine Tracht Prügel. Einmal war ich so hungrig, dass meine Hände zitterten und ich in Schweiß ausbrach, es war unerträglich. Daraufhin kaufte ich in einem Sichuaner Restaurant eine Schale Suppe und trank sie. Wieder daheim wurde mir im Anblick der hungernden Familie das Herz schwer. Jinian riet mir, mich nicht zu sehr zu tadeln. Er sagte, auch in der Not sollten wir fröhlich sein. Am Sonntag gingen wir in den Purpurnen Bambuspark spazieren. Ich erinnere mich, wie Jinian und ich den jämmerlichen Zustand der Kinder wahrnahmen. Wir knirschten kurz mit den Zähnen und gingen dann in der Frischfischhalle einen ganzen Fisch essen. Dafür hatten wir 26 Yuan zu zahlen.

Das Restaurant lag innerhalb des Osttores. Davor befand sich ein Teich, wo man Fische hielt. Kaum gefangen, kamen sie schon in den Topf. Der Fisch in Sojasoße (*hongshaoyu*) wurde tatsächlich lediglich in Sojasoße gekocht, ohne jedes Fett. Gemessen an damaligem Einkommen war das Fischgericht über die Maßen teuer. Auf dem Teller blieben lediglich Gräten. Wir drei Kinder schnalzten mit der Zunge, große Augen blickten in kleine Augen. Es gab nichts mehr zu essen.

Fladen gaben viel mehr her als Fisch in Sojasoße. Jeden Sonntag gingen wir am Tor des Westlichen Friedens in ein kleines Restaurant, um Fladen zu essen. Im Vergleich mit anderen Gaststätten ging diese Stätte großzügig mit dem Öl um. Vater schrieb dazu in seinen Aufzeichnungen:

> 1960 und 1961 arbeitete ich im Kolleg für Sozialismus.
> Das war die Zeit der schwierigen Jahre. Die drei Kinder
> besuchten mich, um die besseren Mahlzeiten dort zu
> essen. Sie taten uns leid. Manchmal kauften wir ihnen
> auch teure Süßigkeiten, die sie freudig verschlangen.
> So fühlten wir uns getröstet.

Als das älteste Kind meinte ich, die Aufgabe zu haben, den Eltern bei der Aufrechterhaltung des ökologischen Gleichgewichts in der Familie zu helfen. Ich hatte ein Auge auf Bruder und Schwester. Ich hielt den Energieverbrauch auf der untersten Stufe. Mit dem Bruder aß ich in der Mensa zu Mittag, uns knurrte stets der Magen. Die Schwester besuchte derweil tagsüber den Kindergarten Nr. 7. Die Kost dort war passabel. Manchmal konnte sie noch ein halbes Dampfbrötchen mitbringen. Der Knackpunkt war das Abendessen. Alles hatte man sorgsam zu planen. Keiner durfte über hundert Gramm Getreide hinausgehen. Tante Qian war zwar äußerst fähig, konnte aber auch nicht zaubern. Eine gewisse Zeit dämpfte sie Tag für Tag Fleischtaschen mit Gemüsefüllung. Die Haut war dünn, die Füllung reichlich. Ich versuchte als gutes Beispiel vorangehen und erklärte den Geschwistern den Vorteil, eine Fleischtasche weniger zu essen, doch ich konnte sie nicht täuschen.

Einer meiner Onkel hatte in Deutschland seinen Doktor gemacht. Er war nach 1949 einer der wenigen Ingenieure erster Klasse in China und erfreute sich somit einer Sonderbehandlung durch den Staat. Er rauchte nicht, die Zigaretten schenkte er Vater. In den drei schwierigen Jahren rauchte dieser bekannte Marken wie »China« oder »Päonie«. Mit meinem Hungergefühl folgte ich den Rauchschwaden, die Vater ausstieß, bis mir wundersame Halluzinationen kamen.

Damals hat kaum eine Familie Gäste zum Essen eingeladen. Schaute an Festtagen ein Verwandter vorbei und gab es etwas zu essen, dann ging es notwendigerweise an das Einsammeln von Bezugsscheinen. Nach dem Essen standen die Erwachsenen um den Tisch herum und ließen ihre Finger spielen, ein jeder nahm zur Abrechnung seine Scheine heraus. Für Chinesen, die auf ihr Gesicht bedacht sind, war das eine peinliche Angelegenheit.

Eines Abends Ende Januar gab mir Vater ein, zwei Bezugsscheine, die unmittelbar verfallen würden, und etwas Geld. Er hieß mich auf der Straße eine Schale Wonton zu mir zu nehmen. In der Gasse von Xinjiekou gab es einen Laden unter freiem Himmel. Es ging auf 23 Uhr zu, als ich Platz genommen hatte.

In einer Stunde würden die Scheine verfallen. Ich gab sie, zerknittert, wie sie waren, und das Geld der Bedienung. Die Überprüfung ergab die Gültigkeit der Scheine. Der Bursche griff sich ein paar getrocknete Garnelen und streute sie in die Schale. Mit Hilfe eines Küchensiebs spülte er fünf bis sechs Wonton ab, dann schöpfte er Knochensuppe und trug sie dampfend zu mir herüber. Obwohl mir der Magen knurrte, griff ich nicht unmittelbar zu den Stäbchen. Es war das erste Mal, dass ich allein außer Haus aß. Es galt, den Moment des Genießens hinauszuzögern. Der Kessel brodelte, während der Bursche mit seinem eisernen Schöpflöffel auf den Rand trommelte. Das Flackern einer Birne, ein paar Motten flattern auf und ab.

IV

Wie gläubige Kirchengänger spazierten wir mit der ganzen Familie fast jeden Sonntag zum Kino am Tempel zum Schutz des Landes, um uns einen Film anzuschauen. Während der schwierigen Jahre war das häufiger der Fall, als Kompensation für den Hunger.

Wir starteten von der Gasse Sanbulao Nr. 1. An der Baumwollgasse wandten wir uns Richtung Norden. Weiter ging es an der Ostseite des Tempels, etwa eine Viertelstunde zu Fuß. Das Äußere des Kinos stach nicht ins Auge. Oben gab es Lüftungsschächte. Auf den ersten Blick sah alles aus wie ein altes Fabrikgebäude, in die Jahre gekommen und renovierungsbedürftig. Unter der Tünche der Wände kamen Risse in den Ziegeln zum Vorschein. Lediglich die Glastüren, die Kinoreklame und das kleine Fenster an der Kasse gaben den wahren Status des Bauwerks zu erkennen.

Daheim bezogen wir die *Pekinger Abendzeitung*. Sie hatte vier Seiten. Das Kinoprogramm befand sich zwischen der zweiten und der dritten Seite. Vater war vom Kino besessen. Er hatte zusätzlich drei bis vier Filmzeitschriften abonniert. Welchen Film wir uns anschauten, wurde von ihm bestimmt. Er schien besonders ausländische Spielfilme zu bevorzugen. Nach jedem Kinobesuch war ich durcheinander, letztendlich verfiel aber auch ich dem Reiz des Exotischen. Frühe Filme aus der Sowjetunion wurden immer von dem Filmstudio in Changchun synchronisiert. Mit der Folge, dass ich die Mundart des Nordostens anfangs für Russisch hielt.

Ich mochte die kurzfristige Dunkelheit, bevor die Leinwand bespielt wurde. Das weckte Erwartungen und Assoziationen. Noch lieber hatte ich die Unterbrechungen, wenn ein Film riss. Die Leinwand war dann entweder eine leere Fläche oder lauter Kreise und Kratzer rechts und links. In der plötzlichen Stille hörte man das Zurückspulen des Apparates und manchmal war da auch ein Geräusch wie von Grillen.

Nach der Vorführung ging es mit den Zuschauern hinaus. Ich war immer enttäuscht, konnte ich doch nicht mit den Protagonisten weiter zusammen sein, nicht weiterhin über den Horizont hinausschreiten, lediglich in die schnöde Realität zurückkehren. Mutter schwebte oftmals wie auf Wolken. Auf dem Heimweg erklärte Vater die Hauptstränge und die Beziehungen der Protagonisten untereinander.

Damals hat man Filme noch nicht nach Erwachsenen, Jugendlichen und Kindern eingeteilt. Einmal schaute ich mit der gesamten Familie einen Film aus Argentinien. Darin gab es einen Abschnitt, den ich mein Leben lang nicht vergessen werde: Ein örtlicher Despot erniedrigte in einer Bar eine Tänzerin von einzigartiger Schönheit. Er streifte ihr die Kleider vom Leib, die Bluse, den langen Rock, den BH, Strumpfbänder und Höschen, die alle in die Luft flogen. Mir fuhr ein Schrecken durch Mark und Bein. Verlangen und Furcht befielen mich beim Anblick des nackten Körpers. Da erschien in dieser Schlüsselszene ein wahrer Held, er legte sich mit dem Despoten an und reichte der Tänzerin den langen Rock zurück, damit diese sich bedecken konnte. Eigentlich hatte ich gar nichts gesehen, aber für mehrere Nächte vermochte ich nicht, gut zu schlafen.

Ich begann, allein ins Kino zu gehen, besonders am ersten Tag der Abschlussprüfungen. Das erschien mir als die beste Art der Entspannung. Ich sah mir im Allgemeinen zwei Filme an. Da versank ich in eine andere Welt und vergaß die Prüfungen. Seltsam war auch: Meine Leistungen waren nach dem Kinobesuch sehr viel besser, als wenn ich in letzter Sekunde noch gebüffelt hätte.

An einem schulfreien Tag ging Vater mit meinem Bruder ins Kino am Tempel zum Schutz des Landes. Die Zuschauer drängten nach dem Spektakel zum Ausgang. Vater fiel die Brille zu Boden, die Gläser zersprangen. Er war so kurzsichtig, dass er ohne Brille keinen Schritt tun konnte. Es blieb nichts anderes übrig, als dass der Bruder eine Ersatzbrille von daheim holen ging. Dieser Vorfall amüsierte mich ungemein, aber ich lachte nicht. Der allmächtige Vater allein im kalten Wind am Eingang des Kinos, hilflos und verloren.

V

Die Gasse Sanbulao Nr. 1 setzte sich aus zwei Gebäudeteilen zusammen. Dazwischen befand sich ein großes Tor mit einer Pforte, wo die Zeit nur langsam zu verstreichen schien. Der Torwächter Onkel Wu war auch für das Nachbarschaftstelefon verantwortlich. Läutete es, dann setzte er seine Essschale ab, eilte ein paar Schritte auf die Straße, formte seine Hände zu einem Sprechrohr und schrie: »443, Telefon.«

443, das war die Nummer an unserer Haustür. Gebäude Nr. 4, das sich an das große Eingangstor quetschte, verfügte über drei Stockwerke. In jedem gab es vier Wohneinheiten. Hauptsächlich wohnten hier Mitglieder von Pro Demokratie. Reden wir über die Nachbarn zur Linken und zur Rechten zuerst.

In Nr. 441 wohnte der Junggeselle Onkel Zheng Fanglong mit der verwitweten Haushälterin Tian zusammen. Als er zum Rechtsabweichler erklärt wurde, heiratete er sie und zog ins Gebäude Nr. 7. Tante Tian war von melancholischer und lustloser Art. Ihr Sohn, ein Student, liebte es zu singen, wir nannten ihn insgeheim die Lerche. Täglich lief er den Korridor auf und ab und sang aus vollem Herzen. Das Treppenhaus stimmte mit ein. Er konnte auf diese Art und Weise wohl alle Probleme mit seinem Sopran lösen.

Nr. 442, die Familie Wu. Onkel Wu Chan stammte aus Haifeng in der Provinz Guangdong. In seiner Jugend war er zum Studium nach Japan gegangen. Anschließend stand er patriotischen Auslandschinesen in Malaysia vor. Nach seiner Rückkehr in die Heimat trat er in die Gerechtigkeitspartei ein, stieg da zum Vizevorsitzenden auf. Diese Partei bestand hauptsächlich aus heimkehrenden Auslandschinesen. Unter den acht demokratischen Parteien war sie die kleine Schwester. Aus meiner Sicht stellte Wu Chan die Verkörperung der Partei dar: Einsilbig und stets mit einem Lächeln teilte er die Geheimnisse des Vaterlandes von Reichtum und Macht. Er hatte drei schweigsame Töchter. Seltsamerweise hörte man keine von ihnen je nebenan reden. Wenn es an mir war, Wasser- und Telefongebühren einzusammeln, hätte ich eigentlich Einblick in ihr Leben bekommen müssen, doch ich schaute mich dort vergebens um.

Nr. 444, die Familie Zhang. Großmutter Zhang war sehr umgänglich. Sie rief mich stets im Shanghaier Dialekt »Hochwohlgeboren«. Um diese Anrede zu vermeiden, schlich ich auf Zehenspitzen die Treppen hinauf, doch sie verstand es, aus einer Biegung des Flurs jäh zu erscheinen und mich mit einer tiefen Verbeugung zu begrüßen: »Hochwohlgeboren seien heimgekehrt.« Zhang Shouping machte seinem Vornamen alle Ehre: Er war auf Ausgleich bedacht. Die Ehefrau arbeitete als Zugehfrau in einer ausländischen Botschaft, sie hatten zwei Töchter. Die jüngere ging mit mir in dieselbe Schule, sie war eine Klasse unter mir. Im vierten Schuljahr empfand ich auf einmal Frühlingsgefühle für sie. Eines Tages wandte sie sich auf dem Schulweg zu mir um und grüßte mich. Ein Gefühl des Glücks durchströmte mich wie ein Stromschlag. Ich nahm meinen Mut zusammen und trat auf sie zu. Da erst bemerkte ich, dass ihr Gruß einer Schülerin hinter mir gegolten hatte. Sie entstammte einer wohlhabenden und geordneten Familie und hielt mittels Höflichkeit Distanz zu Fremden. Mit Schweigen widerstand sie meinem Sturmtief.

Nr. 431, die Familie Chen. Sie waren von außerhalb gekommen. Politisch gehörten sie zur Gerechtigkeitspartei. Am meisten Eindruck machte auf mich das Geschwisterpaar. Der Bruder, Chen Chunlei, hatte die Mittelschule Nr. 13 absolviert. Aufgrund ausgezeichneter Leistungen war er an der Institution als Physiklehrer geblieben. Er konnte die Mandoline spielen. Seine Schwester, Chen Chunlü, unterrichtete an einer Tanzschule spanischen Tanz. Sie machte sich dem Zeitgeschmack gemäß zurecht: Blusen aus Musselin und lange Faltenröcke. Sie kam mir vor wie eine Zigeunerin. Später wechselte sie von Peking nach Guangdong. Gerüchte wollen es, dass sie wegen einer Männergeschichte ins Arbeitslager zur Umerziehung gekommen sei.

Nr. 433, die Familie Cao. Dem Vater von Yifan, Cao Baozhang, wuchs das Haar wie wild, ganz gleich ob Ohr, Nase oder Brauen. Während der 40er Jahre war er Kreisvorsteher in Sichuan sowie Delegierter für die Nationalversammlung gewesen, nach 1949 fiel er natürlich in Ungnade. Yifan und ich hatten dasselbe Alter. Seine Schwester Yiping war so alt wie meine Schwester Shan Shan. Wir Kinder verkehrten viel miteinander. Die Türen flogen von Familie zu Familie nur so auf und zu. Yifan hatte drei Schwestern, die Mutter war dieselbe, der Vater aber nicht. Eine der Schwestern heiratete einen Arzt am Krankenhaus von Jishuitan, Anfang der 70er Jahre ging sie nach Hongkong.

Nr. 434, die Familie Pang. Pang Anmin war Direktor der Verkehrsbank von Wuhan. Er besaß die Gelassenheit eines Mannes, der Geld gesehen hatte. Seine Frau war Buchhalterin bei Yili, einem Unternehmen für Esswaren. Das kam der Verwaltung eines Schlüssels für den Himmel gleich (besonders in Zeiten der Not). Der Älteste, Pang Bangben, war Maler. Seine Frau, Sun Yufan, neigte wegen langjähriger Krankheit zur Bettlägerigkeit (mehr dazu später). Die Tochter, Pang Bangxuan, war eine hochtalentierte Schülerin am Lyzeum, welches der Pädagogischen Hochschule angegliedert war. Sie war hochmütig und stolz. Ihr jüngerer Bruder, Pang Bangdian, wirkte introvertiert und ein wenig verrückt. Eine Zeitlang schrieb er Geschichten, später wurde er Mathematiker.

Nr. 421, die Familie Ma. Ma Decheng war der Sohn von Ma Xiang, dem Leibwächter des ehemaligen Präsidenten Sun Yatsen. Als der Militärgouverneur Chen Jiongming 1922 in Kanton rebellierte und das Präsidialamt angriff, trug Ma Xiang Sun Yatsens Frau auf dem Rücken in die Freiheit. Diese erlitt jedoch eine Fehlgeburt und konnte fortan keine Kinder mehr bekommen. Dem Hörensagen nach hat Sun Yat-sen seiner Frau vor seinem Tod eingetrichtert: »Ma Xiang ist mir ein Leben lang gefolgt. Man muss seinen Lebensunterhalt sichern und seinen Kindern die beste Erziehung zukommen lassen.« Ma Xiang stattete Peking jedes Jahr während dieser schicksalhaften Tage einen kurzen Besuch ab. Bei seinen Spaziergängen ging er kerzengerade und über die Maßen soldatisch. Zwei seiner Enkelkinder, Dickerchen eins und Dickerchen zwei, wurden unabhängig voneinander Professoren und Ärzte von Beruf, sie haben die Erwartungen des Landesvaters nicht enttäuscht.

Nr. 423, die Familie Liu. Liu Eye war ein einfacher und ehrlicher Zeitgenosse. Er scheute keine Mühe, um körperlicher Ertüchtigung zu entgehen. Er bekam bald eine Glatze. Seine Frau war Mittelschullehrerin. Sie hatten zwei Töchter. Die Beziehung zwischen unseren beiden Familien war sehr herzlich. Das Schicksal hatte uns miteinander verbunden: Mutter hatte bei der schwierigen Niederkunft der zweiten Tochter Geburtshilfe geleistet.

Nr. 424, die Familie Ge. Ge Zhicheng war der Generalsekretär der Partei Pro Demokratie und der höchste Verwaltungsbeamte in unserem Block. Für ihn stand ein eigener Wagen zur Verfügung. Als Volksschullehrer in Shanghai hatte er Untergrundarbeit geleistet. Nach 1949 wurde er Beamter im Erziehungsministerium von Peking. Er verbrachte seine Tage zurückgezogen, als würde er weiter Untergrundarbeit leisten. Seine Frau Huajin arbeitete als Sekretärin bei der Parteizelle an der Mittelschule Nr. 8. Ge Jiaduo, ihr Adoptivsohn, gab nicht viel auf Gesprächigkeit. Bei der ersten Begegnung sagte er so gut wie gar nichts, wir nannten ihn daraufhin »Ge, der Sprachlose«. Diese Familie verfügte als einzige im ganzen Gebäude über ein eigenes Telefon.

Nr. 422, die Familie Mu. Mu Shaoliang war früher Chefredakteur im Verlag Commercial Press. Aufgrund langer Krankheit schwächelte er. Außerdem hatte ihm die Kulturrevolution zugesetzt, so dass er 1969 verstarb. In der Familie gab es zwei Drachen und zwei Phönixe. Die beiden Phönixe waren früh ausgeflogen, um zu heiraten. Die Witwe Fang Jianmin war noch recht jung, in ihrer Zurückhaltung wirkte sie sehr sanft. Sie zog die beiden Söhne alleine auf. Der ältere, Mu Dingyi, war in meinem Alter. Er bestand später die Aufnahmeprüfung für die Mittelschule Nr. 8. Der jüngere und Kleinste in der Familie, Mu Dingsheng (Kleiner Jing), verstand sich ausgezeichnet auf Kalligrafie. Er gewann sogar einmal einen hohen landesweiten Preis. Daraufhin wechselte er von einer Fabrik in die Ausstellungshalle für moderne chinesische Literatur. Eine Zeitlang waren wir beiden wie Brüder. Ja er half sogar dabei, Wachsmatrizen für meine Zeitschrift *Today* zu beschriften.

VI

Ein Junge auf dem Weg in die Pubertät bedarf oftmals des Rates durch andere. Etwa jemand, der einem geistigen Führer oder einem Therapeuten ähnelt, am besten eine erfahrene Frau.

Wir nannten Pang Bangben aus der Wohnung Nr. 434 Großen Bruder. 1951 war er in die Armee eingetreten. In seiner Truppe fiel die Zuständigkeit für die Künste ihm zu. Nach seiner Spezialisierung ging er auf die Universität, ehe er an einer Mittelschule Zeichenlehrer wurde. 1957 erklärte man ihn zum Rechtsabweichler. Als solcher wurde ihm im Pekinger Amt für Öffentliche Sicherheit ein Studio eingerichtet, damit er Verkehrszeichen gestalten konnte. Zur Zeit der Kulturrevolution versetzte man ihn nach Xingtai in die Provinz Hebei. Dort arbeitete er in einer Werkstätte für Ersatzteile und die Reparatur von Kraftwagen. Er entwarf schwere LKWs, die fast so aussahen wie Panzerwagen von Marsmännchen.

Seine Frau Sun Yufan war eine japanische Kriegswaise. Nach ihrer Geburt in Dalian wurde sie von den Eltern im Stich gelassen, die 1945 das Land verließen. Daraufhin wurde sie von Chinesen aufgezogen. In den 70ern war sie gerade einmal etwas über dreißig, ihre Haut war dunkel, sie hatte große Augen, eine kleine Nase und kleine Lippen. Der Große Bruder verstand sich wirklich aufs Fotografieren. Auf den Porträts, die er von ihr machte, wirkte sie wie ein Filmstar: ein rot kariertes Kopftuch, mit dem Rücken an eine Pappel gelehnt, hatte das Bild ein stark russisches Kolorit.

Die Wohnung Nr. 434 war die größte in unserem Gebäude, sie verfügte über zwei Zimmer und eine große Diele. Die »Schwägerin« Sun Yufan lag das ganze Jahr über krank im Bett. Sie hatte das kleine Gästezimmer für sich. Dicke Vorhänge schirmten sie vor der geschäftigen Welt ab. Sie war besonders gut im Zuhören. Mit wenigen Worten traf sie den Nagel auf den Kopf, so dass sie uns ganz einfach überzeugte.

Eines hellen Nachmittags im Frühwinter des Jahres 1970 machte die Schwägerin mit uns Kindern einen Ausflug. Wir brachen strahlend und lachend von daheim auf. Wir nahmen den Bus Nr. 14. Am Sun Yat-sen-Park bildeten wir auf dem welken Rasen einen Kreis, um Volleyball zu spielen. Die Schwägerin trug einen schwarzen Pullover mit einem hohen Kragen, sie wirkte wie ein Trainer, der außerhalb des Spielfeldes Anweisungen gab. Als es zu dunkeln begann, gingen wir zu Fuß zum Abendessen ins westliche Restaurant des heutigen Novotel. Es war das einzige Mal, dass ich die Schwägerin im Freien erlebte.

Kang Cheng, Yifan und ich waren unzertrennlich. Die Schwägerin taufte uns »Die drei Ritter«. Es war nicht einfach, sie zu besuchen. Wir mussten erst abwarten, bis Onkel Pang von der Kaderschule heimkehrte, seine Miene studieren, und dann noch das Geschwätz von Tante Qian über uns ergehen lassen. Diese kehrte schließlich ebenfalls nach Yangzhou zu ihrer Familie zurück. Der Große Bruder war meistens in Xingtai, monatlich kam er nur ein-, zweimal für einen Urlaub heim.

Die jüngere Tochter der Familie, Pang Bangxuan, hatte sich auf dem Land in der Inneren Mongolei niedergelassen. Im Winter kam sie nach Peking zurück. Sie befand sich im zweiten Jahr der Oberstufe des Lyzeums an der Pädagogischen Hochschule. Sie war ein Jahr älter als wir. Sie hatte viele kluge und hübsche Freundinnen. Eine von ihnen, »Schwester Song«, war Sopransängerin. Sie gab uns »drei Rittern« ihre Künste zu hören und entfachte in uns einen Sturm der Gefühle. Nachdem der Wirbel sich gelegt hatte und die Wehmut verflogen war, standen wir Schlange, um uns mit der Schwägerin auszutauschen. Sie wies uns verirrten Lämmern den Weg.

Im Nachbarschaftskomitee wurde getuschelt. Es hieß, die Schwägerin »ziehe die verderbte Jugend auf ihre Seite«. Uns blieb nichts anderes übrig, als uns dem Gerede zeitweise zu entziehen. Tatsächlich war die Schwägerin wie eine Kommissarin, die zur Gänze eine positive Form der Erziehung ausübte und mich immer ermunterte, aktiv vorwärtszustreben, etwas für die Gemeinschaft zu tun. Sie hielt meine Gedichte für zu pessimistisch, zu düster, man soll das Vaterland preisen, die Arbeiter, Bauern und Soldaten rühmen. Ich weiß nicht, wieso, doch ihre Worte ließen mich nicht verdrießen. Ihre Stimme hatte etwas Raues, sie war leise und schwach, hatte eine einlullende Wirkung.

Mit meiner Heirat verloren sich unsere Begegnungen. Schaute ich bei den Eltern vorbei, so ließ ich mich ab und an für einen Plausch bei ihr nieder. Auf ihren feinen kleinen Lippen erschienen Falten. Nun, das war das Schnitzwerk der Zeit.

Sommer 1997 erhielt ich im kalifornischen Davis einen eigenhändig geschriebenen Brief vom Großen Bruder, der mir ihren Tod mitteilte. Sie war an einer Lungenkrankheit gestorben. Für viele Monate vor ihrem Tod las sie ausschließlich in meinem Gedichtband, der immer neben ihrem Kopfkissen lag.

VII

Wollte man die Position der Gasse Sanbulao Nr. 1 in Pekings sozialer Landschaft markieren, so muss man den Hof und die Gasse getrennt voneinander betrachten. Sie stehen für zwei völlig unterschiedliche politische Kulturen. Allgemein gesprochen war der Hof der exklusive Ort für Personen in hohen Ämtern, während die Gasse allen gehörte, die schon immer hier wohnten. Der Hof verkörperte Privilegien, die Gasse zog sich durchgehend durch die allgemeine Geschichte.

Natürlich war die Angelegenheit nicht immer ganz so einfach. Sehr hohe Beamte zogen es mitunter vor, in einer Gasse zurückgezogen zu leben. Die Bewohner unseres Hofes waren zum Beispiel hauptsächlich Kader mittleren oder unteren Ranges. Die hohen Tiere der Partei Pro Demokratie ahmten die Regierungspartei nach und führten in den Gassen ein Einsiedlerleben. Dabei wusch eine Hand die andere. Selbst bei Amtsenthebung hatten sie immer noch »gut zu trinken, satt zu essen«. Sie waren nichts anderes als »die letzten Aristokraten«.

Der Hof wurde in die Ränge drei, sechs, neun eingeteilt. Diese Hierarchie zeigte an, wer lediglich ein Ersatzteil für die Staatsmaschinerie war. Auch wenn es hieß, die Partei Pro Demokratie sei dank bestimmter historischer Momente zu einem höheren Status gelangt, so gehörte sie grundsätzlich dennoch zu den Restposten. Darüber waren sich die Bewohner der Gasse Sanbulao Nr. 1 im Klaren. Das Staatsbewusstsein äußerte sich während der Kulturrevolution im Tonfall. Man stellte sich mit viel heißer Luft vor: »Mitglied der Parteizentrale!«, »Mitglied der Planungskommission!«, »Im Führungsstab!«. Und als es an uns kam? Wir bekamen kaum den Mund auf und murmelten nur: »Jemand von Sanbulao …«

Damals gab es kaum Hochhäuser. Unsere Bleibe war ein Markenzeichen. Im Umkreis von drei bis fünf Meilen war das Gebäude sichtbar. Als ich die Volksschule am Tempel der Großen Güte besuchte, kamen meine Mitschüler überwiegend aus der unteren Schicht. Ging ich mit ihnen heim zum Spielen, fragten deren Eltern sogleich: »Wo wohnt ihr denn?« Die Mitschüler beeilten sich dann zu antworten: »Die wohnen in dem Hochhaus von Sanbulao.« Die Eltern warfen meist einen verächtlichen Blick auf mich – für Ersatzteile und Restposten der Staatsmaschinerie fehlte dem gemeinen Volk die Gabe zur Unterscheidung. Der Irrgarten der Verschanzungen in den Gassen, die Pfützen nach dem Regen, der Blütenduft der Schnurbäume im Frühsommer sowie die dunklen Straßenlampen füllten jemanden wie mich, der in einem Hochhaus aufgewachsen ist, mit Sehnsüchten. Im Vergleich zur steifen Struktur unserer Unterkunft war dort die Freiheit einfacher Menschen zuhause. Sommers an der öffentlichen Wasserstelle spaßten halbnackte Männer und Frauen, Kinder spielten fröhlich Fangen. Das war ein anderes Leben: Drei Generationen kamen zusammen. Schimpfkanonaden, ja, aber unter dem rohen Äußeren verbarg sich gleichwohl eine tiefe Anhänglichkeit. Alle sorgten herzlich füreinander … Aus der Tiefe der

Gassen hegte ich einen geheimen Groll gegenüber dem hohen Gebäude. Sicherlich ein pubertärer Widerstand: Ein hoher Wohnblock repräsentiert väterliche Autorität und Ordnung.

Kinder des Hofes, die sich in die Gassen trauten, setzten sich der Gefahr aus. Wenn man nicht richtig aufpasste, waren Beschimpfung, ja Prügel an der Tagesordnung, es sei denn, man hatte da echte Freunde.

Guan Tielin war einer meiner Mitschüler in der Volksschule. Eine Zeitlang waren wir sehr vertraut. Seine Familie bewohnte einen kleinen Hof in der Nähe, zu dem eine Sackgasse führte. Unser großes Gebäude blockierte die Sonnenstrahlen. Seine Mutter war an einer Krankheit verstorben, sein Vater diente bei der Feuerwehr, und da er drei Schichten übernahm, verbrachte er kaum Zeit zuhause. Tiefsten Eindruck hinterließen in mir die alten kupfernen Waschschüsseln, voller Löcher und Macken, augenscheinlich Familienstücke. Nach dem Unterricht machte Guan Tielin Feuer im Ofen und setzte Wasser auf. Schien es heiß genug, goss er es in die Schüsseln, wo er mit den Fingern die Wärme prüfte. Langsam tauchte er beide Hände ein. Dabei schloss er wunschlos glücklich die Augen.

Einmal prahlte ich vor ihm, mein Vater schreibe chinesische Schriftzeichen einfach spitze. Er sah mich erstaunt an. Sein Vater? Er verstummte. Kalligrafie und Rettung vor dem Feuer sind zwei verschiedene Dinge. Bei einem Großbrand ging es unter Lebensgefahr die Leiter hinauf. Er durfte nicht auch noch seinen Vater verlieren!

Da war noch ein Freund aus den Gassen, aber ich habe seinen Namen vergessen. Er war auf der Volksschule in derselben Klasse wie ich. Er lebte an den Ufern des Hinteren Sees.

Sein Vater war ein Straßenhändler. Er hatte einen Stand für Süßigkeiten wie auch Nadel und Faden und betrieb nebenbei ein Glücksspiel in kleinem Format. Dieses Spiel sah so aus: Holzschachteln mit aufgeklebtem Fensterpapier wurden nach einem festen Muster angeordnet, man gab zwei Nickel und stach in das Papier hinein. Die Chancen standen fünfzig zu fünfzig. Man konnte Süßes gewinnen oder eine Glasmurmel zum Spielen. Ich gewann jedes Mal. Der Grund war ganz einfach: Der Kamerad hatte mir das Geheimnis im Voraus offenbart.

VIII

Als die Kulturrevolution ausbrach, war ich im siebzehnten Lebensjahr. Die Pekinger Mittelschule Nr. 4 befand sich im Zentrum des Orkans. Und ich sah mich gerade von Mathematik, Physik und Chemie bedroht, denn die Abschlussprüfungen standen an. Die Schule verkündete plötzlich die Einstellung jeglichen Unterrichts. Ich jubelte und hüpfte vor Freude. Wegen der Niederlage der bürgerlichen Erziehung, aber auch wegen meines Sieges, der darin bestand, die Hürden von Mathematik, Physik und Chemie nicht meistern zu müssen. Die Kulturrevolution war für mich anfangs wie ein Karneval. Täglich war ich beim Erwachen in Sorge, der Vorsitzende Mao könnte seinen Entschluss ändern, doch letztlich wurden die Schultore für immer geschlossen.

Das Lager der Revolte spaltete sich: Die Mitschüler mit »gutem« Klassenhintergrund stellten die Hauptstreitmacht dar. Wir anderen waren ausgeschlossen. Untätig daheim befiel mich unwillkürlich Kümmernis. Ich half dem Bruder und der Schwester Wandzeitungen zu verfassen. Wir kritisierten die Lehrer dafür, uns auf den »Weg der reinen Wissenschaft« geführt zu haben, allerdings brachte es nichts. In diesem nie dagewesenen Tohuwabohu waren die Lehrer nicht viel mehr als kleine Wichte.

Ich wurde der Anführer der Kinder. Mit ein paar Burschen aus unserem Bau, die jünger waren als ich, analysierte ich die Lage. Wir fanden einen großen Fisch: Chen Xianchi von Gebäude Nr. 8. Die Gerüchteküche wollte es, dass er für den Geheimdienst der Nationalpartei (KMT) gearbeitet hatte. Nach 1949 saß er für mehrere Jahre im Gefängnis. Somit war er der historische Fall für eine klassische Konterrevolution.

Ich führte fünf bis sechs Jungen an und wir stürmten sein Heim. Wir pochten an die Tür, so dass uns geöffnet wurde. Ich verlas zuerst Worte des Vorsitzenden Mao: »Jeder ist reaktionär. Wenn du ihn nicht schlägst, wird er nicht fallen. Das ist wie mit dem Fegen des Bodens. Wohin der Besen nicht kommt, wird der Staub kaum von alleine verschwinden.« Ohne dass wir einen Finger gekrümmt hätten, ließ sich Chen Xianchi zu Boden fallen. Hoch in Händen hielt er einen Wahlschein, um zu zeigen, dass er ein Mitglied des Volkes war.

Wir ließen keinen Widerspruch zu, wir schubsten und stießen ihn, bis wir ihn vor den Eingang von Nr. 4 eskortiert hatten und ihn dort auf einer Bank Platz nehmen ließen. Ich ging heim, um etwas zum Haareschneiden zu holen. Schließlich umgeben von all den Burschen drückte ich ihm den Kopf hinunter. Kaum hatte ich das ölige Haar berührt, wurde mir wider

Erwarten leicht schwindelig. Ich zögerte eine Weile, schließlich raffte ich mich auf. Von der Stirn fuhr ich entlang der Mitte nach hinten und versuchte so seinen Schädel partienweise blank zu rasieren. Mit dem Gerät war nicht viel zu machen. Ich musste es mehrfach probieren, bis die Kopfhaut mehr grün als blau durchschimmerte. In der Sprache der Zeit hieß der Schnitt Yin-Yang-Schädel: stellenweise war alles blank, stellenweise noch ein Wuschelkopf. Ich stellte schließlich fest, nicht das Gerät war das Problem, sondern meine rechte Hand. Sie zitterte ohne Ende. Ich musste das Gerät sinken lassen und meine rechte Hand mit der linken umklammern. Ich tat so, als wäre nichts passiert, spielte weiter den Kommandanten.

Chen Xianchi senkte den Kopf, um seinen verblassten Sun-Yat-sen-Anzug glattzustreichen und die Haarstoppeln abzuklopfen. Ganz zu Beginn war er verstört gewesen, nun hatte er sich beruhigt. Er erkannte, dass es nur der Streich von Maos Kindern gewesen war. Seine Verachtung empörte uns. An Ort und Stelle beriefen wir eine Kampfsitzung ein. Es schauten nur ein paar Passanten und kleine Kinder dem Treiben zu. Chen Xianchi brauchte nicht die berüchtigte »Flugzeug-Position« einzunehmen: der Kopf gesenkt, die Hüfte krumm, ganz Ignorant. Wir schrien uns die Kehle heiser: »Nieder mit Chen Xianchi!«, »Ergibt der Feind sich nicht, so brauchen wir Gewalt«.

Wir sperrten ihn zunächst in den Kesselraum, befürchteten aber, er könnte dort Unheil anrichten. Wir verfrachteten ihn dann in den Keller von Gebäude Nr. 8. Wir schoben der Reihe nach Wache, und zwar in drei Schichten. Abgesehen davon, dass wir ihm rechtzeitig Essen brachten, begleiteten wir ihn noch zur Toilette. Uns plagten die Ängste, er könnte sich aus dem Staub machen oder sich das Leben nehmen. Nach zwei Tagen waren wir ausgelaugt, wir gähnten um die Wette. Wir mussten ihn laufen lassen.

Wir holten ihn aus dem Keller heraus. Er schien, als habe er bereits sehr lange dort verbracht, so blass sah er aus. Er kniff die Augen zusammen, als er in die Sonne blickte. Ich verlas zuerst Worte des Vorsitzenden Mao: »Regierung und Strategie sind das Schicksal der Partei. Alle Genossen Führer müssen unter allen Umständen umfassend darauf achten. Keinesfalls darf man da nachlässig sein.« Anschließend ermahnten wir ihn streng, er dürfe keinen Unsinn verbreiten und nichts Unangemessenes unternehmen, er habe sich zur bestimmten Zeit zu melden.

Wenn ich ihm später unterwegs begegnete, sah er wie ein Gespenst aus. Ich wich ihm nach Möglichkeit aus.

Viele Jahre danach las ich den Roman *Der Herr der Fliegen* von William Golding: Sein kühnes Bild war einmal für uns bittere Realität gewesen.

IX

Der Karneval nahm bald blutige Züge an: Huajin, die Frau von Ge Zhicheng, dem höchsten Verwaltungsbeamten in unserem Block, nahm sich am Morgen des 22. August das Leben. Sie war die Parteisekretärin in der Mittelschule Nr. 8 gewesen. Man hatte sie in der Schule eingesperrt. Sie ertrug die Schläge und Demütigungen nicht mehr. Kurz danach filzten die Rotgardisten die Wohnung von Yifans Familie. Der Vater wurde nach Sichuan, in seinen Heimatort, zurückgeschickt.

Gasse Sanbulao Nr. 1 war das auserkorene Ziel für Durchsuchungen in ganz Peking. Selbst die Hühner und die Hunde
fanden keine Ruhe. Zhao Junmai von Nr. 3, der unter der Nationalpartei (KMT) als Bürgermeister von Changchun ge-
dient hatte und während der Schlacht um Shenyang im Herbst
1948 gefangen genommen worden war, übte jeden Morgen
Schwerttanz, so luftig, als ginge es übend in den Himmel hinauf.
An einem jener Tage begannen die Rotgardisten seine Wohnung zu durchsuchen, er versuchte sich zu widersetzen und
wäre fast an Ort und Stelle erschlagen worden. Dem Anschein
nach hatte er seine Himmelfahrt gründlich genug studiert.

An jedem Eingang klebte eine Bekanntmachung mit dem
Hinweis, wer immer da wohne, sei ein Konterrevolutionär. Tag
und Stunde seien für die Durchsuchung festgesetzt, es bleibe
niemand verschont. Gleichzeitig wurde bestimmt, dass man
sich alles Alten zu entledigen habe. Vor allem der »Vier Alten«,
als da waren alte Sitten, alte Gewohnheiten, alte Denkweisen,
alte Kultur. Andernfalls würde man standrechtlich erschossen.
Daraufhin inspizierten wir unsere Wohnung, brachten die Bücher und Dinge, die in Verdacht stehen könnten, zum Einwohnerkomitee. Darunter ein Mah-Jongg-Spiel aus Elfenbein. Viele Jahre später schmerzte Vater immer noch das Herz, wenn
das Gespräch auf dieses Spiel kam. Es war so weit: Die Rotgardisten standen zum Plündern drohend ins Haus, doch sie gingen, wie sie kamen. Falscher Alarm, wir hatten uns umsonst
geängstigt.

Eines Sommerabends waren wir an der Reihe, am Tor
Nachtdienst zu leisten. Der alte Wu war des Dienstes verwiesen worden. Gerüchte besagten, er sei ein reicher Bauer, der

sich durch Flucht entzogen habe und in seine Heimatstadt zurückgekehrt sei. Er wirkte immer schwarz und hager, kahlköpfig, ein wenig gebuckelt, ein weißes Leinenhemd am Leib, ungefüttert die schwarze Hose, lose im Schritt, als wäre er ein Bogen in einem Stoffsack. Er sprach den Dialekt der Provinz Hebei, seine Stimme war besonders laut. Obwohl die Torwächter, die nach ihm kamen, sich des Megafons bedienten, konnten sie sich mit ihm nicht messen.

Es war tief in der Nacht, als ein Mädchen, das in Gebäude Nr. 2 wohnte, sich bei mir ausweinte. Mit ihren Angehörigen sollte sie bei Tagesanbruch zum Zug eskortiert werden, um Peking für immer zu verlassen. Unter der Anweisung der Rotgardisten wurden fast 100 000 Einwohner von Peking zur Rückkehr in ihren ursprünglichen Heimatort gezwungen. Im trüben Lampenschein zog sie jammernd davon. Die Tränen perlten ihr die Wangen herab.

Auf diese Weise ging ein übler Sommer zu Ende.

Die Kulturrevolution ermöglichte der Demokratischen Partei die Ausübung von Demokratie. Das Zentralkomitee der Partei Pro Demokratie fand sich mit etwa zwanzig Personen ein. Nach dem demokratischen Prinzip spalteten sie sich in zwei unterschiedliche Lager. Vater schrieb eifrig Wandzeitungen. Sein Pinsel diente ihm als Waffe. Er und seine Freude kannten keine Müdigkeit. Als er dabei war, Parolen zu malen, fiel er von der Leiter und brach sich die rechte Hand. Er kam in das Krankenhaus von Jishuitan. Dort waren die Ärzte und Krankenschwestern ebenfalls mit Fraktionskämpfen beschäftigt. Glücklicherweise war das Handgelenk zwar angeschlagen, aber die Knochen waren noch beieinander.

Die Hauptmelodie der damaligen Jahre lautete: »Die Revolution bis zum Ende führen«. So waren die täglichen Abläufe in ihren Variationen vorgegeben: Gedenkplaketten einsammeln, Hühnerblut injizieren, zur Genesung die Hände wenden, tropische Fische züchten … An der Kreuzung von Ping'anli gab es einen Markt für Andenken von Mao. Man konnte dort Tauschhandel betreiben. Ich trug ein paar Mao-Abzeichen bei mir und mischte mich unter die Menschen. Ich wollte sie gegen eine große Schale eintauschen, doch niemand warf einen Blick auf meine Ware. Vater zog sich tapfer aus dem Getümmel der Fraktionskämpfe zurück und begann, Transistorradios zu sammeln.

Damals waren Kohlebriketts das wichtigste Brennmaterial. Eigentlich wurden sie von den Arbeitern der Kohlehandlungen auf den Ladeflächen der Dreiräder bis vor die Haustür geliefert und dann bis zur Wohnungstür getragen. Im Zuge der Kulturrevolution ging aber auch das Proletariat zur Rebellion über und verweigerte der bürgerlichen Klasse seinen Dienst. Korb für Korb gelangten die Briketts nur noch vor die Eingänge der Gebäude. Jede Familie hatte sich selbst eine Lösung auszudenken. Wer nicht über die nötigen Kräfte verfügte, wünschte sich in dem Moment einen Schwiegersohn herbei, der Aussicht auf die Meisterung des Brikettproblems wäre.

Im Chaos der Kulturrevolution wanderten Schrott und Trödel gleichermaßen auf den Korbballplatz im Osten. Dies erwies sich später als Vorteil: Die große Migrationsbewegung Ende der 60er Jahre eröffnete allen unbegrenzte Möglichkeiten zum Handel jeglicher Art. Yifan und ich begaben uns zum Altwarenhändler, fingen die Kunden ab und stöberten alte Bücher auf, die als Altpapier zum Verkauf gedacht waren. Ja, wir fanden sogar Empfehlungsschreiben, mit denen wir auf dubiose Art unser Glück versuchten. So tauchten wir tief in die Altpapierhaufen, um dort die Schätze abzustauben.

Zur selben Zeit, da die Massenmigration vonstattenging, begann Peking mit dem Bau von Luftschutzkellern. So fanden bei uns erneut große Bauarbeiten statt. Zunächst traf es die Pappeln, die in den Himmel gewachsen waren. Sie wurden alle restlos gefällt und abtransportiert. Was blieb, war nichts als ein leerer Fleck.

X

Die Bewohner der Gasse Sanbulao Nr. 1 verließen das Gebäude nach und nach, bis es ganz leer war. Das Haustor wurde ein willkommener Ort für die Spatzen. Selbst der Umschlagplatz für Altwaren bot infolge des mangelnden Geschäftes mittlerweile einen trostlosen Anblick. Kamen hier einmal beständige Ströme an Trödel an, gab es nun nur noch Restposten von ein paar Weiden- oder Bambuskörben.

Im Frühling 1969 wurde ich zur Arbeit für Pekings Baufirma Nr. 6 eingeteilt und in die Provinz Hebei geschickt, um im Kreis Yu die Berge in die Luft zu sprengen. Nach mehr als einem Jahr wurde ich nach Fangshan bei Peking verlegt, in die Ölraffinerie Roter Osten. Alle zwei Wochen, wenn eine längere Pause anstand, war ein Besuch daheim möglich.

Mein Zuhause wurde zu einem Versammlungszentrum. Wir zogen die schweren, aus grobem Stoff gefertigten Gardinen zu. Wir, eine Handvoll bester Freunde, waren hier unter uns, lasen, schrieben, tranken, hörten Musik und entwickelten Frühlingsgefühle. Unsere Bleibe war längst ein Dorn im Auge des Nachbarschaftskomitees. Eines Nachts, als Yifan seine Fotos entwickelte, wirkten das Rotlicht und der Blitz des Vergrößerungsapparates wie Sondersignale, so dass der »Spähtrupp der alten Frauen mit den kleinen Füßen« auf der Stelle dem Amt für Sicherheit in der Weststadt Bericht erstattete. Gleich darauf klopfte es an seiner Tür, die Polizei stand bereit. Es gab nichts zu holen, so konfiszierten sie einen Stapel Schallplatten mit klassischer Musik.

Wir luden den Tenor Kang Jian zu uns nach Hause ein. Er hatte einen Riesenschädel, sein Gesicht war rosa, er schien wie eine Sonne in der Nacht, die über den dicht im Raum gedrängten Gästen schien. Wenn er zu lachen anhob, schien ein Erdbeben zu folgen. Sein beschwingter Gesang von den Wolga-Schiffern ließ uns alle erbleichen. Es verschlug uns den Atem. Man konnte ihn noch zwei, drei Kilometer weiter hören: »Den holprigen Weg der Welt freimachen … «

Wenige Jahre später hatten sich die Buben und Mädchen aus unserem Gebäude auf dem Lande niedergelassen, arbeiteten für Truppenverbände, in Arbeitslagern oder waren zum Militär gegangen. Aber wo immer sie waren, sie alle kehrten nacheinander zurück. Jinian und ich kamen ebenfalls heim nach Peking, von der Kaderschule des 7. Mai in Shahe. Lediglich Shan Shan hat es nicht mehr nach Hause verschlagen … (Aus Mutters mündlichem Bericht)

Wir mussten, ob wir wollten oder nicht, unseren Salon an eine sicherere Bastion verlegen. Wir bastelten gefälschte Monatskarten, um uns außerhalb in der Einöde versammeln zu können.

Zu Beginn der 70er Jahre hatte Zhenkai, gerade etwa zwanzig Jahre alt, bereits mit dem Schreiben von Gedichten und Erzählungen begonnen. Oftmals bat er aus Krankheitsgründen um Urlaub. Er machte dann aus der Küche eine Studierstube. Er schloss die Tür und vergrub sich. Manchmal stand ich um Mitternacht auf, um auf die Toilette zu gehen. In der Küche brannte noch ein hellgelbes Licht … (Aus Vaters Aufzeichnungen)

Durch Vater lernte ich Onkel Feng kennen. Feng Yidai lebte in Gebäude Nr. 1 und war Literaturkritiker. Dank seiner Hilfe kam ich noch mehr mit Büchern und interessanten Menschen zusammen. Ich ging oft zu ihm nach Hause, um mit ihm zu plaudern. Onkel Feng hielt dann seine Tabakspfeife in Händen und lächelte über das ganze Gesicht. Gedanken und Rauchschwaden stiegen in die Höhe. Tante Feng, mit Schürze und Ärmelschoner, eilte geschäftig zwischen Lexikon und Küchenherd hin und her. Sie war fast blind. Wenn sie die Türe öffnete, sah sie mich durch ihre dicken Augengläser verwirrt an. Mit einem Vergrößerungsglas half sie Onkel Feng Wörter und Bedeutungen zu entschlüsseln.

Eines Abends Anfang Oktober 1976 überbrachte ich die gute Nachricht vom Sturz der »Viererbande«. Onkel Feng war gerade in der Küche und rieb sich mit einem Handtuch den

Rücken ab. So kam es, dass er, als er sich zu mir umdrehte, zusammen mit der Geschichte eine Kehrtwendung machte.

Ende 1978 gründete ich mit Freunden die Zeitschrift *Today*. Ein Teil der Bindearbeiten erfolgte bei mir zuhause. Stöße von vervielfältigten Seiten gelangten vom Bett auf den Boden. Sie verströmten einen starken Geruch von Druckerschwärze. Bei uns ging es zu wie in einem Taubenschlag. Ich hatte alle Hände voll zu tun, um die Gäste zu empfangen und zu bewirten. Ich vermute, dass das Einwohnerkomitee und die Polizei unseretwegen Sonderschichten einzulegen hatten.

Im Herbst 1980 heiratete ich, und so zog ich aus der Gasse Sanbulao Nr. 1 aus.

XI

Ende 2001 fuhr mich Yifan mit dem Auto zur Gasse Sanbulao Nr. 1. Dieses Haus, um das meine Träume kreisten, war kaum wiederzuerkennen: Das Gebäude wirkte niedrig, die Fenster erschienen klein, die Außenmauern waren gerade weiß getüncht, nach wie vor hatten sie Mühe, ihren jämmerlichen Zustand zu verbergen. Es hieß, dass die Zeit der Benutzung bereits abgelaufen war, so dass die Anlage eigentlich abgerissen werden sollte.

Wir statteten den ehemaligen Nachbarn einen Besuch ab. Zunächst der Familie Pang in Nr. 434. Bruder Bangben öffnete die Tür. Er war ergraut, aber immer noch der Alte, aufrecht wie ehedem. Bangxuan arbeitete nun als Vorstandsvorsitzende einer Investmentgesellschaft, ihre Kleidung und ihr Benehmen ließen mich die Veränderungen der Gesellschaft spüren. Der Große Bruder wollte eine Party für seine Gäste veranstalten und lud alle Kinder aus der gesamten Anlage ein. Unsere Wohnung war bereits weitervermietet. Das war mir recht, denn sonst wäre ich in den tiefen Winkel der Erinnerung versunken.

Als wir Abschied von den Nachbarn nahmen, senkte sich der Abend. Wo einmal der Luftschutzkeller war, stand nun ein Plattenbau. Vor dreißig Jahren warteten die Pappeln hier noch auf ihre Fällung, vierzig Jahre zuvor waren die Steine des Tai-hu-Sees auf einen Lastwagen gehievt worden, um dem in Bau befindlichen Militärmuseum übermacht zu werden, und sechshundert Jahre weiter zurück hatte einst der Seefahrer Zheng He, an die Balustrade gelehnt, die künstlichen Felsen des Gartens hinter dem Haus betrachtet. Als es dämmerte, mag er eine Lampe angezündet haben, die Vögel werden ihr Nest aufgesucht haben, es wurde still, so wie alle Dinge dem Schweigen anheimgefallen sind.

Hochzeitsporträt meiner Eltern, Shanghai, 1948

Vater am Himmelstempel, 1948

Vater als junger Mann

Familienporträt, 1963

Peking, 1969

Mit Klassenkameraden am Himmelstempel, 1968

Kleine Schwester im Nordsee-Park, 1969

Kleine Schwester auf dem Balkon, 1969

Tante Qian

Nach Vaters Angaben hatte es Anfang der 50er Jahre ein Bauernmädchen namens Wang Yuzhen gegeben, die wegen eines Familienzwistes von Baoding nach Peking gekommen war, um Anklage zu erheben. Da sich der Fall hinauszögerte, fasste sie bei uns in der Zwischenzeit als Hausmädchen Fuß. Wir wohnten damals in der Straße zum Außenministerium Nr. 1, die sich an der Gasse des Volkes im Osten der Innenstadt befindet. Zum Gericht in der Straße der Justiz waren es nur ein paar Schritte. Wang Yuzhen war von kräftiger Gestalt und verfügte über eine laute Stimme. Sie passte auf uns Kinder auf, wusch Wäsche, ging einkaufen und machte das Essen. Das alles schien ihr mit links zu gelingen. Vater berichtete, wenn er nach der Arbeit heimkam, saß sie an der Tür, mit einer Hand hielt sie mich, in der anderen meinen Bruder und fütterte uns im Wechsel. Die Eltern waren tagsüber im Dienst, und da niemand Wang Yuzhen ersetzen konnte, gingen wir mit ihr zum Gericht, wenn ihre Verhandlungen anstanden. Als zwei Jahre ins Land gestrichen waren, war ihr Fall erledigt, und Wang Yuzhen konnte nach Baoding heimkehren. Mein Bruder und ich liefen zu diesem Zeitpunkt bereits überall herum.

I

Ende 1959 kam ein neues Hausmädchen in unser Leben. Sie hieß Qian Jiazhen, sie stammte aus Yangzhou in Jiangsu. Ihr Mann war ein Kleinhändler, der neben ihr eine Geliebte hatte. Voller Wut eilte Qian nach Peking. Zunächst wohnte sie bei ihrer Stiefmutter. Es kam jedoch zur Entzweiung, so dass sie beschloss, auf eigenen Füßen zu stehen. Sie wurde uns von Bekannten vorgestellt und wir nahmen sie bei uns auf. Tante Qian und ich wurden zu gegenseitigen Zeugen unserer Leben. In meinem Fall vom achten Lebensjahr bis zur Volljährigkeit, als ich Bauarbeiter wurde. In ihrem Fall von einer anmutigen, jungen Frau bis zum hohen Alter.

Vor Beginn der Reformperiode hatte sich das Gehalt meiner Eltern niemals geändert. Jeden Monat gab es 239 Yuan. (Für eine fünfköpfige Familie war das damals nicht schlecht.) Nebenausgaben und Taschengeld abgezogen, ging der restliche Lohn zur Versorgung der Familie in die Hände unseres Hausmädchens.

Tante Qian konnte weder lesen noch schreiben. Neben Vater und Mutter verfügte ich in der Familie über die beste Bildung. Die Pflichten zur Buchführung oblagen daher mir. Jeden Abend nach dem Abendessen, wenn alles aufgeräumt war, saßen Tante Qian und ich einander am Esstisch gegenüber. Große Augen blickten in kleine Augen und so begannen wir die tägliche Kostenberechnung für den Haushalt. Wir benutzten ein Übungsheft mit sechzehnfach liniertem Papier, voller Fettflecken und Eselsohren. Auf jeder Seite hatten wir mit Hilfe eines Lineals vertikale Linien gezeichnet, eingeteilt in Datum,

Menge der Waren und Geldbetrag. Tante Qian zählte an den Fingern Rechnung für Rechnung ab. Aus den Taschen fingerte sie Papiergeld, Münzen und all die Zettelchen mit umrundeten Zahlen. Die großen und kleinen Kreise stellten je nach Form die unterschiedlichsten Waren dar, sie erinnerten an Zeichen der Steinzeit.

Ehrlich gesagt mochte ich diese Aufgabe nicht sehr gerne, die mich 365 Tage eines Jahres in Beschlag nahm. Falls eine Unterbrechung für ein, zwei Tage anstand, dann musste ich anschließend zum Ausgleich noch mehr Zeit und Energie aufwenden. Ich liebte es, mich zu vergnügen. Daher war ich oft nicht bei der Sache und wollte mich bei jeder Gelegenheit drücken. Tante Qian setzte dann eine ernste Miene auf, schlug mit der Hand auf den Tisch und blickte streng. Fast täglich trennten wir uns in Zwietracht. Eigentlich warfen die Eltern nie einen Blick in das Rechnungsbuch. Tante Qian war sich darüber auch im Klaren, doch es stand ihr Ruf auf dem Spiel.

Und da war noch eine lästige Pflicht, ich hatte nämlich auch Briefe für sie zu schreiben. Von ihrem früheren Leben wusste ich nicht allzu viel. Sie plauderte immer davon, aus einer reichen und einflussreichen Familie zu kommen. Sie war äußerst penibel, was Reinlichkeit betraf. Ihre Kleidung und ihr Bettzeug wiesen kein einziges Staubkorn auf. Und wenn sie Gemüse putzte, dann warf sie mehr fort, als sie behielt. Das war der Makel reicher Leute.

Tante Qian hatte eine Halbschwester. Jedes Mal, wenn ein Brief aus Yangzhou eintraf, war das ein großes Ereignis. Um einen ungehinderten Postweg zu garantieren, bot Tante Qian dem Briefträger, dem jungen Zhao, sogar ihre Verkupplungskünste an. Er machte einen ordentlichen Eindruck und war von Natur aus schüchtern. Die passende Kandidatin durfte durchaus vom Lande oder auch ein Dummerchen sein. Ich war bei allen Begegnungen dabei und schwitzte um seinetwillen Blut. Aber wie hätte ich Einwürfe machen können? Der soziale Kreis von Tante Qian hatte ja seine Grenzen. Die gesellschaftlichen Hierarchien wurden in jener Zeit lediglich von einer oberflächlichen Maske der Gleichheit überdeckt. Aus dem jungen Zhao wurde ein alter Zhao. Er blieb weiter Junggeselle.

Wenn Tante Qian ihre Arbeit beendet hatte, legte sie die Schürze und die Ärmelschoner ab, unter dem Kopfkissen holte sie den gerade erhaltenen Brief hervor. Ich entfaltete das Briefpapier und las stotternd vor. Unbekannte Zeichen übersprang ich einfach. Am Ende stand ihr der Zweifel ins Gesicht geschrieben, sie ließ mich dann nochmals vorlesen. Anschließend ging es ans Verfassen der Antwort. Als ich in die zweite Klasse der Grundschule kam, konnte ich höchstens zwei- bis dreihundert chinesische Zeichen schreiben. Wenn es gar nicht ging, malte ich Kreise. Das hatte ich von der Tante gelernt. Das Gute war, bei den Briefen gab es eine Form. Sie begannen immer so: »Ich habe Eure Nachricht erhalten. Es beruhigt mich zu wissen, dass es Euch in allem gut geht … «

Erst nach langer Zeit erfuhr ich, dass die Schwester von Tante Qian ebenfalls eine Geisterschreiberin hatte. Es war ihre Tochter, die in meinem Alter war und sich später in Jiangxi auf dem Land niederließ. Eine Zeitlang kamen wir uns wie Leidensgenossen vor und kommentierten unser Los in den Briefen, was Tante Qian ohne Ende verwirrte.

II

Wenn auch Tante Qian weder lesen noch schreiben konnte, so hatte sie doch keine gebundenen Füße mehr. Sie wollte nicht als rückschrittlich erscheinen. Ihr stand der Sinn nach gesellschaftlichem Fortschritt. Mit einer Zeit zu gehen, die ständig Veränderungen unterworfen war, erwies sich als nicht so einfach. Der Status als Amme entpuppte sich in der neuen Gesellschaft, besonders anlässlich der Unruhen der Kulturrevolution, als kompliziert und unstet und barg sogar politische Risiken in sich.

Im Sommer 1958 erschienen zur Zeit der Kampagne des »Großen Sprungs nach vorn« Plakate an der Ziegelfabrik nahe der Luftfahrtgasse. Sie verliehen der Jahreszeit eine noch heißere Nuance. Die sich verändernde Rolle der Arbeiter und Bauern stand für das sich verändernde Zeitalter. Im allgemeinen Tumult deckten ihre Konterfeis nach und nach die Wände zu. Für uns Kinder war es eine aufregende Zeit, jeder Tag fühlte sich wie ein Fest an.

Der Herbst kam, eine gemeinschaftliche Mensa wurde in dem grauen ebenerdigen Gebäude des Nachbarschaftskomitees gegenüber unserem Wohnblock errichtet. Tante Qian folgte dem Ruf der Partei, sie ließ uns drei Kinder zurück, zog einen weißen Kittel an und verschwand wie ein Wirbelwind in der Kantine. Sie wurde eine andere Person, sie strahlte vor Freude und hatte gefunden, was sie suchte. Für eine gewisse Zeit vermischte sich ihr einst starker Yangzhouer Dialekt mit ihrem Hochchinesisch, nur gelegentlich klang er leise nach. Tante Qian wohnte weiterhin bei uns, jedoch ohne sich um uns zu kümmern. Hatte sie das zuvor mit den Eltern vereinbart? Oder allein entschieden? Sie wirkte, als würde sie jederzeit ausziehen. Wir drei waren völlig aufgeschmissen und hatten keine andere Wahl, als uns ihr in der Mensa anzuschließen. Bald spürte ich das Gefühl von Freiheit, welches Tante Qian ergriffen hatte: Sie fühlte sich selbstständig und ungebunden, es gab für sie Gemeinschaft und Freundschaft.

Aufgrund der hohen Verluste musste die Mensa innerhalb weniger Monate schließen. Tante Qian streifte den weißen Kittel ab, zog die blauen Ärmelschoner wieder über, kehrte an unseren Herd zurück, machte Feuer und bereitete Essen zu. Einen lieben langen Tag setzte sie eine betrübte Miene auf, sprach kaum ein Wort, stand ab und zu wie betäubt am Fenster, hinter ihr der Pekinger Winterhimmel mit all den Essensdämpfen.

Sieben, acht Jahre später erlaubte sich das Schicksal einen erneuten Spaß mit ihr. Im Sommer 1966 brach die Kulturrevolution aus. Anfangs nahm Tante Qian eine abwartende Haltung ein, verfolgte alle Veränderungen um sich herum mit großer Ruhe, bis sie an einem Augustmorgen – dieser war die Revolution in Person – mit einem Satz aus dem Bett sprang, sich eine lehmgelbe (statt der offiziell grünen, der Landesverteidigung vorbehaltenen) Armeeuniform überwarf, sich eine Mao-Plakette an die Brust heftete, die Hüfte mit einem Lederriemen umgürtete und hurtig die Türen mit einem Knall hinter sich zuwarf. Sie trat in eine Art Halbstreik. Das hieß, dass sie kein Essen zur rechten Zeit machte. Erst wenn wir uns selbst die Mägen gestopft hatten, dann trug sie gelegentlich etwas auf. Damals war Tante Qian im 43. Lebensjahr. Vielleicht war das die letzte Gelegenheit, an ihrem Schicksal etwas zu ändern.

Wer vermochte in all dem Umsturz den anderen noch als den anderen zu erkennen? Jeder war vom Eifer der Revolution erfasst. Soweit ich weiß, war Tante Qian seinerzeit überaus damit beschäftigt, den Tanz der Loyalität mitzutanzen und an sogenannten Kampfsitzungen des Nachbarschaftskomitees teilzunehmen. Sie hatte Schwierigkeiten, die Worte des Vorsitzenden Mao auswendig zu lernen: Sie kannte keine chinesischen Zeichen, ihr Yangzhouer Dialekt trieb ihr die Zunge um. Alle spielten damals halb verrückt, auch wir, genau besehen war die halbverrückte Tante Qian der Normalfall.

Sehr bald jedoch trat sie den Rückzug an und legte die Armeeuniform wieder ab. Sie holte ihre dunkelblaue gefütterte Jacke heraus und erschien dabei wie ein Vogel, der das Federkleid wechselt, um sich auf den Winter vorzubereiten. Was mag dahintergelegen haben? Schwer zu sagen. Es lässt sich nur erahnen: Als ein Nichts war sie in ein großes Zeitalter gestürzt, in dem überall der Feind lauerte.

In Vaters Einheit wurde eine Wandzeitung mit den vollen Vornamen und den vollen Nachnamen derjenigen ausgehängt, die noch eine Hausangestellte beschäftigten. Es hieß, es sei eine Beibehaltung kapitalistischer Lebensweise. Meine Eltern waren zutiefst bestürzt. Am Abend beratschlagten sie dringlich mit Tante Qian, sie wurde um zeitweisen Abschied gebeten, mit der Versicherung, sie im Rentenalter zu versorgen.

Tante Qian tat so, als wäre nichts passiert. Am Morgen kämmte sie sich wie immer die Haare mit ihrem Schuppenkamm und machte einen Dutt daraus. Ein paar Tage später bereitete sie uns das Essen zu, danach nahm sie ihr Bündel und zog aus. Anfangs kam sie noch zurück, um nach dem Rechten zu schauen, mit der Zeit entschwand sie unserem Blick. Wie aus dem Nichts kam eines Tages die Nachricht, sie habe einen Rikschafahrer geheiratet. In jenen Zeiten konnte einen kaum etwas erschrecken, und doch erschrak ich.

Einen Sonntagvormittag fuhr ich mit dem Rad im vierten, westlich gelegenen Abschnitt der Nordstraße Richtung Süden und fand schließlich die Nummer ihrer Haustür. Da befand sich ein Gemeinschaftswohnhof, eng und laut. Kinder führten mich zu ihrer Wohnung, Tante Qian hob den Türvorhang und streckte den Kopf heraus. Der kleine Raum maß gerade einmal vier bis fünf Quadratmeter. Das Ofenbett nahm über die Hälfte ein. Die Hängedecke und das Fensterpapier waren neu ausgewechselt. Tante Qian hieß mich auf dem einzigen Stuhl Platz nehmen, sie setzte sich auf den Rand des Ofenbettes. Ich war etwas nervös und druckste herum. Schließlich befragte ich sie nach ihrer Heirat.

Der Alte sei auf der Arbeit, sagte sie mit verschlossener Miene.

Ich reagierte mit einem verlegenen Schweigen. Tante Qian goss Tee auf, sie wollte außerdem für mich kochen. Ich lehnte ab, ich hätte weiter zu tun, nahm schleunigst Abschied und war bald im Getümmel verschwunden. Wenig später kam die Nachricht von ihrer Scheidung. Sie hatte nichts mit Ehekrach zu tun. Dem Hörensagen nach war es viel einfacher: Tante Qian mochte einfach keine unordentlichen Leute.

III

Anfang 1969 zog Tante Qian wieder zu uns zurück, hauptsächlich um Sorge für die Wohnung zu tragen. Wie man zu sagen pflegt: Wenn jemand geht, steht seine Bleibe leer. Mutter war zur Kaderschule von Xinyang in der Provinz Henan aufgebrochen, mein Bruder zum Aufbaukorps an der Grenze zur Mongolei, ich zur Baustelle im Kreis von Yu in der Provinz Hebei. Meine Schwester folgte der Mutter wenig später. Vater war die Krönung des Ganzen: Er musste als letzter in die Kaderschule von Shayang in der Provinz Hubei gehen.

Als mein Bruder sich zum Aufbaukorps aufmachte, brachte Vater ihn zur Sammelstelle an der Inneren Straße zur Tugend und kehrte wieder heim. Er traf am Eingang auf Tante Qian. Sie erklärte ihm aufgebracht: »Wenn Baobao (der Spitzname meines Bruders) mit einer Mongolin heimkehrt, ist alles aus! Das kann man nicht hinnehmen. Hast du mit ihm darüber gesprochen?« »Habe ich nicht«, gab Vater zur Antwort. »Lassen wir das, er ist sowieso schon über alle Berge!« Tante Qian seufzte zum Himmel: »Oh, mein Gott!«

Im Sommer 1970 wurde meine Bautruppe vom Kreis Yu in die Außenbezirke von Peking verlegt. Alle zwei Wochen hatten wir frei. Am Samstagmittag stiegen wir in den Bus und fuhren heim. Montags in der Frühe sammelten wir uns zur Rückkehr. Kaum daheim, umschwänzelte mich Tante Qian, fragte mich dies, fragte mich das, brachte mir als erstes eine Nudelsuppe, die sie mit Sojasoße, Essig und Lauch gewürzt hatte. Sie gab noch Schmalz und zwei Spiegeleier hinzu. Zufrieden schaute sie mir zu, wie ich alles hinunterschlang.

Tante Qian begann mit einem Male zu altern. Falten machten sich auf ihren Wangen und der Stirn breit. Ein Foto liefert den Beweis. Ich hatte es von ihr gemacht, damit sie sich registrieren lassen konnte. Fotografieren war meine Spezialität, in der ich mich jahrelang geübt hatte, doch bislang hatte ich immer nur hübsche Mädchen abgelichtet. Zunächst hängte ich ein weißes Bettlaken als Hintergrund über eine Drahtschnur auf, dann drei Birnen mit viel Watt als Lichtquelle, montierte meine tschechische Reflexkamera auf ein Stativ, um anschließend den Auslöser zu drücken ...

Ich muss gestehen, mein Werk war wirklich ein Desaster, ganz wie Tante Qian meinte: »Sehe ja aus wie ein Geist.« Will man die Gründe suchen: 1. Überbelichtung. 2. falsche Brennweite. 3. Der Winkel stimmte nicht. Und dann gab es noch Probleme bei der anschließenden Bearbeitung. Ich musste zur Schicht an der Baustelle zurückkehren. Die Negative gab ich Yifan im unteren Stock. Wir teilten uns einen Vergrößerungsapparat.

Yifan meinte später wütend: Da ist nichts zu machen, die Negative sind überbelichtet, selbst das Fotopapier von Größe vier sei nur schwarz. In Folge machte er einen noch größeren Fehler als ich: Er warf mehr als zehn der missglückten Fotos weg, ohne zu ahnen, dass Bengel diese herausholen und an jeden Eingang sowie an alle Fenster kleben würden. Als würde Tante Qian per Steckbrief gesucht. Sie platzte vor Wut und machte sich auf die Suche, bis sie schließlich den eigentlichen Übeltäter gefunden hatte: mich.

Tante Qian hatte daheim nichts zu tun, ihr Herz war unstet. Sie haute 120 Yuan auf den Kopf, um mir eine Armbanduhr Marke »Ostwind« zu kaufen. Nicht viel später empfing ich einen Brief von Vater. In der Kaderschule waren Gerüchte aufgekommen: Eine Haushälterin war nach wie vor der Beweis für eine kapitalistische Lebensweise. Vater wurde isoliert und verhört, während der körperlichen Arbeit stand er unter Aufsicht. Der Druck, der auf ihm lastete, lässt sich leicht vorstellen. Sein Schreiben war taktvoll, aber Tante Qian verstand den Tenor. Sie wusste, was Sache war, schließlich nahm sie Abschied für immer und kehrte in ihre Heimat zurück.

Unser Versprechen, sie bis zum Lebensende zu versorgen, haben wir letztlich nicht eingehalten.

IV

Im Frühjahr 1982 wurde ich Journalist für *China berichtet*, eine Zeitschrift auf Esperanto. Ich hatte über den Kaiserkanal zu schreiben. So brach ich von Peking auf. Die Reise führte mich am Kanal entlang nach Yangzhou. Zuvor hatte ich die jüngere Schwester von Tante Qian über meinen Weg verständigt. An dem Tag, da ich dem Rathaus von Yangzhou einen Besuch abstattete, suchte ich sie am Nachmittag auf. Tante Qian wirkte nervös. Kaum, dass sie mich erblickt hatte, blinzelte sie, doch ohne Tränen zu verlieren. Dem Tonfall der Schwester konnte ich entnehmen, dass sie daheim nicht besonders angesehen war. Ich schlug vor, für eine Weile zu ihrer Bleibe zu gehen.

Wir schritten Seite an Seite einen feuchten Weg entlang, der mit Steinplatten ausgelegt war. Tante Qian erschien schmächtiger als sonst, auch kleiner von Gestalt, als ob sie jederzeit von dieser Erde verschwinden würde. Ihr Zuhause war nur ein kleiner Bretterverschlag. Außer einer Bambusliege fand sich dort so gut wie nichts. Ich hatte eine Dose Kekse dabei, die ich vor Ort gekauft hatte. Und ein Transistorradio. Die Geschenke erschienen mir höchst unpassend.

Ihrem trüben Blick entnahm ich Angst, die Sorge vor dem Alter, vor Hunger, vor Tod. Sie stammelte zaudernd, bis es ihr herausbrach: »Was ich brauche, ist Geld!« Ich war perplex. Das Bekenntnis zu ihrer offensichtlichen Armut bestürzte mich. Ich bat sie um Fassung, versprach, wenn ich wieder daheim war, Geld anzuweisen (später sollte Mutter ihr siebzig Yuan zukommen lassen). Am Tor verlieh ihr die Abendsonne von hinten einen goldenen Schein. Sie verzog den Mund und wollte lächeln, aber es gelang ihr nicht.

Ob in den Hauptstraßen oder Gassen, überall erklang der Yangzhouer Dialekt, wie Tante Qian ihn sprach. Ja, das war ihre Heimat.

Bücherlektüre

I

Lesen und Studieren sind zwei verschiedene Dinge: Lektüre findet auch außerhalb von Schulgebäuden statt; ein Buch ist nicht immer ein Lehrbuch. Eine Lektüre macht die geheime Kraft des Lebens aus, fern von Nutzen und Gewinn. Sie ist wie das Licht auf einem Weg, das in die Dunkelheit der Menschen scheint. Wie eine Kerze, die am Ende der Dunkelheit brennt.

Schlägt man eine Karte von Peking Anfang der 60er Jahre auf, so findet man an der Nordwestecke der Baumwollgasse und der Straße mit dem Tempel zum Schutze des Landes einen Bilderbuchladen verzeichnet. Ging man damals weiter Richtung Westen und passierte man ein Blumengeschäft, so stieß man auf die bekannte Imbissstube, benannt nach dem Tempel. Dort gab es alle möglichen Leckereien, mit so wunderlichen Namen wie zum Beispiel Zuckerohren, Wucherzins, Beifußklößchen, Sesambällchen, Hirsepaste und Bohnenpudding. Das Schaufenster der Imbissstube bestand zur unteren Hälfte aus Milchglas, die obere Hälfte war beschlagen, dahinter unscharfe Schatten, das Öl zischte in den Töpfen, Wohlgerüche zerstoben in alle Richtungen. In meinen Taschen war kaum eine Münze, es zog mich zwischen Imbissstube und Bilderbuchladen hin und her: Der Magen grummelte vor Hunger, der Kopf war leer. Hätte ich zwischen den beiden wählen können, hätte ich mich selbstverständlich für die Schleckereien entschieden.

Der Bilderbuchladen war nicht groß. Kunden waren vor allem Kinder. Seine Funktion entsprach in etwa einem heutigen Internetcafé. An den Wänden fanden sich überall Titelseiten von Büchern, ein Paradies für die Augen, ein Glück für das pochende Herz. Jedes Buch, das keinen Schutzumschlag hatte, war in braunes Packpapier eingeschlagen. Auf einem Klebestreifen standen von Hand geschrieben der Name und die Nummer des jeweiligen Werkes. An der Theke fand sich die Preisliste: zwei Nickelchen pro Buch für die Ausleihe plus Pfand, ein Nickel für die Lektüre im Laden, ohne Pfand.

Zur Zeit der drei schwierigen Jahre gingen wir nur halbtags zur Schule. Daheim bildeten sich Grüppchen für die Hausarbeit. Kaum waren wir fertig, stoben wir in alle Himmelsrichtungen auseinander. Die Bilderbuchläden waren eines der Ziele. Wir hingen dann zu mehreren zusammen, um zahllose Heftchen auszuleihen und gemeinsam zu lesen. Im Laden galt zwar das Verbot der Ausleihe untereinander, aber der Inhaber schaute stillschweigend weg.

Dicht an die Wände gelehnt und zerstreut befanden sich Etagenbänke, mal hoch, mal niedrig. Der dunkelbraune Lack war abgeblättert, die Holzmaserungen schauten undeutlich heraus. In der Mitte standen beliebig Hocker. Es raschelte jedes Mal, wenn wir die Seiten umblätterten. Mitunter besprachen wir die Lektüre leise und tauschten unsere Lesevergnügen aus. Eine alte Wanduhr erinnerte uns mit ihrem Ticken und Stundenschlag an das Vergehen der Zeit. Wenn der Abend nahte und der Laden geschlossen werden sollte, legten wir auf Drängen des Inhabers den Endspurt ein, verpassten dann aber meistens das Wesentliche. Als wir nach draußen traten, schienen wir von der einen in die andere Welt zurückzukehren, ohne zu wissen, welche von beiden die wirklichere war. Ich fühlte in den Taschen nach. Da waren noch fünf Nickel. Ich stürmte erfreut zur Imbissstube und holte mir Zuckerohren, um mich selbst zu belohnen.

Abgesehen von populären Bildergeschichten wie *Die Räuber*, *Die drei Reiche* oder *Die Generäle der Familie Yang* mochte ich noch lieber Geschichten über Untergrundkämpfe oder über die Abwehr von Spionen wie zum Beispiel *Buschfeuer und Frühlingswinde: Kampf um eine alte Stadt, Krieg im Herzen des Feindes, Militärdepot Nummer 51*. Nicht wenige basierten auf Filmen. Die Heftchen machten meine Leseschwierigkeiten wett, noch wichtiger war das Vergnügen, das sie bereiteten. Apropos Vergnügen, im Grunde genommen befriedigten sie die Leseerwartungen eines durchschnittlichen IQs wie im Falle von uns Burschen. Ja und Nein, Recht und Unrecht, Schwarz und Weiß, Grund und Folge: Auf den ersten Blick war alles klar: Helden starben als Märtyrer umgeben von grünen Kiefern, Bösewichter dagegen hausten immer im Dunkeln. Verräter offenbarten von Anfang an ihre Makel, zum Schluss hatte es mit ihnen natürlich ein schlechtes Ende.

Unweit der Imbissstube zu lesen, bedurfte ein hohes Maß an Heroismus, vergleichbar mit dem Widerstand gegen jede Art von Bedrohung oder Bestechung, auf keinen Fall durfte man ein Überläufer werden.

II

Vom Bilderbuch zum Wörterbuch war es eine große Wende, sie erschien mir wie die Evolution vom Affen zum Menschen.

Mein Vater war ein Amateurliebhaber von Literatur. Sein Hobby war breit angelegt und gab keine bestimmte Richtung vor. Nimm hier was, kauf da was. Er traf nie eine Auswahl. Zuhause hatten wir einen braunen Bücherschrank, weder groß noch klein. Er fasste zwei- bis dreihundert Bücher und stand im Außenraum an der nördlichen Wand (das war in der Vergangenheit der Ort für die Ahnentafel und während der Kulturrevolution hing dort das Porträt von Mao Zedong). Das zeigt, welche Bedeutung der Kultur in unserer Familie zukam.

Die Anordnung der Bücher unterlag einer strengen Reihenfolge: Zuerst kamen die Werke von Marx, Engels, Lenin, Stalin und Mao sowie Lu Xun. Sie alle thronten in der Höhe und blickten in die Tiefe. Sie repräsentierten den Kanon. An zweiter Stelle folgten in Vertretung der Tradition Standardausgaben wie *Die dreihundert Gedichte der Tang-Zeit, Die Lieder der Song-Zeit, Meisterwerke alter Prosa, Die drei Reiche, Die Räuber* und *Der Traum der roten Kammer*. Und da waren noch *Die Wörterquelle, Die Prosodie, Das Lexikon für das moderne Chinesisch,* weiter *Das große Russisch-Chinesische Lexikon*. Im dritten Fach standen schließlich die revolutionären Romane der Gegenwart als Verkörperung der Orthodoxie wie *Feuersbrünste und Recken, Roter Fels, Die Geschichte der Erbauer, Buschfeuer und Frühlingswinde: Kampf um eine alte Stadt, Bitterer Raps* usw. Und dann gab es noch Essaysammlungen von Wei Wei (*Wer ist der Liebenswürdigste?*) und von Liu Baiyu (*Roter*

Achat). Letzterer diente mir hauptsächlich als Schreibvorlage. All jene blumigen Wörter, die ich in meine Aufsätze flocht, Satz für Satz voller Schreibfehler, waren mehr als lediglich Blendwerk für die Augen. Auf der letzten Stufe folgten alle Arten damaliger Zeitschriften, zum Beispiel *Herbsternte, Literatur aus Shanghai, Wir lernen Russisch*. An Zahl übertroffen wurden sie von Filmzeitschriften. Außer Unterhaltungsblättern wie *Kino für alle* und *Die Shanghaier Filmbühne* gab es noch Spezialmagazine wie *Der chinesische Film, Film und Literatur, Die Filmkunst, Das Drehbuch* etc., so dass ich mich fragte, ob Vater vielleicht von dem geheimen Impuls getrieben wurde, selbst ein Filmskript zu verfassen.

Meine Lesebegeisterung stellte die Hierarchie auf den Kopf: Das Untere kam zuerst und ich begann mit den Filmzeitschriften, besonders den Drehbüchern (einschließlich der von den Regisseuren benutzten Arbeitsskripten). Der Grund dafür war wohl folgender: Die verwendeten Schriftzeichen waren einfach, im Mittelpunkt stand der Dialog, der Plot war stringent und die Bilder lebhaft. So vollzog ich den Übergang vom Bilderbuch zum Kompendium. Auch wenn es hieß, eine ganze Menge von Fachausdrücken zu lernen – Zeitlupe, Rückblende, Abblendung, Totale, Stimme aus dem Off, Nah- und Ferneinstellung –, aber das war nicht weiter schlimm. Es war, wie wenn man singt, ohne Noten zu verstehen. Ein Drehbuch lesen, das entsprach einem freien Kinoeintritt. Ja, es hatte sogar einen Vorteil: Die Wörter verwandelten sich in eigene Bilder, ließen der Fantasie viel Freiraum. Später wirkte sich das sehr auf meine Verse aus. Für mich war Eisensteins Montagetechnik nicht nur eine Theorie vom Film, sondern auch eine Theorie der Lyrik.

Ein Bücherbrett höher begannen mich die Revolutionsromane zu faszinieren. Was mich an ihnen am meisten fesselte, waren die Beschreibungen des Geschlechtlichen. Ich muss gestehen, mein erster Lehrer in dieser Angelegenheit war Feng Deying. Seine Romane *Bitterer Raps* und *Blüten in Erwartung des Frühlings* waren für mich die frühesten Schriften zur Aufklärung. Da ging es um Gewalt, Perversität, ja um Inzest. Ich war außer mir, konnte aber mit dem Lesen nicht aufhören. Wegen des Klassenstandpunkts kam in mir ein starkes Schuldgefühl auf. Ich bin der festen Überzeugung, dass Fragen der Aufklärung mit Büchern wie diesen in engem Zusammenhang stehen: Gewalt und Sex verschafften sich unter dem Namen der Revolution einen Weg in unser tiefstes Bewusstsein.

Die Lektüre anspruchsvoller Literatur bringt einem das Lob von Erwachsenen ein. Wo vermag man in jungen Jahren schon eine Würdigung zu erheischen? Ich erinnere mich noch, wie ich in die dritte oder vierte Klasse ging und Mutter mich zur Bibliothek im Hauptsitz der Volksbank mitnahm, wo sie zu tun hatte. Ich wählte aus dem Bücherregal den sehr dicken Band eines sowjetischen Romans mit über siebenhundert Seiten. Im Leseraum spielte ich den Lesenden. Eine Bibliotheksangestellte machte viel Lärm um mich, so dass die anderen Besucher einen Kreis um mich bildeten und starrten, als käme ich von einem anderen Stern. Und genauso fühlte ich mich, denn was ich las, war wie eine heilige Schrift, so viele fremde Wörter, ich sprang hin und her, ohne den Plot überhaupt ausfindig machen zu können.

Ich erklomm die klassische Literatur. Dies hatte mit Vaters autoritärem Willen zu tun: Er hieß mich, Gedichte und Lie-

der der Tang- und der Song-Zeit auswendig zu lernen, besonders in den Winter- und Sommerferien nahezu täglich ein Gedicht. Ich war in dem Alter, wo mir der Sinn nach Spaß und
Spiel stand und nicht nach der Muße wie Lust der Alten! Die
Vorhänge flatterten, während ich mit dem Kopf hin und her
schaukelte und Liu Yuxis *Auf meine bescheidene Bleibe* rezi-
tierte: »Spuren von Moos erklimmen grün die Stufen, / Gras
nimmt bläulich seinen Weg in die Vorhänge. So stimmt alles
ein in die blanke Zither. / Wir lesen das Goldsutra, es plaudern
und lachen große Gelehrte, / Erfolglose schauen nicht vorbei. /
Keine anderen Instrumente stören das Ohr, / keine Aktenstü-
cke, um sich abzuplagen. In Nanyang ist die Hütte von Zhuge, /
in Xi-Shu ist der Pavillon von Ziyun. / Konfuzius befand: Wo
gäbe es eine bescheidene Bleibe?«

Was nun die Bücher in oberster Reihe anging, so konnten
sie einen in Schrecken versetzen, und zwar von ihrem bloßen Aussehen bis hin zu ihrem Umfang. Wir machten erst
Gebrauch von ihnen, als während der Kulturrevolution das
Schreiben von Wandzeitungen fällig wurde. Seite für Seite le-
send wurde mir klar, warum Vater sie an die höchste Stelle ver-
frachtet hatte: Es ist einsam und kalt an der Spitze.

III

Wahrscheinlich war es in meinem zehnten Lebensjahr, dass
ich ein großes Geheimnis entdeckte. Der Dachboden über
dem Gang zwischen Haustür und Küche war vollgestopft mit
»verbotenen Büchern«. Ich war klein, das Stübchen lag hoch.

Aber meine Neugier fand ihre Wege. Ich nutzte die Gelegenheit, wenn niemand zu Hause war, und stellte zwei Stühle und einen hohen Hocker übereinander. Es musste alles genau aufeinander abgestimmt sein. Es war wie eine akrobatische Aufführung, leider ohne Zuschauer außer mir höchstpersönlich, der unbedingt die Höhen erklimmen wollte, um die Sammlung in Augenschein zu nehmen.

Ich öffnete die Tür der Dachkammer. Der Geruch von altem Papier und Staub schlug mir entgegen. Ich habe oft Antiquariate durchstöbert, wo derselbe Duft wehte: so schlicht, so vornehm, so dunkel, so fern, ganz wie Weihrauch, der die Seelen auf ihrem weiten Weg begleitet. Und hier, vielleicht zu lange in der Finsternis eingeschlossen, wirkte der Geruch um so vieles stärker. Er kam mir vor wie ein Gefangener, voll feindlicher Angriffslust, der es darauf abgesehen hatte, mich schwindelig zu machen. Ich hielt den Atem an und konzentrierte mich. Nach und nach gewöhnte ich mich an die Luft und das gedämpfte Licht. Ich verließ mich auf mein Gespür und erkannte sogleich, dies war eine wahre Fundgrube.

Bis heute kann ich mich noch an den Grad des Schadens, den Einband und Layout genommen hatten, sowie an den besonderen Duft vieler Bücher erinnern. Sie entstammten unterschiedlichen Zeiten und Regionen, sie hatten verschiedene Routen hinter sich. Zuerst die Quelle für den Papierzellstoff: Baumwolle und Reisstroh miteinander vermengt, dann der Temperaturunterschied und die Feuchtigkeit jeder Region, schließlich die Düfte der verschiedenen Jahreszeiten und die lokalen Eigenheiten von Speis und Trank. Jedes Buch hatte sein Schicksal, sein Alter, seine Herkunft und seinen Namen.

Die im Dachstübchen versteckten Bücher teilten sich hauptsächlich in vier Kategorien: 1. Alte Ausgaben von *Geschichten aus der Tang- und Song-Zeit, Einfache Worte zur Erweckung der Welt, Die Metamorphose der Götter* etc. 2. Unterschiedliche Erzählungen, die vor 1949 veröffentlicht worden waren, u. a. die von Zhang Henshui und Yu Dafu. Selbst die von Mao Dun waren in die Dachkammer gewandert. Wahrscheinlich wegen der erotischen Beschreibungen. 3. Alle möglichen Zeitschriften aus den 30er, 40er Jahren wie *Gute Freunde, Die Frau, Die Filmkunst.* 4. Lehrbücher, die Mutter früher für ihr Studium verwendet hatte, darunter *Physiologie und Anatomie* sowie *Das große Kompendium zur Frauenheilkunde.*

Offensichtlich lebte unsere Familie in zwei kulturellen Welten: in der öffentlichen des Bücherregals und in der geheimen des Dachbodens. Die eine Welt stand für den Status quo und die Mainstream-Kultur, die andere für Gesetzwidrigkeit und Verbot. Von dem Tag an, da ich die Geheimnisse der Dachkammer entdeckte, begann auch mein Doppelleben.

Nach der Schule baute ich Stühle und Hocker von neuem auf, öffnete die Luke, fasste ins Dunkel und fischte ein Buch heraus. Ich begutachtete es, bevor ich es herunternahm. Lies es, sagte ich zu mir, bevor die Eltern zurückkommen, musste es zurückgestellt sein.

Die Kammer war tief, meine Arme kurz. Wollte ich ins Innerste gelangen, hatte ich einen zweiten Hocker obenauf zu stellen. Ein wenig Nachlässigkeit reichte aus und es erging mir wie einem Reiter, dessen Pferd scheut. Ich stürzte und holte mir eine blutige Nase und Beulen im Gesicht. Meine frühen Leseerfahrungen war nicht nur von der Unterscheidung zwischen Öffentlichem und Geheimem, Recht und Unrecht, sondern auch von einem Schmerzgefühl geprägt. Ich denke, das ist der Preis, den man für die Lektüre verbotener Werke zu zahlen hat.

Von den wundersamen Geschichten des Altertums bis hin zum modernen Roman waren die Beschreibungen von Sex viel detaillierter und ausgefallener als in der revolutionären Erzählkunst. Das Tabu in Sachen Leiblichkeit war eigentlich ein Phänomen erst aus jüngster Zeit. Medizinische Bücher wie *Physiologie und Anatomie* veranschaulichten Form und Funktion der weiblichen Genitalien. Ich war ganz überrascht: So also kommen Kinder zur Welt. Im Vergleich zur grandiosen Prosa der »Bewegung vom vierten Mai 1919« waren Vertreter einer jüngeren Literatur wie Liu Baiyu nichts anderes als Quacksalber.

Das Durcheinander in der Dachkammer weckte Argwohn. Vater brachte ein Schloss an, doch das konnte meinen unbedingten Willen, weiter in die Tiefe der Dinge vorzudringen, nicht schwächen. Ich durchsuchte die ganze Wohnung, bis ich schließlich den Schlüssel fand.

IV

Das geheime Lesen, welches die Kammer möglich machte, begann in meinem zehnten Lebensjahr, es begleitete mich bis zum siebzehnten. 1966 brach die Kulturrevolution aus. Zur selben Zeit, da ich aktiv an rebellischen Aktionen teilnahm, kostete ich weiter heimlich von den verbotenen Früchten. Das ging so bis zum August desselben Jahres. Eines Tages hing am großen Tor eine Mitteilung der Rotgardisten mit der Ankündigung, man werde jede Wohnung durchsuchen. Es ergehe daher die Anweisung, alles, was zu den »Vier Alten« zähle, beim Nachbarschaftskomitee abzuliefern. Andernfalls drohe standrechtliche Erschießung.

So waren wir mit Mann und Maus drei Tage lang mehr als beschäftigt. Vater öffnete den Dachboden, er nahm die Büchersammlung zur Gänze heraus und häufte sie auf einen Stapel. Was mich zum Erwachsenen hatte werden lassen, lag nun – in Erwartung der Flammen – vor aller Augen bloß. Ich stellte mir ihre Gestalt und Stimme vor, wenn sie sich im Feuer drehten und wendeten. Neben dem Gefühl der Wehmut empfand ich wider Erwarten auch einen kleinen Funken Freude.

Shanghai

I

Im Sommer 1957 breitete sich die Anti-Rechts-Bewegung wie ein Lauffeuer aus. Ich war völlig durcheinander. Ich hatte das Gefühl, die Welt der Erwachsenen war eine einzige Gefahr, ein Versteckspiel, in dem es um Leben und Tod geht. Eines Tages bekamen wir Besuch von meiner Cousine. Sie unterrichtete an einem Musikkonservatorium. Ich fragte sie unverblümt: Bist du eine Rechte? Sie lachte bloß, ohne zu antworten. Vater packte die Wut. Er meinte, Kinder könnten den Mund nicht halten, einmal würde ich sicherlich Unheil anrichten. Zwei Tage später, am Mittag des 19. Juli 1957, nahm sich unser Nachbar Yu Biaowen durch einen Sprung das Leben. Auch wenn ich von klein auf lang und tief über den Tod nachgedacht habe, so war der Freitod doch ein Schrecken für mich.

Es war in dieser Zeit, dass Mutter um Urlaub bat und mit mir zum Besuch ihres Vaters nach Shanghai fuhr. Ich begab mich zum ersten Mal auf weite Reise. Ich war aufgeregt und zählte jeden Tag, bevor es losging, an den Fingern ab. Dazu kam, dass mich das Weinen der jungen Witwe Tante Zheng oft um Mitternacht weckte. Der Schatten des Todes ließ mich nicht atmen, doch letzten Endes entkam ich.

Ein Jahr zuvor hatte Großvater einen Unfall gehabt: Auf der Straße wurde er von dem Fußball eines Kindes getroffen. Er fiel auf den Hinterkopf und verletzte sich schwer, seitdem war er halbseitig gelähmt und hatte seine Sprechfähigkeit verloren. Früher war er körperlich sehr stark gewesen, hatte sich gerne bewegt und auch im Winter immer mit kaltem Wasser gewaschen. 1953 hatte er eine Weile in Peking verbracht, überall war er unterwegs gewesen. Einem Fotoalbum lässt sich sein ungeheurer Optimismus entnehmen: Er lächelte viel.

Am Bahnhof von Qianmen, Pekings Vordertor nahe dem Platz des Himmlischen Friedens, sah ich zum ersten Mal eine Lokomotive. Riesige Räder und Kolben, hohe Führerhäuser und blitzblanke Messingrohre sowie dunkle Dampfkessel überwältigten mich. Die Dampfpfeife ertönte dreimal lang, die Wagen begannen heftig zu ruckeln. Mit Mutter saß ich in der zweiten Klasse. Ich lehnte am Fenster: Bäume, Felder, Dörfer zogen vorbei. Große und kleine Eisenbahnbrücken dröhnten auf unterschiedliche Weise. Auf dem Bahnsteig von Ji'nan kaufte Mutter mir Brathähnchen. Ein Schaffner goss aus einer riesigen Kanne Teewasser auf. Unsere selbst mitgebrachten Emaillebecher standen auf dem Tischchen. Die Deckel klimperten mit den Bewegungen des Zuges …

Um Mitternacht wurde ich aus dem Schlaf gerissen. Mutter erklärte mir, wir kämen gleich in Pukou an, der Zug würde auf einer Fähre über den Fluss geschifft. Jemand dirigierte die Überfahrt mit einer Pfeife. Die Puffer quietschten, die Wagen wurden geteilt und auf die Gleise an Deck gezogen. Die Nacht über dem Fluss war pechschwarz. Die Wellen schlugen dumpf an die Schiffsseite. Arbeiter prüften mit Hämmerchen die Räder. Es hallte hell. So vergingen viele Stunden, ehe wir schließlich ans andere Ufer gelangten. Am nächsten Vormittag fuhren wir im Bahnhof von Shanghai ein, wo uns die Verwandten erwarteten. Danach ging es mit der Rikscha in ein Reihenhaus von Hongkou.

II

Mein Großvater Sun Haixia, den wir Shuguang nannten, war 1880 in Shaoxing, Provinz Zhejiang, geboren. Von klein auf hatte er eine Privatschule besucht, danach ging er auf eine Fachschule für Telekommunikation. Nach dem Abschluss wurde er dem Telegrafenamt von Hankou zugewiesen. Er war dort für den Verkehr mit Europa und den Vereinigten Staaten verantwortlich. Er machte Bekanntschaft mit dem Revolutionär Huang Xing und trat der Allianz (Tongmenghui) von Sun Yatsen bei. Vor dem Aufstand von Wuchang im Jahr 1911 schickte er Großmutter und die Kinder zu Verwandten nach Yueyang in Hunan. Während der Unruhen schloss er sich einem Selbstmordkommando an und besetzte eine Telegrafenstation, um den Befehl der Kommandozentrale zu übermitteln, nämlich die unverzügliche Mobilisierung der Revolutionstruppen. Am nächsten Tag hielt man eine Siegesfeier ab. Mein Großvater wurde mit der höchsten Auszeichnung geehrt und erhielt eintausend Silberdollar in bar. Huang Xing wollte, dass er die Nachrichtenzentrale für die Revolutionsregierung leite. Er lehnte jedoch höflich ab und ging nach Zhongxiang in Hubei, wo er das Amt des Direktors im dortigen Telegrafenamt bekleidete. Das Preisgeld setzte er für die Gründung der Zhongqiang-Mittelschule ein, deren Rektor er wurde.

Jeden Morgen nach dem Hissen der Fahne erklärte mein Großvater den Schülern die Tagesereignisse, er machte sich besonders für Demokratie und Wissenschaft stark. Während der Bewegung vom 4. Mai 1919 berief er Sitzungen zu Solidaritätsbekundungen ein und stand den Demonstrationen zur Unterstützung der Pekinger Studenten vor. Nach den Vorfällen vom 12. April 1927 zerstörten örtliche Despoten gemeinsam mit religiösen Sekten und Geheimbünden die Kreisparteizentrale, die Bauerngenossenschaft, das Telegrafenamt und die Mittelschule. Schließlich stürmten sie das Haus des Großvaters, fesselten drei meiner Onkel und verprügelten sie. Verkleidet und mit Hilfe einfacher Leute konnte die Familie Sun aus dem Stadttor fliehen. Großvater versteckte sich derweil in dem Waldhügel hinter dem Telegrafenamt. Die Nacht erlaubte ihm dann, über die Stadtmauer zu klettern und sich auf holprigem Weg nach Wuhan durchzuschlagen.

Die Zentrale des Ministeriums für Nachrichtenwesen beorderte ihn nach Shanghai. Er sollte dort die ausländischen Kabeldienste beaufsichtigen. Nach der Besetzung von Shanghai verlangten die Japaner von ihm die Aufsicht über das chinesische Telegrafenamt, das der Marionettenregierung unterstand. Mein Großvater schützte Krankheit vor und zog sich aufs Land bei Suzhou zurück. Die Japaner luden ihn wiederholt zu Banketten ein. Ihm wurde klar, Verstecken war weiter nicht möglich. Daraufhin überquerte er die Blockadelinie, um nach Chongqing zu gelangen. Damit war er von der Familie abgeschnitten, die Trennung währte acht Jahre lang. Nach dem

Sieg über Japan wurde er mit der Leitung des Telegrafenamtes in Chengdu betraut. Im Jahre 1948 gingen die Mitarbeiter auf Großstreik. Mit seiner Unterstützung schickten sie ein offenes Telegramm ans ganze Land. Er wurde daraufhin fristlos entlassen. Die Belegschaft von achthundert Mitarbeitern vergoss Tränen bei seinem Abschied. Er kehrte nach Shanghai zurück. Dort wurde er nach Gründung der Volksrepublik China Korrektor des Nachrichtendienstes, und zwar bis zu seinem Ruhestand.

In Großvaters bewegtem Leben gibt es eine Episode, die mit mir zu tun hatte. Anfang 1946 begleitete meine Mutter die Großmutter im Flugzeug von Shanghai nach Chongqing, um Großvater zu besuchen. Auf dem dortigen Flughafen namens Korallenbank hieß Großmutter meine Mutter einen Burschen in der Nähe um Hilfe bitten, da sie das Telefon nicht bedienen konnte. Das Telefonat kam sofort zustande. Der Bursche war auf seinem Weg von Chongqing zur Arbeit in Peking. Die Flugscheine waren knapp und er hatte sich mit Kollegen in einer Reihe angestellt. Großmutter sah seine Eleganz, er machte was her. Sie beauftragte ihn, in Peking die Schwester meiner Mutter zu besuchen. Sie hatte ihn als Ehemann für sie im Kopf. Doch der Bursche wurde mein Vater.

Kaum war Vater in Peking angekommen, ging er die Schwester aufsuchen. Sie war jedoch nicht daheim. Er hinterließ einen Zettel, um sich mit ihr ein andermal zu verabreden. Doch wie es das Schicksal wollte, warf sie sich aus Liebeskummer vor einen Zug. Diese Tragödie führte zu einem mannigfachen Briefwechsel zwischen Vater und Mutter, zwischen Peking und Shanghai. Im Mai 1948 heirateten sie in Shanghai. Es erfolgte der gemeinsame Umzug nach Peking. Und so kam ich schließlich auf die Welt.

Die Geburt eines Lebens hängt von so vielen Zufällen ab: Wäre nicht der Krieg gewesen, wäre Großvater nicht in die Fremde gegangen; hätte Mutter nicht meine Großmutter nach Chongqing begleitet, wäre Vater nicht versetzt worden; hätte es nach dem Krieg nicht ein Chaos auf dem Flughafen gegeben, wäre das Telefonieren nicht so mühselig gewesen, hätte sich nicht die Tragödie mit der Schwester ereignet; wäre nicht der Briefwechsel zwischen Peking und Shanghai gewesen, hätte es mich dann gegeben?

III

Großvater begann der Mund sich zu verziehen, die Augen verdrehten sich. Der Speichel rann, der Blick war ausdruckslos. Wir saßen einander gegenüber, die einzige Kommunikationsform war, mit den Schuhen die Tischbeine zu wetzen. Zuerst er, dann ich. Das ergab ein helles Geräusch. Für einen Moment blitzte dann in seinen verschwommenen Augen das Leuchten eines Lausbuben auf.

Großvater hatte vierzehn Kinder, dreizehn überlebten – ich hatte acht Onkel und vier Tanten mütterlicherseits. Die Großmutter war an Lungenkrebs gestorben, im ersten Jahr nach meiner Geburt. Großvater blieb viele Jahre Witwer, bis er eine neue Partnerin fand. Diese war nicht groß von Gestalt, aber voller Tatkraft, ihre Augen blickten merkwürdig unbeständig. Infolge der zweiten Ehe entfremdete sich Großvater von seinen Kindern. Erst als ihn der Schlaganfall traf, kam es zu einer erneuten Begegnung von allen Seiten.

Wenn ich mit Mutter bei Großvater war, konnte ich aus nächster Nähe die Gefahr eines ruhigen Lebens beobachten. Die zweite Frau musste starke Nerven beweisen, sonst hätte sie der feindlichen Gesinnung im Clan nicht Widerstand entgegensetzen können und beizeiten das Haus verlassen müssen. Ganz gleich, ob es um heimliche Familiensitzungen oder geheime Besprechungen ging, die Erwachsenen ließen mich nie außen vor. Das Shanghaier Idiom war mir keinesfalls fremd. Soweit ich mich erinnern kann, sprachen die Eltern, um Geheimnisse zu verbergen, diesen Dialekt miteinander. Doch ich verstand sie, so blieb ihnen nichts anderes übrig, als zur Hochsprache zu wechseln. Ich war damals in meine eigene Welt versunken. Ich scherte mich überhaupt nicht um Zwistigkeiten in der Großfamilie. Durch Gesprächsschnipsel bekam ich aber mit, dass das größte Vergehen der zweiten Frau ihre schlechte Behandlung von Großvater war. So haftete ihr der Ruf einer »Wölfin« an. Mit einer Wölfin zu leben, hieß für mich den Unschuldigen zu spielen.

Großvaters Bleibe war von seiner ehemaligen Einheit gestiftet. Der jetzige Pensionär war immerhin Vizedirektor des Shanghaier Telegrafendienstes gewesen. Das Reihenhaus, so typisch für Shanghai vor 1949, hatte sich im Laufe der Zeit Veränderungen gefallen lassen müssen. Unentwegt wurde es geteilt und umstrukturiert. Die Topografie wurde dabei immer komplexer. Man trat durch das große Tor ein, passierte eine Art Vorhof, kam zur Linken an einem Gästezimmer vorbei, bevor es treppauf ging. Unter den Stufen befand sich eine kleine Küche, in der Mitte aufwärts war ein Zwischengeschoss. Weiter oben ergab sich ein Raum, ungefähr zehn Quadratmeter groß. Großvater und die »Wölfin« wohnten dort. Ich quetschte mich mit Mutter ins Mezzanin.

Sobald Mutter mit der Verwandtschaft ausgegangen war, brach die Langeweile über mich herein. Ich starrte in die Weite. Der Horizont war verdeckt von bunter Kleidung, an Bambusstangen zum Trocknen aufgehängt. Im Vorhof tummelte sich ständig eine Schar Rabauken. Ich hatte nichts zu tun und ärgerte mich über sie. Ich biss in einen Apfel und warf das Kerngehäuse mir nichts, dir nichts auf sie. Danach zog ich den Kopf ein, um mich gebückt vom Fenster fortzustehlen.

Am nächsten Abend kehrten Mutter und ich zurück. Sie ging zuerst hoch. Ich wurde derweil von den Burschen umzingelt. Sie waren von unterschiedlicher Größe, wirkten auf mich wie Schatten in ihrem Schweigen. Einer von ihnen, schlank und hochgewachsen, war offensichtlich der Anführer. Er wollte wissen, warum ich den Apfel geworfen habe und woher ich komme. Ich verweigerte die Antwort. Wir sahen einander aus allernächster Nähe an, als trieben wir das Spiel, wer zuerst blinzelt, hat verloren. Erst als Mutter mich von oben rief, schlug er mir mit der Hand auf die Schultern. Die Jungen bildeten eine Gasse. Kaum betreten, starrten sie mich die ganze Zeit stumm an, aber nicht etwa feindlich. Anschließend plauderten wir. Bis in alle Ewigkeit.

Meine Onkel sieben und acht bewohnten mit ihren Familien ein zweistöckiges Haus im europäischen Stil. Dieses lag im mittleren Bereich der Straße Huaihai Lu. Es trug die Nummer 698. Die beiden Tanten waren Schwestern. Ihre Verwandtschaft hatte sich ebenfalls dort eingenistet. So lässt sich sagen, Verwandtschaft zieht Verwandtschaft an. Kinder kamen zuhauf zur Welt und wuchsen heran. Der Wohnungsraum wurde immer beschränkter. Vor mir legte eine Schar von Cousins und Cousinen, die ich kaum richtig zu Gesicht bekam, an Alter und Größe zu, eine Rasselbande, die ausschließlich Shanghaier Dialekt sprach und mich noch einsamer werden ließ.

Onkel acht hatte seinen Abschluss an der St. John's University in Shanghai gemacht und an einer Mittelschule Englisch zu unterrichten begonnen. Onkel sieben war Pilot geworden, ein wahrer Held in meinen Augen. Er hatte an dem »Aufstand der zwei Fluggesellschaften« teilgenommen. Das war am 9. November 1949 gewesen, als zwei Fluglinien der Nationalpartei (KMT) in Hongkong rebellierten und zwölf Maschinen auf das Festland zurückflogen. Während der Kulturrevolution wurde er als »besonderer Landesverräter« eingestuft. Er saß lange im Gefängnis, wo er brutal geschlagen wurde. Jahre später, als er rehabilitiert worden war, kam er nach Peking. Ich entdeckte, sein kleiner Finger an der rechten Hand war missgebildet. Das berührte mich tief. Ich brach in Tränen aus.

IV

Unter all der Verwandtschaft stand Mutter Tante zwei am nächsten. Diese arbeitete im Marienkrankenhaus von Shanghai. Sie war verantwortlich für die Abteilung für Krankenpflege. Vor 1949 war sie in die Kommunistische Partei eingetreten. Kurz zuvor hatte sie als private Krankenschwester des

Direktors für die Werft von Südchina gearbeitet. Es seien ihre Überredungskünste gewesen, welche diesen davon abhielten, den Befehl zur Zerstörung der Anlagen umzusetzen und stattdessen alles Hab und Gut dem neuen Regime zu übergeben. 1950 wurde sie nach Peking versetzt, um als Pflegerin bei hohen Kadern zu dienen. Dazu gehörte auch Jiang Qing, die Frau von Mao Zedong. Hier lag die Wurzel für ihr späteres Missgeschick.

Tante zwei litt an einer Krankheit und hat zeitlebens nicht geheiratet. Sie verbrachte ihre Tage schlicht und einfach. Sie trug stets eine doppelgeknöpfte Lenin-Tracht aus blauem Leinen und Stoffschuhe mit weißen Sohlen. Ihr Gehalt war hoch, trotzdem sparte sie beim Essen, unterstützte vielmehr die Kinder der Verwandtschaft. An Festtagen brachte sie uns immer Geschenke. Dazu gehörten Dinge wie Kleidung, Mappen, Etuis. Wenn Mutter in Shanghai war, verkehrte sie am meisten mit Tante zwei. Sie hatten einander immer viel zu erzählen. Wenn es mit der Riksha hinausging, saß ich zwischen beiden und eignete mir so die Schnelligkeit und Dichte des Shanghaier Dialekts an.

Es war im Winter 1968, als um Mitternacht ein Eiltelegramm aus Shanghai eintraf: Tante zwei hatte sich das Leben genommen. Mutter brach es das Herz, sie wollte nicht mehr leben. Nach Auskünften der Rebellenfraktion im Marienhospital hat sie aus Furcht vor Untersuchungen den Freitod gewählt. Die Verwandtschaft hatte ihre Leiche nicht zu sehen bekommen. Sie war einfach eingeäschert worden. Später hieß es, die Angelegenheit habe mit Jiang Qing zu tun gehabt, die befürchtet habe, Tante zwei wisse zu viel.

Ich erinnere mich noch, wie Mutter, als wir am Xidan von Peking auf den Bus warteten, plötzlich in Weinen ausbrach. Ich dagegen vermochte meine Tränen zurückzuhalten. Ich flüsterte ihr zu, man dürfe um Tante zwei nicht heulen, sie sei schließlich ein Klassenfeind gewesen. Ich war mit einem Male erwachsen geworden. Als ältester Sohn hatte ich für die Sicherheit von Mutter und der Familie Verantwortung zu übernehmen. Während dieser Tage wütete der Wind im Norden, zur Mitternacht erschütterte er unsere Türen. Ich vernahm das Schluchzen von Mutter. Es ließ mich an die Witwe Zheng Jahre zuvor denken.

Im Sommer 1957 fuhr ich einmal auf einer Rikscha durch Shanghais Straßen und Gassen. Ich saß zwischen Mutter und Tante zwei. Unter ihren Brüsten, Rücken und Ellbogen schaute ich hervor und betrachtete, wie die Welt vorbeizog. Dabei spürte ich ein Sicherheitsgefühl wie unter dem Gefieder einer Glucke. Tante zwei war die netteste zu mir. Sie unterließ es nie, mir das beste Stangeneis zu kaufen. Es war zweifarbig.

V

Mein Eindruck von Shanghai war durchwachsen. Der Glanz der Stadt verwirrte, erstaunte. Im Vergleich zu Peking eine völlig andere Welt. Doch was verbarg sich hinter all dem Glanz? Für mich wichtiger als diese Frage war die Tatsache, dass mich die Ferne von Peking mein Peking neu erkennen ließ. Ich sah Himmel und Erde, die Grenzen und Möglichkeiten. Später, als ich überall in der Welt die Weite suchte, da war ich in der Lage, über diese erste Reise in die Ferne, nach Shanghai, zu reflektieren. Als ich dann Jahre danach die folgenden Verse des russischen Dichters Konstantin Balmont las: »Ich kam auf diese Welt, / um zu schauen die Sonne und den blauen Horizont«, da erlebte ich meine Erweckung. Sie verstärkten den tief in mir verborgenen Impuls, von Shanghai in die Welt zu reisen.

In Shanghai war ich nur gut zehn Tage. Da begann ich an Peking zu denken, mich nach meinen Freunden, unserem Heim und der Gasse zu sehnen. Und da waren auch noch die speziellen Gerüche, ja, ich dachte sogar an meine verdammte Schule. Es war das erste Mal, dass ich Heimweh empfand.

Am 1. August 1957 feierte man den dreißigsten Gründungstag der Volksbefreiungsarmee. Am Abend gingen Mutter und die Verwandten mit mir zum Bund von Shanghai. An den Wassern des Huangpu standen viele Kriegsschiffe Spalier. Sie waren mit Lampions behängt, ihre Sirenen tönten. Die Marine befand sich auf den Decks zur Begrüßung. Ein Feuerwerk zündete mit einem Mal in den Lüften. Sein Schein fiel auf die Ufer. Und ich? Ich thronte über den Schultern von Onkel sieben. Ich gluckste vor Vergnügen. Am nächsten Tag begann mein achtes Lebensjahr.

Grundschule

Im Winter 1957 war ich gerade das zweite Jahr in die Grund-schule von Fuwai eingeschult. Da zogen wir schon von unserer dortigen Unterkunft der Versicherungsgesellschaft in die Gas-se Sanbulao Nr. 1 um. Ich wurde umgeschult und besuchte fort-an eine Schule in der Nähe des Tempels der Großen Güte.

Als mich der Lehrer in die Klasse begleitete, klopften die einen auf die Tische, die anderen begannen zu hänseln. All die Augen und Zähne blitzten in der Dunkelheit. Ich trug eine Wollmütze, die die Ohren schützte. Ich sah aus wie ein Kreis-beamter siebten Grades. Wer die Schule wechselt, hat Feind-seligkeiten einer fremden Gemeinschaft zu ertragen. Doch wer hat schon Obacht auf die Verletzung eines Kindes? Der Tempel der Großen Güte stammte aus der Ming-Zeit. Unter den zahl-reichen buddhistischen Tempeln von Peking nahm er eine ge-ringe Stellung ein, kein Gott schützte ihn. Sein Räucherwerk fand bald ein Ende. Danach wurde er eine Grundschule. Der Weihrauch ging dahin, die Mönche stoben davon, 1965 wurde aus der Gasse zum Tempel der Großen Güte einfach die Gas-se zur Großen Güte, und die Grundschule hieß fortan Schule der Großen Güte.

Ich betrete Peking mit Hilfe von Google. Meine ehemalige Welt wird mir so ansichtig. Wie ein Adler kreise ich hinab, am Platz des Himmlischen Friedens entlang, an der Verbotenen Stadt, an der Seenplatte, an der Inneren Straße zur Tugend, bis schließlich zur Gasse Sanbulao und dann hinein in die Gasse der Großen Güte. Ich bediene mich der Maus und verändere den Fokus, meine Suche geht stürmisch nach unten, doch Block Nr. 3 in besagter Gasse war unter ein paar hohen Bäumen verschwunden. Daneben hat sich ein hässliches Gebäude im modernen Stil etabliert: das Hotel zur Großen Güte. Ich suche im Internet, finde jedoch keine Information über die Grundschule der Großen Güte.

Ein halbes Jahrhundert war vergangen. Es kam der Frühling 1958. Aber auf seine Wärme folgte sogleich eine winterliche Kälte. Betrat man die Schule, so las man auf der Geistermauer die Inschrift »Fleißig lernen und täglich weiter hoch hinaus«. Eine krumme Weide neben der Pforte hatte gerade angefangen zu knospen. Sie zog sich schräg über den Vorhof und reichte in das Klassenzimmer an der Nordostecke hinein. Die Tür ließ sich nur quietschend öffnen. Eine Reihe Fenster hing schief von einem Ende zum anderen. Die Decke neigte sich. Ging man weiter Richtung Hinterhof, kam man an einem Klassenraum vorbei, der mal ein Ritenhof gewesen war, und stieß auf Tischtennisplatten aus Beton. Da war dann auch der völlig verstaubte Sportplatz. In der nördlichen Ecke befand sich ein Podium. Es war mit Hilfe von Ziegelsteinen gemauert worden. Der Rektor rief lauthals »Hisst die Fahne«. Daraufhin stimmten alle Schüler, geschniegelt und wie auf Kommando stillgestanden, das folgende Lied an: »Wir Kinder des neuen China, wir der Vorstoß aus jungen Pionieren, wir stehen zusammen. Wir setzen das Erbe unserer Väter und Brüder fort, wir fürchten weder Nöte noch Mühen ...«

Auf dem Schulweg gab es viele Versuchungen zu meistern. Kaum aus dem großen Tor getreten, erwarteten mich zwei Barrieren. Die erste war eine Bude in der Mitte des Weges mit gebratenen Süßkartoffeln. Die zweite war ein Stand mit leckerem Frühstück gegenüber dem Eingang zur Blumenzweiggasse. Der Brandgeruch der Süßkartoffeln und das Zischen des Öls ließen einen einfach nicht weiterziehen. Ich durchbrach die Umzingelung. Es war kein Leichtes, aus der Gasse herauszufinden und die Straße zu überqueren. Dort traf ich auf einen Gemischtwarenladen, der die Nordwestecke des Eingangs zum Tempel beherrschte. Ich betastete unbewusst meine Taschen, schluckte die Spucke herunter und setzte meinen Weg fort. Letzten Endes erreichte ich das Schultor. Ein Straßenhändler erwartete mich dort. In seinem traditionellen Gewand glich er einem Zaubermeister, der blitzschnell seine Identität wechseln konnte. An Ort und Stelle bot er seine Leckereien feil, als da waren getrocknete Früchte, Kandis, Weißdornscheiben, Zimt, so dass man kaum widerstehen konnte. Doch sogleich rief auch schon die Glocke zum Unterricht.

Vielleicht war diese Eisenglocke der einzig verbliebene Tempelschatz. Sie ertönte aus dem Nebel der Dynastien. Wir erhoben uns zu ihrem Klang, wir setzten uns wieder nieder. Der Unterricht begann, der Unterricht endete. Der Klang, Ausdruck der Zeit, zerschnitt die Zeit, ließ uns auf die Zeit wenig achten. So wuchsen wir unter der Glocke husch, husch heran. Wie es so schön heißt: »Im ersten Jahrgang kleine Krapfen, gefüllt mit süßem Mus; kaum berührt, schon in die Höhe geschossen. Im zweiten Jahrgang Kleinchen; kaum berührt, schon die Blicke fixiert ... « Sitzenbleiben war kein Thema, solange wir von Klasse zu Klasse aufstiegen. Schon bald konnten wir die neuankommenden Schüler demütigen.

II

Ich habe mir mit einer Art schnellem Sprechgesang in der ganzen Schule einen Namen gemacht. Ich erinnere mich noch an das Stück *Wirre Beschreibungen*. Ich hatte es erst im Rundfunk gehört, später entdeckte ich das Original in der Zeitschrift *Die Volkskunst*. Mit Hilfe eines Lexikons schlug ich die fremden Zeichen nach und notierte die Lautschrift. Ich lernte alles auswendig, so dass ich den Text herunterrasseln konnte. Damals herrschte das Zeitalter wirrer Begriffflichkeiten. Bei unseren Aufsätzen kupferten wir hier ab und dort ab. Dabei vor allem nichtssagende Adjektive.

Als ich zum Podium des Sportplatzes emporstieg, schwirrte mir der Kopf, die Waden verkrampften sich. Der Lautsprecher gab mir mit seiner zischenden Ansage die Gelegenheit zum Durchatmen. Ich dachte still bei mir: »Sieh doch alles am Fuß der Tribüne als ein Feld voller Wassermelonen an.« Das erwies sich tatsächlich als hilfreich. Mein Mund begann zu wässern und setzte einen Strom frei, den ich nicht mehr zurückhalten konnte. Ich bescherte der Zuhörerschaft einen großen Jux. Innerhalb von einer Woche kannte mich jeder in der Schule. Zahllose Blicke galten mir. Ehrlich gesagt, es ist nichts Besonderes, eine Berühmtheit zu sein. Es bringt nur Unruhe. Eine Woche später gönnte mir kaum noch jemand einen Blick: Das kam einer Niederlage gleich, aber erschien mir auch wie die Erlösung von einer schweren Last.

Danach wechselte ich das Fach. Was ich nun zu rezitieren lernte, war »Das Lied der Zeit« von Gao Shiqi. Ich hatte es aus einer Zeitung ausgeschnitten. Der Verfasser war körperlich behindert, aber von starkem Willen. Er schrieb populäre Werke mit naturwissenschaftlichem Inhalt, so dass seine Lyrik vor fachlichen Ausdrücken nur so wimmelte. Auf dem Podium betete ich erst still für mich »Das Sutra der Wassermelonen«. Danach setzte ich direkt mit hoher Stimme an: »Die Zeit, ach, die Zeit ...«

Im vierten Schuljahr schrieb ich in der Aufsatzkunde mein erstes Poem. Ich hatte es nach Gedichten aus der *Volkszeitung* zusammengestoppelt. Da fanden sich dann große Phrasen wie »Die Räder der Geschichte drehen sich nach vorne«, »Die Laufhunde des Imperialismus«, »Gottesanbeterinnen fangen Zikaden«, »Morgen des Kommunismus« ... Wahrscheinlich alles auf den Einfluss von Gao Shiqi zurückzuführen.

Mit fortschreitender Verteuerung stellten sich erste Hungergefühle ein. Während der drei schweren Jahre gluckten wir in den Schulpausen alle zusammen, hauptsächlich um uns Speisen mit dem Kopf auszumalen. Eine populäre Redeweise war damals, alles Gutschmeckende habe der große alte Bruder aus der Sowjetunion mit den Zügen abtransportiert. Alle gerieten daraufhin in Zorn, rieben die Fäuste, bereit zum Kampf. Doch langsam war unsere Kraft verbraucht, und am Ende waren wir nur noch hungriger.

Um das Essen zu verbessern, hielt die Schulmensa auf dem Sportplatz zwei Schweine. Sobald der Unterricht vorbei war, wurden sie für fast alle Knaben der Schule das Objekt der Jagd. So stoben sie verfolgt überallhin. Sie sprangen über Zäune und Mauern, bald nur noch Haut und Knochen. In ihren Augen lag ein böser Glanz. Sie schienen mehr wie Hunde denn Schweine. In ihren Augen musste die Menschheit verrückt geworden sein: Es brauchte bloß die Glocke zu läuten, schon quollen alle aus Tür und Fenster, kamen angeeilt, das Gesicht zu Fratzen verzogen, die Augen wild mit nur einer einzigen Botschaft: Fleisch.

III

Oberflächlich betrachtet hatten Rektor und Lehrer unsere Schule im Griff. Doch verborgen lauerte ein anderes Machtsystem, das der Gewalt.

Eines Tages kopierte ich mit dem Mitschüler Lei die Wandtafelzeitung im Klassenzimmer neben dem Sportplatz. Das war an einem sonnigen Nachmittag. Die Blüten eines Schnurbaums wehten herüber. Die Mitschüler waren alle nach dem Unterricht heimgegangen. Der Schulhof lag ruhig da. Anfangs war unsere Zusammenarbeit vergnügt verlaufen. Wir unterhielten uns, wir lachten. Später kam es zu einem Zwist aufgrund der Textgestaltung. Wir waren uneinig, da kam er plötzlich auf mich zu. Seine Fäuste regneten auf mich herab, sie trafen den Kopf und ins Gesicht. Mit einem Male sah ich Sterne. In meinem heftigen Schmerz nahm ich verschwommen seine Züge wahr, die zu einem grimmigen Lächeln verzogen waren. Obwohl zutiefst gedemütigt, hielt ich an mich und erlaubte mir nicht, die Tränen zu vergießen, die meine Augen füllten.

Ich zog meine Lehre und erkannte instinktiv, wo die Regeln des Dschungels gelten, da ist ein Beschützer von entscheidender Bedeutung. In meiner Klasse gab es einen Mitschüler namens Li Xiyu, er war Stürmer in der Schulmannschaft. Von Statur her klein, mit plumpen Gliedmaßen, war seine Erscheinung nicht der Rede wert, das Gesicht eine einzige Fratze, die Augen zusammengekniffen, als wenn er, ohne aufzuwachen, immerzu schlafen würde, doch die Ruhe trog wie bei einem schlafenden Löwen. Setzte er sich in Bewegung, dann zeichneten ihn Stärke und Wildheit aus. Die Halbstarken in seiner Gegend fürchteten ihn über die Maßen.

Weiß nicht, wie es dazu kam, aber mit der Zeit wurde Li Xiyu mein Beschützer. Unter den Menschen besteht ein natürliches Verhältnis von Macht, deren Ursachen schwer zu bestimmen sind. Vielleicht weil die größte Zahl der Mitschüler aus einfachen Verhältnissen stammte, sein Vater dagegen war ein Ingenieur höchster Stufe. Wir teilten also einen Familienhintergrund. Seine Familie bewohnte unfern der Schule ein Einfamilienhaus. Es gab dort einen großen Dattelbaum, der einem die Augen übergehen ließ. Mein Kamerad verfügte gar über ein eigenes Schlafzimmer. Das war für die damalige Zeit unvorstellbar. Daheim erschien er im Großen und Ganzen normal, ja gutmütig, eben wie ein wohlerzogenes Kind.

Eines Wintermorgens betrat ich wie immer eine Viertelstunde vor Unterrichtsbeginn den Klassenraum. Ein paar Schulkameraden standen um den Ofen herum, sie wärmten sich und hatten ihren Spaß. Li Xiyu begrüßte mich und reichte mir ein Dampfbrötchen, welches er mit Butter bestrichen habe. Seine übertriebene Herzlichkeit und sein merkwürdiges Lächeln machten mich stutzig. Ich lehnte ab. Wütend fuhr er mich an: »Ist dir das etwa nicht fein genug? Du bist mir ja ein schöner Freund.« Später fand ich heraus, dass es sich bei dem Aufstrich um Schnodder gehandelt hatte. Ich war tief verletzt. Und so erkannte ich, dass das Wichtigste auf Erden die Würde war. Daraufhin ging ich ihm aus dem Weg, so gut es ging. Gleichzeitig sinnierte ich nach blutiger Vergeltung. Ich existierte für ihn fortan nur mehr am Rande seines Gesichtsfeldes mit den halb geöffneten, schläfrigen Augen. Er schien zu überlegen, zu zaudern …

In unsere Klasse wurde ein neuer Schüler aufgenommen, der aus Japan zurückgekehrt war. Er hieß Lai Desheng. Sein Bruder Lai Wenlong war eine Klasse über uns. Die beiden erfreuten sich einer großen und kräftigen Gestalt. Erst fegten sie die gesamte Schule mit ihren Tischtennisschlägern weg, dann brachen sie sämtliche Rekorde in allen anderen Wettkämpfen. Da sie in Japan aufgewachsen waren, zeichnete sie Aufgeschlossenheit aus, sie wussten nichts von Grabenkämpfen. So wagte niemand, sich mit ihnen anzulegen. Unmerklich erweiterten sie das Machtvakuum, so dass sie mir ein Sicherheitsgefühl gaben. Wir wohnten nah beieinander und hatten engen Kontakt.

Sie hatten aus Japan die allerneueste Technik mitgebracht. Da gab es zum einen ein Transistorradio mit elegantem Design und schöner Klangqualität. Mit seinen Tasten und Drehknöpfen sah es wie ein echtes Detonationsgerät aus. Ich erstarrte in Ehrfurcht. Dann waren da noch die japanischen Illustrierten mit den Schönheiten, die mir noch mehr zu denken gaben: So gab es denn außerhalb unserer Welt ja noch eine andere Welt!

IV

Mein erster Klassenlehrer war Herr Li. Jeden Morgen, wenn er zur selben Zeit an unserem Wohnblock unten vorbeiging, knarrten seine Lederschuhe. Seine ungeordneten Schritte erhoben sich über das Durcheinander der Vielzahl an Tritten. Ich kroch dann schnell aus dem Bett. Herr Li war schlank und groß, seine Haut dunkel, seine Miene immer ernst. Beim Sprechen rollte sein Kehlkopf. Er trug eine ausgewaschene blaue Uniform, dessen Kragen er stets eng knüpfte. Seine schwarzen Schuhe putzte er blitzblank. Da er zur Erkältung neigte, holte er häufig ein großes Taschentuch aus seiner Hosentasche, schnäuzte sich die Nase oder spuckte irgendwohin (aber nie in der Klasse). Reden wir vom Spucken, so war seine Haltung ohnegleichen: den Mund verzogen, den Blick geradeaus – platsch.

Bei faden Texten verstand es Lehrer Li, immer wieder staunen machende Geschichtchen einzuflechten. Zum Beispiel von einem verlorenen Sohn, der täglich gern Fleischtaschen aß, doch stets die Ecken abbiss und wegwarf. Diese wurden von einem alten Herrn nebenan eingesammelt, um sie aufzubewahren. Da verarmte plötzlich die Familie, der Sohn wurde über Nacht zum Bettler. Eines Tages kam er bettelnd zum Tor des ehemaligen Nachbarn. Der alte Herr holte einen Sack hervor. Darinnen befanden sich die Ecken der Teigtaschen. Der verlorene Sohn aß und meinte seufzend, dass es doch auf Erden so etwas Gutes zu essen gebe. Der alte Herr erklärte ihm daraufhin: Das ist doch das, was du damals weggeworfen hast. An dieser Stelle hob Herr Li bedeutungsvoll die Tonhöhe an und ließ seinen Blick über die ganze Klasse schweifen. Schade war nur, dass wir damals weder ein Vermögen verlieren noch Fleischtaschen essen konnten.

Wegen seiner ständigen Erkältung empfahl uns Lehrer Li feierlich im Unterricht Honigpillen zur Entgiftung und fragte dann: »Wisst ihr, was die Honigkur ist? Sie wird mit Honig gemacht. Und ihr seid in einem Honigtopf groß geworden. Was sind Wachspillen? Das sind Pillen, die mit Wachs verschlossen sind, damit sie nicht ihren Duft verlieren. Sie kosten nur zwei Zehner pro Stück. Das ist nicht teuer. Und darüber hinaus ist der Geschmack etwas Besonderes …« So erfuhr ich durch ihn, dass Pillen dieser Art wie »Pillen der Unsterblichkeit« sind. In der gesamten Klasse schenkte nur ich ihm Glauben. Wohl etwa zwei Monate später ging ich in eine dunkle Apotheke für chinesische Medizin. Ich reichte die zusammengekratzten Kupferstücke zur hohen Ladentheke hinauf und bekam eine »Pille der Unsterblichkeit«. Ich zwängte mich in ein Gässchen, suchte eine menschenleere Ecke, riss die Wachskapsel auf, gab den Inhalt in den Mund, doch kaum, dass ich den bitteren Geschmack gekostet hatte, schon hätte ich mich fast übergeben mögen …

Mit dem fünften Schuljahr wurde die Eisenglocke durch eine Klingel ersetzt, an die Stelle des bisherigen Klassenlehrers trat eine Lehrerin namens Dong Jingbo. Sie trug das Haar kurz im Nacken, hatte eine Brille, war in eine Lenin-Uniform für Frauen mit zwei Knöpfen gekleidet. Sie machte einen kultivierten und gepflegten Eindruck. Sie lächelte unentwegt, zumindest erschien es mir so. Meine Aufsätze hielt sie stets für musterhaft. Offensichtlich war ich einer ihrer Lieblingsschüler. Ich begann den Chinesischunterricht zu lieben. Die Zeichen lagen mir eher als die Mathematik. Wegen meiner vielen Übungen zur Schönschrift waren die chinesischen Zeichen, die ich mit dem Füller schrieb, besonders elegant. Auch sie fanden die Zustimmung der Lehrerin, die mich vor der ganzen Klasse pries. Mein Himmel lichtete sich mit einem Male. Viele Jahre später vermerkte ich im Vorwort zu meiner Essaysammlung *Das Buch der Niederlage* das Folgende: »In der Grundschule habe ich begonnen, Aufsätze zu schreiben. Oftmals gab mir die Lehrerin Dong Jingbo gute Noten, ja, las meine Arbeiten gar der Klasse laut vor. Ich erinnere mich noch daran, wie mir damals das Herz im Leibe hüpfte. Was ich erlebte, war die erste Stufe einer Publikation. Es lässt sich gar sagen, Lehrerin Dong war meine erste Lektorin und Verlegerin … «

Im Unterricht begab ich mich oftmals auf Traumreise, versank in fantastischen Welten. Lehrerin Dong weckte mich dann wohlmeinend, indem sie mir zum Beispiel eine Frage stellte, deren Sinn auf der Hand lag. Dadurch holte sie mich in die Realität zurück. »Ganz richtig, Zhao Zhenkai!« Sie schwenkte den Zeigestock. »Meine Schüler, bleibt bei der Sache.«

Als ich für viele Jahre in der Ferne weilte, konnte ich schließlich dank der Hilfe meiner Mutter den Kontakt mit Lehrerin Dong wiederherstellen. Wir begannen einander zu schreiben. Im Winter 2001 kehrte ich nach Peking zurück. Ich war lange von meiner Heimatstadt getrennt gewesen. So stattete ich Lehrerin Dong eigens einen Besuch ab. Sie war bereits ergraut, hatte Schwierigkeiten mit den Beinen und lag den ganzen Tag im Bett, ohne aufzustehen. Sie suchte das Klassenfoto heraus, welches mich zusammen mit anderen Schülern nach dem Abschluss zeigte. Dabei entdeckte sie, dass ich heute anders aussähe als damals. Während sie mit mir sprach, verfiel sie immer wieder in den Dialekt von Hebei. Offensichtlich stimmte auch mit meiner Erinnerung etwas nicht. Zum Schluss murmelte sie: »Ach, geh mal lieber. Vergeude nicht so viel Zeit mit mir.« Ich denke, Gegenstand ihres Tadels war die Zeit an sich.

Ende letzten Jahres aß ich mit Mutter in einem Shanghaier Restaurant im Stadtteil Kowloon von Hongkong zu Mittag. Ohne sich dabei etwas zu denken, kam sie auf die Nachricht des Todes von Lehrerin Dong zu sprechen. Ich war bestürzt und konnte meine Tränen nicht zurückhalten.

Bei der Aufnahmeprüfung für die Mittelschule war Lehrerin Dong für die Aufsicht verantwortlich. Im Klassenzimmer war es zum Fürchten still. Neben unseren Schreibgeräten war lediglich das Lärmen der Spatzen auf dem Dach zu hören. Ich ließ es langsam angehen. Ich war erleichtert. Das Thema der Chinesischprüfung war denkbar einfach. In der Rubrik »Verbessere die falschen Zeichen« stieß ich auf die zwei Zeichen *ji* (extrem) und *ji* (aufhäufen). Mein Blick verweilte für einen Moment, ehe er weiterglitt. In dem Moment kam Lehrerin Dong an mir vorüber. Ich spürte die Kraft ihres Blickes. Sie klopfte auf meine Bank und wandte sich an alle mit der Aufforderung: »Seid nicht fahrlässig. Schaut euch den Prüfungsbogen vor der Abgabe nochmals genau an.« Offensichtlich galt dies mir. Ich überprüfte nochmal alles. Ich war mir meiner Sache sicher und händigte vor der Zeit mein Formular aus.

Ich hatte »aufhäufen« und »extrem« vertauscht. Deswegen fehlten mir zwei Punkte. So ging mein Wunsch, in Pekings Mittelschule Nr. 4 aufgenommen zu werden, nicht in Erfüllung.

Die Pekinger Mittelschule Nr. 13

I

Im Sommer 1962 bestand ich die Aufnahmeprüfung für die Pekinger Mittelschule Nr. 13. Verglichen mit der Grundschule war mein Schulweg nun doppelt so lang. Meine Welt schien sich folglich verdoppelt zu haben.

Das Schulgelände war einmal die Residenz des Präfekten Yu gewesen, des fünfzehnten Sohnes von Kaiser Kangxi. 1902, mehr als eineinhalb Jahrhunderte später, adoptierte der Präfekt Zhong den siebten Sohn des Prinzen Chunxian, Zaitao. Dieser erbte den Adelstitel »Beile« und zog in die Residenz ein, die daraufhin den Namen Residenz des Beile Tao erhielt. Während der Xuantong-Epoche wurde Zaitao als Bruder des Regenten zuständiger Minister für die Ausbildung der kaiserlichen Garde, während der Restaurationsversuche des Generals Zhang Xun Kommandant der Garde. 1949, als die Volksrepublik gegründet wurde, bestellte man ihn zum Mitglied der Politischen Konsultativkonferenz des chinesischen Volkes. 1925 hatte er die Residenz an den Vatikan vermietet. Sie wurde eine Hochschule, nämlich die Fu-jen-Universität, die 1929 eine Mittelschule für Jungen eröffnete. 1952 änderte sich ihr Name in Pekinger Mittelschule Nr. 13.

Unsere Schule lag Richtung Nord-Süd. Ihr Haupttor öffnete gen Osten. Der Mittel- und der Ostweg verliefen durch die vier Wohnhöfe. Auf dem Westweg gab es eine Theaterbühne, einen Wandelgang, Pavillons und künstliche Hügel. Die Jahre gingen mit dem Geschrei der Jungen dahin, die die drei Wege in Gruppen bevölkerten. Mit flinken Beinen und Getrappel ging es hinein in die Hallen, in die Unterrichtsräume, bis zuletzt alle im Staub des Sportplatzes im Westen verschwanden. Dort am Eingang befand sich unser Klassenraum. So war ich vertraut mit all dem Gestampfe, den Richtungen und Bewegungen dieser Jahre.

Am ersten Schultag hatte ich gerade meinen Ranzen schulternd das Schulgelände betreten, da war ich schon bestürzt: An den Rücken der Oberstufenschüler, die Himmel und Sonne verdeckten, erkannte ich meine Zukunft – Stufe für Stufe führte eine schmale Brücke zur Aufnahmeprüfung an der Universität und somit in die schreckliche Erwachsenenwelt. Darunter klaffte der Abgrund.

Die Mittelschule Nr. 13 war eine reine Jungenschule. Es gab keine von Mädchen gebildete Pufferzone. Eigentlich hätte das noch mehr das offene Gesetz des Dschungels bedeuten müssen. Dem war aber nicht so. Ich machte die Entdeckung, dass der Mensch ab einem bestimmten Alter beginnt schlau zu werden. Statt der Fäuste bedient er sich des Kopfes und seines Willens. Das macht die Quelle für die Macht der Erwachsenenwelt aus.

Beim Schuleintritt befand ich mich im dreizehnten Lebensjahr. Es gibt ein Foto von Yifan und mir: Er groß und mächtig, selbstbewusst hinter seinen Augengläsern, mit hervorstehendem Adamsapfel, über den Lippen ein Hauch von Bartwuchs. Ich dagegen einen halben Kopf kleiner, unter der kurzen Hose Hanfstängel von Beinchen, ein volles kindliches Gesicht, der Blick verwirrt. Das war ein Jahr der Wende. Wir hatten von verschiedenen Grundschulen aus die Aufnahme in die Mittelschule Nr. 13 geschafft. Yifan bestritt das zweite Jahr, ich das erste, als wären wir Gegner im Wettbewerb, eilig auf dem Weg zur Entscheidungsschlacht.

In meiner Klasse gab es einen Mitschüler mit dem Spitznamen »Stiernacken«. Er hatte nicht viel im Kopf und war zweimal in Folge sitzengeblieben, es schien ganz so, als würde er weiterhin passen. Im Auf und Ab der Jahrgänge trafen wir also aufeinander. Er war von kräftiger Statur, seine Arme dicker als meine Oberschenkel. Im Nacken trug er einen Gipskragen. Daher rührte sein Spitzname. Er sagte von sich selbst, er habe beim Barrenturnen den Halt verloren und sich den Nacken verstaucht. Es bedürfe einer langen Zeit, ehe er mit Streckungen gesund würde. Bis heute erinnere ich mich an sein Lächeln, das den Eindruck einer Abbitte erweckte, als wäre er versehentlich in diese Welt gefallen und hätte sich zu entschuldigen.

Wir befanden uns damals noch im Schatten der drei schwierigen Jahre der Hungersnot. Die Mensa hatte keine Stühle. Alles stand um die Tische herum und aß im Stehen. Jedes Mahl wurde mit dem Gesang von Stiernacken abgeschlossen. Er war auf einer Baustelle Hilfsarbeiter gewesen und sein Appetit war unermesslich. Das Getreide war rationiert und es fiel ihm schwer, damit auszukommen. Er sang für Essen, der Preis für jedes seiner Lieder fiel unterschiedlich aus: von einem halben Dampfbrötchen bis hin zu einem ganzen Maisfladen.

Stiernacken hatte überhaupt keine schöne Stimme, aber er sang gewissenhaft, denn er gab sich alle Mühe. Wenn es in die hohen Töne ging, kam sein blasser Nacken aus dem Gips zum Vorschein. Hatte er ausgesungen, verschlang er Dampfbrötchen oder Maisfladen mit wenigen Bissen. Wie ein Hund blickte er danach bettelnd um mehr in die Runde. Seine Lieder waren etwas Besonderes und hatten mit seinem Leben in der Unterschicht zu tun. Vor allem die erotischen Stellen ließen uns eine frühe Aufklärung in Sachen Mann und Frau zuteilwerden.

Als wir in die zweite Klasse der Grundstufe kamen, blieb Stiernacken erneut sitzen und hatte die Studienzeit überschritten. Er wurde der Schule verwiesen und kehrte in die Reihen der Malocher zurück. So trennten sich unsere Wege. Beim letzten gemeinsamen Mittagessen gab ihm fast jeder zum Abschied ein Dampfbrötchen mehr als sonst. Er sang daraufhin viele Lieder. Diesmal nicht, um etwas einzuheimsen, sondern um unseretwillen und wegen seines voraussehbaren Schicksals. Er sang inbrünstig, seine riesigen Lippen, die sich bis in den Nacken verzerrten, formten sich zum Abschluss zu einem kleinen runden Kreis und klangen aus.

II

Im Herbst 1962 erreichte uns zuhause unerwarteter Besuch. Es war Onkelchen Lu, Kriegskamerad meines Onkels Yongyao in der Wildnis des Nordostens. Mein Onkel war ursprünglich als junger Mann ein Offizier in der Logistikabteilung der Pekinger Luftwaffe gewesen. Nicht groß an Gestalt sah er trotzdem gut aus und machte etwas her. Er war der Held meiner Jugend. Besonders an Feiertagen pflegte er eine dunkelgrüne Armeeuniform zu tragen mit allem Drumherum wie Epauletten, Koppel mit Schulterriemen, Achselklappe, Hutkrempe, ganz wie aus einer anderen Welt. Wenn er sich mit mir am Tor unterhielt, schauten die Burschen voller Ehrfurcht und Bewunderung. Ich war zufrieden. Kaum fort, prahlte ich erst recht. Er habe viele amerikanische Jagdflugzeuge abgeschossen. Bei uns daheim kam aller Stoff, ob Gardinen oder Hemden, luftig wie der Wind, von Fallschirmen, die er uns vermachte, als sollte der ganzen Welt bewiesen werden: Er ist ein Flieger, und wir sind dem Himmel entsprungen.

Im Vorfrühling des Jahres 1958 hatte der Onkel einen Zivilberuf zu ergreifen und in die Wildnis des Nordostens zu gehen. Als er ein letztes Mal zum Abschied erschien, war auch Mutter kurz davor, aufs Land in die Provinz Shandong verschickt zu werden. Er legte die Armeeuniform ab. Damit war sein Glanz dahin, ich war tieftraurig. Ich entwich still und leise dem Blickfeld der Erwachsenen und stahl mich hinaus. »Ich werde dich besuchen kommen«, meinte der Onkel beim Abschied zu mir. Da war er schon dem Horizont meiner Kindheit entschwunden.

Onkelchen Lus Auftauchen versetzte mich in eine stille Freude: Es schien, als habe Onkel Yongyao vom Ende des Horizonts jemanden geschickt. Onkelchen Lu war auf die Reparatur von Traktoren spezialisiert, die er mit einem Eisenhammer richtete. Ein Eisensplitter traf ihn dabei im rechten Auge. Das Krankenhaus vor Ort auf dem Land sah keine Möglichkeiten.

Er wurde nach Peking ins Caritas-Krankenhaus überwiesen. So zog er vermittelt durch meinen Onkel bei uns ein.

»Die Ärzte wollen mir ein Hundeauge einsetzen«, meinte Onkelchen Lu zu mir. Das verwirrte mich ein wenig. Durch das Auge eines Hundes die Welt betrachten? Wie sollte das gehen? Es war ein Spaß gewesen. Die Ärzte setzten ihm einen künstlichen Augapfel ein. Der sah fast so aus wie die Glasmurmel, die ich abzufeuern pflegte. Er hielt sich oft in der Toilette versteckt, wo er das Glasauge herausnahm und in ein Glas zur Reinigung gab.

Mein Onkel erschien mir oft im Traum. Er pflegte dann, in den eisigen Weiten ein Heer von tausend Soldaten und zehntausend Pferden zu kommandieren. Ich versuchte Erkundungen über Onkelchen Lu einzuholen, er wich meinen Fragen aber aus. Wohl um militärische Geheimnisse zu wahren.

Eines Abends erzählte mir Onkelchen Lu eine Geschichte. Unter dem Lampenlicht waren seine beiden Augen von ungleichem Glanz. Das Glasauge erschien extrem rein und hell. »Es war um Mitternacht«, hob er an, »da drang ein Bär in den Lagerraum unserer Genossenschaft. Er stellte alles auf den Kopf, um etwas zu Essen zu finden. Die Wächter umringten ihn und gaben erst einen Warnschuss ab. Daraufhin stürzte er wild auf sie zu. Sie feuerten mit ihren Maschinengewehren los, bedauerlicherweise traf niemand die entscheidende Stelle des weißen Pelzes an der Brust. Er fiel schließlich um. In seinem Kadaver 39 Kugeln ...« Diese Geschichte enttäuschte mich ein wenig, doch als ich sie den Mitschülern weitererzählte, schmückte ich meinen Onkel als Kommandanten in der Schlacht gegen den Bären aus.

In jenem Jahr gab Peking einen düsteren Eindruck ab, es gab nichts zu essen. Wir kehrten immer früher heim, um Kräfte zu schöpfen. Onkelchen Lu jedoch entdeckte das Leben der Oberschicht – die Welt der Bühne. Das war für ihn Neuland, und da er keinen Kameraden hatte, nahm er mich mit. Mit ihm sah ich Theaterstücke wie *Im Namen der Revolution*, *Der Mann mit dem Gewehr* und *Äsop*, letzteres gefiel mir am besten.

Es war ein Abend im Spätherbst, es hatte gerade geregnet, und das Laub verströmte einen Modergeruch. Das Hauptstadttheater liegt in einer Straße namens Wangfujing. Die Glasfenster hoch und leuchtend wie ein heiterer Himmel in der Dämmerung, Menschenmassen auf den Stufen, als ob sie zu einem anderen Gestirn unterwegs wären. Mitten unter ihnen befand sich ein Knabe. Das war ich. Und da war noch ein Onkelchen mit einem Glasauge. Riesige Hängelampen, hell und sanft, machten mich etwas benommen. Die roten Vorhänge gingen auf, Säulen und Treppen des alten Rom erschienen auf der Bühne …

Fast die ganze Nacht fand ich nach dem Stück keinen Schlaf. Ich war besessen, ich hatte mir große Partien der Dialoge gemerkt und war in der Lage, die aufgesetzte Bühnensprache nachzuahmen – den Stil von Äsop. Ich befand mich halbwegs auf dem Weg in die Verrücktheit. Vor den Klassenkameraden posaunte ich: »Um der Freiheit willen ist es besser zu sterben, als sich zum Sklaven von Prüfungen zu machen.« Wenn im Unterricht der Lehrer nach der Zusammensetzung von Wasser fragte, dann antwortete ich ohne jeglichen Zusammenhang im Tonfall von Äsop: »Wenn Sie in der Lage sind, Flüsse und Meere zu trennen, dann werde ich die Meere austrinken, mein

Herr ...« Der Lehrer musste überzeugt sein, dass bei mir im Oberstübchen etwas nicht stimmte.

In jenem Jahr war die Getreideration beschränkt. Selbst Gäste mussten, wenn sie etwas zu essen wünschten, eigene Marken mitbringen. Aufgrund mangelnder Coupons kam es zu Reibereien zwischen den Eltern und Onkelchen Lu. Insgeheim stand ich auf dessen Seite. Der Grund war ganz einfach. Onkelchen nahm mich in die Gassen von Peking mit, betrat mit mir eine Welt des Lichts und des Scheins. All das, was mit der Realität in keinerlei Beziehung stand, löste in mir Sehnsucht aus.

III

Das dritte Schuljahr in der Unterstufe der Mittelschule erschien endlos ohnegleichen. Ich hasste Prüfungen, sie waren wie Türen hinter Türen, die jede Chance auf ein ewiges Leben verbauten. Aus meiner Sicht sind sie eine der übelsten Heimtücken der Menschheit, da sie Kinder zu früh die Bitternisse des Lebens erfahren lassen.

Auf der Grundschule war ich in Rechnen schwach. Mit dem Mathematikunterricht auf der Mittelschule erkannte ich erst die endlosen Leiden dieses Lebens: Außer ganze Zahlen aufzuteilen, positiv und negativ umzukehren, mit Potenzen die Wurzel zu ziehen, um die Welt zu zergliedern, stand mir nur noch der Wahnsinn frei. Ich war völlig verloren in der Welt der Mathematik. Wenn es heißt, die Abschlussprüfungen seien das Letzte Gericht, dann kamen die Examina vorab einer Folter gleich. Doch ein jeder hat seinen Weg der Rettung. Vor den Prüfungen zum jeweiligen Halbjahr schaute ich mir zwei Filme an. In der Dunkelheit eines Kinos vergaß ich alles. Wahrscheinlich hat mich das beruhigt, so dass ich mit Ach und Krach bestand.

Neben der Mathematik bereitete mir Russisch Schwierigkeiten. Trotz der Zwistigkeiten zwischen China und der Sowjetunion hielten die meisten Mittelschulen an der Sprache des Feindes fest. Die erste Schwierigkeit war der Laut mit eingerollter Zunge. Zum Glück gibt es diesen auch bei den Rufen unserer Fuhrmänner im Norden, so dass man zunächst Kutscher werden sollte, bevor man sich an das Russische macht. Auf Papierschnipseln schrieb ich, links Chinesisch und rechts Russisch, Wörter auf. Frühmorgens unterwegs zum Hinteren See lernte ich alles mechanisch auswendig. Für manche Wörter benutzte ich Homophone im Chinesischen, die ich mein Leben lang nicht vergessen werde. So wurde aus russisch Samstag »große Schulmappe«, aus Sonntag so etwas wie »Socke im Schuh«, aus Heimkehren »einen Pullover stricken«. Während der Kulturrevolution ging man zum Englischen über. Wir hatten keinen ernsthaften Unterricht. Ich erinnere mich nur noch an das folgende Homophon: Aus »Long Live Chairman Mao« machte ich »Vorne läuft ein Wolf«.

Selbst der Chinesischunterricht verlor für mich seine Anziehungskraft, denn die Politik hatte in unser Schreiben Einzug gehalten. Unter dem Schlagwort »Vom Genossen Lei Feng lernen« hatte man nicht nur Gutes zu tun, sondern auch Tagebuch in dessen Stil zu führen.

Eines Nachmittags lag ich an der Kreuzung des Fabrikbrückenweges auf der Lauer. Die Innere Straße zur Tugend, die von hier Richtung Norden führt, ist ein steiler Abhang von drei-, vierhundert Metern. Ein Dreirad, vollbeladen, näherte sich dem Abhang. Der Fahrer mit freiem Oberkörper trat mit aller Macht in die Pedale. Ich eilte hin, um ihm von hinten schieben zu helfen. Er schaute sich um und warf einen Blick auf mich. Er nickte. So half ich ihm die Anhöhe hinauf. Gerade oben angelangt, entdeckte ich dort eine Imbissbude. Ich bat den Fahrer zu warten und sauste hin. Für zwei Groschen erstand ich vier Weizenmehlfladen, die ich ihm in die Hand drückte. Er war baff.

Wieder daheim hielt ich die Episode in meinem Tagebuch fest, danach schrieb ich sie für das Hausaufgabenheft ab, das ich am nächsten Tag dem Lehrer gab. Im Chinesischunterricht bat mich dieser, mein Erlebnis der ganzen Klasse vorzutragen. Zu Beginn meines Vortrages war ich noch guten Mutes. Doch je weiter ich kam, desto mehr begann ich mich zu schämen, und zwar in Grund und Boden. Noch schlimmer, als wäre ich nach einer bösen Tat an Ort und Stelle ergriffen worden. Danach habe ich nie mehr ein Tagebuch geschrieben.

IV

Am Ende des zweiten Schulhalbjahres standen für den zweiten Jahrgang die Abschlussprüfungen an. In der Kantine für Lehrer gab es eine Vielzahl kleinerer Gerichte, in der Schülermensa dampften große Kessel. Das Gute war, jeden Mittwoch wurden die Gerichte gewechselt. So kamen auch wir auf unsere Kosten. Eines Mittwochmittags gab es zusätzlich zu den Dampfbrötchen mit Gemüse eine Suppe mit Ei. Wir stellten uns voller Freude an.

Ich trug mein Glück ins Klassenzimmer. Mit den Mitschülern aß und scherzte ich. Plötzlich stieß ich im Dampfbrötchen auf einen fremden Gegenstand und spuckte ihn aus. Es war eine tote Kakerlake. Ich war empört. Umringt von ein paar Mitschülern eilte ich in die Mensa. Der für die Suppe zuständige Koch war gerade im Begriff, seine Arbeit zu beenden. Er wich aus und meinte, da habe man den Küchenchef aufzusuchen. Wie Gorkis Held Danko führte ich die Menge mit dem Brötchen in der Hand zur Kantinenaufsicht, die wir umzingelten.

Der Küchenchef, der alte Li Baizhe, hatte eine scharfe Zunge, dreieckige Augen und ein Affengesicht. Er war für die Mensa und den Einkauf verantwortlich. Den ganzen Tag fuhr er müßig mit dem Rad über den Campus, die Körbe voll von Huhn, Ente, Fisch und Fleisch. Diese Schätze waren aber nicht für uns bestimmt. Am Ende meiner zwar feurigen, aber abgedroschenen Worte sagte er: »Ich gebe dir folgenden Rat, lass dir vom Koch ein anderes Dampfbrötchen mit Gemüse geben.«

»Wie bitte?« Ich kochte vor Wut. Mit hoher Stimme antwortete ich: »Ein anderes Brötchen geben, und das war's dann?«

»Was willst du denn?«, fragte er ruhig.

Mit blieb für einen Augenblick die Luft weg. Ich war wie erstarrt. Im nächsten Moment verkündete ich mit Fug und Recht: »Es ist für mehr Hygiene zu sorgen, die Verpflegung muss sich verbessern, eine Entschuldigung vor der ganzen Schülerschaft sollte ausgesprochen werden!«

»Wie willst du denn beweisen, dass es eine Kakerlake und keine getrocknete Krabbe war?«, gab der Alte Li zur Antwort.

Ich wandte mich um und versuchte, alle aufzurütteln: »Sagt doch etwas. Steckte in dem Brötchen unserer Mensa eine Krabbe?« »Nein, gar nicht!« Ich stürzte auf den Alten Li und schrie: »Ich protestiere gegen die Mensa!« »Protest, Protest!« Alle waren erregt. Zusammen mit mir riefen sie Schlagworte. Für einen Moment geriet die Situation außer Kontrolle.

»Du machst immer noch Rabatz?«, brüllte der Alte Li, fahl im Gesicht.

»Zhao Zhenkai, du bist ein Lausebengel. Ich sage dir, wenn du weiter grundlos Ärger stiftest, wird dir das Recht auf die Mensa gestrichen, dann werde ich die Sache dem Rektor melden. Man wird dir einen Verweis erteilen, dich maßregeln bis hin zum Ausschluss von der Schule. Wer immer mit dir unter einer Decke steckt, hat ebenfalls abzutreten!«

Seine Einschüchterung zeigte Wirkung. Die meisten machten sich aus dem Staub. Außer mir blieben nur zwei, drei Kameraden zurück. Sobald ich an die Reaktion meiner Eltern auf den Schulverweis dachte, begann ich ebenfalls mit mir uneins zu werden. Die zwei, drei Mitschüler waren schon nicht mehr zu sehen. Nur noch der Alte Li und ich waren auf dem Plan. Ohne Zugeständnisse zu machen, schauten wir einander verbissen an. Es läutete. Ich warf das Brötchen geladen auf die Erde und ging zornig weg.

Dies war das erste Mal in meinem Leben, dass ich mich mit anderen zusammengerottet hatte, um eine Rebellion zu starten, und am Ende stand eine bittere Niederlage. Ich begriff, mit der Macht ließ sich kein Gespräch führen – Kakerlaken sind eben getrocknete Krabben. Ich begriff auch, will man rebellieren, bedarf es innerer Stärke, um jegliche Konsequenzen hinnehmen zu können.

V

Damals gab es unter den Schülern der Pekinger Mittelschulen folgende gereimte Redeweise: Mittelschule Nr. 8: Versammlungen; Mittelschule Nr. 3: Kosten; Mittelschule Nr. 4: Kurzsichtigkeit; Mittelschule Nr. 13: Militärkapelle. Die Militärkapelle war der ganze Stolz unserer Schule. Ihre Blechblasinstrumente waren alle ein Erbe der Fu-jen-Universität. Sie waren löcherig und voller Makel, besonders das Waldhorn mit all den Flicken. Wie dem auch sei, bei den Sportfesten der Pekinger Mittelschulen und bei allen Arten von Großveranstaltungen schnitt die Mittelschule Nr. 13 am besten ab.

Im Sommer des Jahres 1963 nahmen Yifan und ich am Sommerlager der Achten Marscharmee für die Jugend teil. Alle Mittelschüler von Peking waren eingeladen. Yifan gab den Fähnchenführer ab. Er schritt der zweiten Formation voran. Ich war ein Stöpsel, einen Kopf zu klein, ans Ende der vierten Formation gerutscht. Vom Sportplatz der Schule ging es hinaus. Die Musikkapelle ging voran. Die Sonne blitzte auf den Blasinstrumenten. Plötzlich erklangen alle Trommeln und Blasinstrumente. Himmel und Erde schienen zu beben. Als die Formationen neu ausgerichtet wurden, kreuzten sich die Wege von Yifan und mir. Wir warfen uns triumphierende Blicke zu.

Die Pekinger Mittelschule Nr. 4

I

In den Sommerferien des Jahres 1965 erhielt ich die Bestätigung für die Aufnahme an die Mittelschule Nr. 4. Zu guter Letzt hatte ich die Prüfung bestanden.

Besagte Schule ist eine der besten in Peking, ja sogar in ganz China. Für mich schien sie so weit wie das Paradies. Bei der Prüfung an der Grundschule für die Unterstufe einer Mittelschule musste ich meine Wünsche angeben: 1. Mittelschule Nr. 4, 2. Mittelschule Nr. 13, 3. Mittelschule Nr. 14. Das war die Reihenfolge, die alle Schüler gemeinsam teilten, sofern die Leistungen stimmten. Zur Zeit der Prüfungen hatte ich bei der Chinesischklausur gepatzt. Ich war in die Falle von zwei Zeichen geraten, deren Reihenfolge ich umgedreht hatte. Auf der Hälfte des Weges ins Paradies hatte ich eine Biegung eingeschlagen und war zur Mittelschule Nr. 13 gelangt.

Ich erinnere mich noch, dass an jenem Tag Lehrerin Dong die Aufsicht führte. Sie hatte vor meiner Schulbank gestanden und tief geseufzt. Sie erinnerte damit alle daran, vor der Abgabe der Klausuren Sorgfalt walten zu lassen. Ich warf einen Blick auf meinen Test. Fehlerfrei! So reichte ich denn selbstzufrieden die Arbeit vor der Zeit ein. Ergebnis: Ich fiel durch. Vater verfluchte mich. Im Sommer jenes Jahres fühlte ich mich tief beschämt und wagte kaum aufzuschauen.

Im dritten Jahr der Unterstufe war der große Schnurbaum vor dem Klassenzimmer in aller Stille eingegangen. Als das erste Halbjahr begann, büffelte ich unter dem Druck von Vater von morgens bis abends, mal tief, mal weniger tief. Ich eilte zwischen den beiden Zeichen »aufhäufen« und »extrem« hin und her.

Als die Prüfungen anstanden, wurde ich immer abergläubischer, besonders gegenüber der Zahl Vier. Eines Tages kehrte ich von der Schule durch die Phönixgasse heim. Ich schloss die Augen, machte vier Schritte, öffnete die Augen, schloss die Augen, machte weitere vier Schritte. So schritt ich dahin, bis ich auf die Straße im Schatten der Weiden stieß. Erschrocken riss ich die Augen auf, vor mir stand eine Alte. Kaum, dass sie mich sah, kicherte sie: »Wie freue ich mich. Dass dieses bedauernswerte Blindchen keines Stockes bedarf!«

In dieser Sache hat man das Universum zu fragen, wie ein Blindchen wie ich zu guter Letzt doch an die Himmelspforte gelangen konnte. Der Sommer jenes Jahres erhöhte offensichtlich meine gesellschaftliche Stellung: Vater sah mich anders an, die Verwandten und die Nachbarn priesen mich über die Maßen, als gebe es nichts Besseres. Ich fühlte mich fast wie ein Schoßkind der gesamten Menschheit. Was mich noch glücklicher machte, war die Tatsache, dass Yifan einen Stock unter mir ebenfalls die Aufnahme in die Mittelschule Nr. 4 bestanden hatte. Überdies landeten wir beide in derselben Klasse.

II

Die Pekinger Mittelschule Nr. 4 wurde 1907 gegründet. Da hieß sie noch Himmelsträchtige Lehranstalt. 1922 wurde sie in Pekings Öffentliche Mittelschule Nr. 4 umbenannt. 1949 erhielt sie dann ihren heutigen Namen. Die Entfernung von daheim war ähnlich weit wie die zur Mittelschule Nr. 13. Innerhalb von zwanzig Minuten war ich zu Fuß vor Ort.

Am 1. September war Schulbeginn. Ich stand früh auf. Ich trödelte, machte die Schultasche auf und wieder zu. Ich war nicht bei der Sache, bevor ich mich mit Yifan auf den Weg zur Schule begab. Das Eingangstor war nach Art eines Ehrenbogens aus grauen Ziegeln und aus grauem Stein. Es hatte den Beigeschmack vom Ende der Qing-Dynastie und vom Beginn der Republik. Im Türsturz waren die vier Zeichen für Pekings Mittelschule Nr. 4 in der Kalligrafie des Staatsdichters Guo Moruo eingraviert, ganz in Rot. Die graue Mauer und das Eisentor hatten etwas Unheimliches an sich. Sie kamen einmal in einem chinesischen Spielfilm vor, ganz so, als wären sie tatsächlich Teil eines militärischen Hauptquartiers der Japaner gewesen.

Am ersten Schultag versammelten sich die Lehrer und Schüler. Abgesehen von Yifan waren alle Gesichter der fünften Klasse in der Oberstufe eins für mich neu. Insgeheim verspürte ich ein Gefühl der Unsicherheit. Es war das Gefühl, in der Öffentlichkeit im falsch geknöpften Gewand zu erscheinen, ohne die Möglichkeit einer Korrektur.

Nicht lange nach Schulbeginn stellte ich Überlegungen an. Ich erkannte den Ernst meiner Probleme: Chinesisch war nicht mehr so angesagt. Im Mittelpunkt standen nun Mathematik, Physik und Chemie. Es war wie ein Alptraum, der mich nicht mehr atmen ließ. Besonders Mathe war der eigentliche Teufel. Kaum im Bann einer geraden Zahl, war mir, als wäre ich in dichten Nebel eingetaucht, ohne eine Himmelsrichtung von der anderen unterscheiden zu können. Meine Klassenkameraden waren mir alle überlegen. Manche lasen gar vor der Zeit Lehrbücher für Infinitesimalrechnung der Oberstufe im dritten Jahr. Ich litt im Stillen, ohne mich aber für den Eintritt in das Paradies der Zahlen bessern zu wollen.

Ehrlich gesagt verhieß die Schulatmosphäre nichts anderes als Druck. Der Grund war schwer beim Namen zu nennen. Immer war da das Gefühl, etwas stimme nicht. Zum Beispiel meine Kleidung. Sie reichte von Schlichtheit bis hin zu Kleidern in zweifelhaftem Zustand: Leibchen mit Schweißspuren, halbwegs neue Hosen mit Flicken, Sportschuhe, wie das Militär sie trug, Zehen, die aus Löchern schauten. Doch was alle Welt weiß, die Mittelschule Nr. 4 hat die höchste Zahl von Schülern der Oberschicht aufzubieten. Offensichtlich war da etwas Verborgenes, jederzeit bereit, nach einer gewissen Periode der Inkubation wie eine Infektion nach Belieben auszubrechen.

Unser Klassenlehrer Tian Yong war zuständig für Mathematik. Er war acht oder neun Jahre älter als wir. Er trug eine weißgerahmte Brille, war rot im Gesicht und voller Tatkraft. Jeden Tag ging er mit uns laufen oder Korbball spielen. Dabei sprang und hüpfte er, als wäre er der Kinderkönig. Er hatte gerade an der Pädagogischen Hochschule von Peking seinen Abschluss gemacht und verdiente pro Monat 56 Yuan. Er war unverheiratet und in Peking geblieben. An einer namhaften

Mittelschule tat er seinen Dienst. So erfüllte sich das Versprechen seines guten Geschicks.

Mit uns ging er zur Landverschickung hinaus, zu den
Bauern und in die Dörfer. Abgesehen von Arbeitseinsätzen
hatte er für die Verköstigung der ganzen Klasse zu sorgen. Am
Gürtel trug er einen Strohriemen, er selbst machte Feuer und
gab den Küchenmeister. Mit einem Mitschüler stand ich ihm
zur Seite. Wir brutzelten: fettes Fleisch in Öl, geschnitzelte
Süßkartoffeln. Nach dem Öl eingetunkt in Sojasoße verbreitete sich der Duft überall. So ging es zum Essen. Der Lehrer
schenkte ein, Löffel für Löffel einem jeden.

Es war in jenem Jahr, dass die Kampagne zur »Ausrottung der
vier Plagen« begann. So kam wieder der Klassenkampf zur
Sprache. Meine Mutter wurde für ein Jahr nach Guiyang versetzt. Sie sollte dort an der »Ausrottung der vier Plagen« im
Bankensystem teilhaben. Und wir, die wir aufs Land verschickt
worden waren, hatten als größte Schwierigkeit die Begegnung
mit den Bauern zu gewärtigen. Falls wir auf einen ehemaligen
Großgrundbesitzer trafen, was war dann zu tun? Jeder hatte
seine eigene Meinung, doch sicher schien, man hatte einen
Bösewicht vor sich. Befragte man die Kader, stellte man unterschiedliche Maßstäbe fest. Am besten war es, keinem Großgrundbesitzer zu begegnen.

Eines Tages während der Pause näherte sich mir der Mitschüler K. mit einem Messer. Er hatte es auf meine Lende abgesehen. Zunächst ein Scherz, dann bitterer Ernst: Ich winsel-
te nicht um Gnade. So versuchte er es weiter. Die Messerspitze
ging immer tiefer. Wir schauten einander an, keiner machte

für viele Minuten Zugeständnisse. Plötzlich war der Schmerz kaum mehr ertragbar. Ich stieß ihn mit einem Griff fort. Er lächelte kalt und meinte, das sei doch nur eine Prüfung meines revolutionären Willens gewesen. Danach habe ich mich von ihm ferngehalten. Kampfesmut war damals eine Sache erwachenden Klassenbewusstseins.

Im Frühling 1966 begann das Unheil zu nahen. Es gab Vorzeichen. Wir waren in leichtem Schlaf wie kleine Tierchen. Die Mitschüler sprachen in den Schulpausen groß über revolutionäre Ideale und Opferbereitschaft, als ob ein jeder von uns im Angesicht einer letzten Herausforderung stände. Im Stillen verfasste ich für mich einen Slogan für die Zeit vor dem Martyrium, den ich mehrfach für den entscheidenden Moment probte. In meiner Vorstellung war ich dabei umgeben von Kiefern. Ich zwängte gar meine Finger zwischen einen Türspalt, um sie so lange zu pressen, dass mir der Schweiß ausbrach. Ich bekenne, unter einer Folter würde ich sehr wahrscheinlich zum Verräter geworden sein.

Ich gehörte nicht einmal zum Jugendverband der Kommunistischen Partei. Mich befiel die Angst, da ich mich ausgeschlossen fühlte, aber ich hatte keine Vorstellung, wie ich in die Organisation aufrücken konnte. Yifan war derjenige, der meine Aufnahme in den Verband vorantrieb. Er stand gleichsam für die Organisation. Das gab mir Hoffnung, wir waren schließlich Brüder. Ich fühlte vor, er bewahrte absolutes Stillschweigen.

III

Die Kulturrevolution brach aus. Am 1. Juni 1966 veröffentlichte die Volkszeitung den Leitartikel »Weg mit allen Rinderteufeln und Schlangengeistern«. Von da an stellte die Mittelschule Nr. 4 offiziell ihren Unterricht ein. Kaum hatten wir davon gehört, hüpfte ich vor Freude mit den Mitschülern im Klassenraum um die Wette. Doch mein Motiv, das wusste ich, war nicht lauter: Es standen nämlich die für mich gefährlichen Abschlussprüfungen in Mathematik, Physik und Chemie an. Doch der Himmelsgott hatte Gnade, er führte mich in jenem Jahr ins Paradies. Wieder einmal war ich der Tiefe reißender Fluten und der Hitze eines unbarmherzigen Feuers entronnen. Jeden Morgen, wenn ich erwachte, war ich voll Sorge. Ich befürchtete, der Vorsitzende Mao könnte einmal mehr seine Meinung ändern. Es kam anders: Der alte Herr beschied zu guter Letzt, die großen Tore der Lehranstalten für immer zu schließen.

Von Ende Mai an ging ich mit einigen Mitschülern jeden Morgen aus dem Haus und kehrte abends erst wieder heim. Wir machten uns auf zur Fachschule für Lebensmittelkunde, die außerhalb des Roten Tores in der Weststadt lag, um die Flammen zu schüren. Unser Schlachtruf lautete: »Backt keine Kuchen für die Bourgeoisie!« Doch kaum war das Wort Kuchen gefallen, da lief uns das Wasser im Munde zusammen. Das war wohl aufgrund unserer Erfahrungen mit dem Hunger unvermeidlich. Daher sprühten wir bei unserer Aktion Speichel wie Sternchen. Die meisten der Fachschüler kamen aus der unteren Gesellschaftsschicht. Wir sparten nicht mit Überredungskünsten, doch, wie immer wir es anstellten, sie sahen nicht ein, warum sie streiken sollten, warum es plötzlich keine Backwaren mehr geben sollte. Während des Disputes reagierte eine Schülerin mit der Gegenfrage: »Sag mal, was haben Mehlspeisen mit dem Bürgertum zu tun?« Die Feindseligkeit, die uns entgegenschlug, war kaum abzubauen. Uns blieb nichts anderes übrig, als uns zurückzuziehen.

Das Parteikomitee der Mittelschule Nr. 4 zeigte Lähmungserscheinungen. Daraufhin wurde die Kontrolle von den Jugendverbandszellen der dritten Oberstufenklassen übernommen. Meine Aufgabe war es, in der Schule Wandzeitungen abzuschreiben. Drei Tage, zwei Nächte war ich ohne Schlaf. Am Abend des dritten Tages ging ich mit den Mitschülern zu der Mittelschule, welche der Tsinghua-Universität angegliedert war, um dort die unterminierten Rotgardisten zu unterstützen. Ich hatte keinen Kopf mehr, ich fühlte mich ohne Boden unter den Füßen, die Augen geblendet, Stimmen nah und fern. Die Revolution glich einem Karneval, der das Blut zum Kochen brachte.

Eines Tages versetzte mich die Kleidung der Mitschüler in einen großen Schrecken: Ihre Identität war nicht mehr dieselbe. Man trug eine nagelneue Armeeuniform in Grün, die als Schuluniform durchgehen konnte, Schaftstiefel aus Leder, umgürtet mit Lederriemen, das Band der Rotgardisten angeheftet, hoch zu Rad, waren sie eine johlende Menge. Ich wurde nachdenklich: Als ich das erste Mal die Schule betrat, empfing mich ein namenloser Druck, der einem Überheblichkeitsgefühl entstammte, und nach seiner Inkubationszeit als Infektion zum Ausbruch kam.

»Ist der Vater ein Held, wird der Sohn ein Heroe. Ist der Vater ein Reaktionär, wird der Sohn ein Schweinehund.« Dieser Slogan traf den Zahn der Zeit. Fast ein jeder fand sich damit konfrontiert. Sehr schnell wurde er zum Schlachtlied der Rotgardisten. Unser Klassensprecher Liu Huixuan schrieb die Melodie dazu, was ihm über Nacht einen Namen einbrachte. Der Schluss des Liedes lautete wie folgt: »Ist der Vater ein Held, wird der Sohn ein Heroe. Ist der Vater ein Reaktionär, wird der Sohn ein Schweinehund. Willst du die Revolution, dann komm rüber zu uns. Willst du keine Revolution, dann verpiss dich!« Der Refrain wiederholte die letzte Zeile ununterbrochen. Es war, als striche ein Echo durch ein leeres Tal.

In damaligen Unterhaltungen stellte die andere Seite als erstes die Frage: »Wie sieht es mit deiner Herkunft aus?« Stimmte etwas damit nicht, dann setzte es eine Schimpfkanonade oder eine Tracht Prügel. Ich entstamme einer Angestelltenfamilie, da Vater vor 1949 aber in einer Bank gearbeitet hatte, zählte er zu den fraglichen Gestalten. So wurde ich ein weiteres Mal von der Bewegung ausgeschlossen.

Im Gebüsch an einer Seite der Schulmauer nahe dem Sportplatz entdeckte ich einmal ein unabgeschlossenes Fahrrad. Die Bremsen hatten Rost angesetzt, die Speichen waren spärlich, an der Klingel war ein Band befestigt, um Bimmeln zu können. Ich schaute mehrere Tage nach. Niemand wollte das Rad für sich reklamieren. Als hätte ich einen Schatz gefunden und als hätte ich ein Anrecht darauf, nahm ich es in Beschlag.

Eine Klapperkiste bot den Vorteil, überall unabgeschlossen abgestellt werden zu können. Sie war gegen Diebstahl gefeit. Wenn sie auch keinen Vergleich mit den stählernen Modellrädern der Kaderkinder aushielt, so war ich es dennoch zufrieden, schließlich war dies mein erster Besitz eines Verkehrsmittels. Das Vergnügen, welches mir schnelles Radeln bereitete, war etwas, was der Normalbürger zu Fuß nicht zu verstehen vermochte. Mit dem Rad fuhr ich inmitten der Revolution aus und ein. Ich sah mich nicht mehr als Außenseiter, ja, ich gab mich gar Illusionen hin, ich wäre die Sturmspitze der Revolution. Erst als ich später von Don Quixote las, wurde ich eines Besseren belehrt. Es war mit Sicherheit sein Reitpferd gewesen, welches ihn in den Wahnsinn getrieben hatte.

Eines Tages radelte ich die Innere Straße zur Tugend entlang, bald würde ich an der Kreuzung der Fabrikbrücke sein. Kaum hatte ich die steile Erhebung hinter mir, machte ich schon einen Purzelbaum und schlug vor einer Polizeistation auf. Sofort war ich von Gaffern umringt. Ich war überall verwundet. Schlimmer noch war der Gesichtsverlust: Ich hatte mich vor aller Augen blamiert. Dies schien eine ernste Warnung zu sein. Ich hatte meine Möglichkeiten überschritten, so trat ich den Rückzug an. Ich brachte das Rad heimlich an den alten Ort zurück. Kaum ein paar Tage später war es auf mysteriöse Weise verschwunden.

IV

Am 4. Juni entsandte die Stadt Peking eine Arbeitergruppe, die in unserer Schule stationiert wurde. Am 15. Juni berief die gesamte Schule eine Sitzung zur Bekämpfung der Rektorin Yang Bin ein.

Eines schönen Tages im Juni legte Liu Yuan, ein Mitschüler aus der zweiten Klasse in der Unterstufe der Mittelschule Nr. 4 einen Brief auf den Tisch seines Vaters, unseres damaligen Staatspräsidenten. Dahinter steckte ein Komplott. Ein paar Kadersöhne aus der Oberstufe drei und fünf hatten Wind bekommen, das Zentralkomitee habe die Absicht, die Aufnahmeprüfungen für die Universität zu streichen. Sie wollten die historische Situation nutzen. Am 18. Juni veröffentlichte die Volkszeitung die Vorschläge der Pekinger Mittelschule Nr. 4 und der Pekinger Mittelschule für Mädchen Nr. 1 zur Abschaffung des Hochschultestes.

Am 4. August wurde ein »reaktionärer Schüler«, der vorgab, Rotgardist zu sein, in der Wangfujing-Straße entdeckt und zur Schule zurückgebracht. Auf dem Sportplatz schlug man ihn halbtot. Zur selben Zeit standen mehr als zwanzig Schulleiter und Lehrer öffentlich am Pranger. Sie wurden von den Schülern verprügelt. Am 25. August errichtete man unter Anleitung einiger Kaderkinder der Mittelschule Nr. 4 den »Wachposten der Rotgardisten in der Weststadt von Peking« (abgekürzt Westwache), und in Folge veröffentlichte man zehn Runderlässe …

Die Mittelschule Nr. 4 avancierte zu einem der Zentren der Pekinger Kulturrevolution. Abgesehen von den Wandzeitungen, die Himmel und Erde bedeckten, waren alle Arten von Ränken im Spiel. Ein Vorzeichen für die kommenden unterschiedlichen Fraktionsbildungen. Aufgrund der Herkunftsfrage ergaben sich unter den Mitschülern noch weitergehende Abspaltungen. Eine Eliteschule legte plötzlich ihre aristokratische Maske ab und zeigte ihre wahre Fratze.

Was mich am meisten überraschte, betraf Mitschüler C. Von Natur her war er schüchtern. Er hatte in seinem schriftlichen Antrag zur Aufnahme in den Jugendverband pflichtgemäß seine Gedanken niedergelegt. Dabei offenbarte er auch seine sexuellen Fantasien, inklusive detaillierter Beschreibungen der weiblichen Geschlechtsteile. Wer hätte gedacht, dass Details seiner Bekenntnisse als Wandzeitung zum Gespött aller veröffentlicht würden? Und C. als reaktionärer Schüler karikiert würde? Es lässt sich fragen, wer das alles angestiftet haben soll.

Am 18. August begab ich mich zum Platz des Himmlischen Friedens. Da empfing Mao Zedong das erste Mal die Rotgardisten. Frühmorgens standen wir an der Kreuzung Liubukou Schlange, wir strömten mit der Menge zum Platz. Wir waren außer uns vor Freude, hüpften in die Höhe und schauten auf zum Tor der Verbotenen Stadt, ohne jedoch etwas erblicken zu können. Wir sahen nur ein paar grüne Punkte. Ich vermute, Mao Zedong war mitten unter ihnen. In meiner verzückten Erinnerung werde ich nie die paar grünen Punkte vergessen.

Die Gewalt erreichte mit dem Sommer ihren Höhepunkt. Überall Pranger, Durchsuchungen. Ganz Peking war voll Blutgeruch. Das war der berüchtigte »Rote August«, der jedermann das Grauen lehrte.

Am 2. August 1966 wurde ich siebzehn. Tagsüber war niemand daheim. Ich zog die Vorhänge zu, legte mich aufs Bett, schaute zur Zimmerdecke. Meine Stimmung war am Boden. An diesem entscheidenden Punkt in meinem Leben versuchte ich, auf die Vergangenheit zurückzublicken und die Zukunft zu erahnen. Doch ich sah nichts dergleichen. Ich fühlte eine große Leere in mir.

35 Jahre später kehrte ich nach Peking zurück, da Vater im Sterben lag. An diesem Tag fuhren mein Bruder und ich über die Straße des Langen Friedens mit dem Taxi nach Hause. Er zeigte auf die weißen, umzäunten modernen Wohnblocks und fragte mich plötzlich: »Weißt du, was das für ein Ort ist?« Ich versuchte, diesen zu identifizieren, fand aber keinen Faden, ich schüttelte ahnungslos den Kopf. Das war die Mittelschule Nr. 4!

V

Damals gab es an allen Pekinger Mittelschulen nur vier herausragende Lehrer. Zwei davon waren an der Mittelschule Nr. 4. Das waren der Chemielehrer Liu Jingkun und der Physiklehrer Zhang Zi'e. Beide waren so etwas wie Nationalheilige. In einem jener Jahre unterrichtete Zhang Zi'e Physik in der Oberstufe drei. Dem Vernehmen nach gaben vier von sechs Schülern die Prüfungsfragen vorzeitig ab. Sie jubelten: »Lehrer Zhang möge ewig leben.«

Der Lehrer für Trigonometrie Li Yutian hatte dreieckige Augen, sein Kinn war aschgrau. Jedes Mal wenige Minuten vor dem Unterricht schrieb er etwas an die Tafel. Für mich war das eine Krakelei, von der mir schwindelig wurde. Doch die Mitschüler schienen fast alle eine klare Vorstellung davon zu haben. Sie zeigten auf und wetteiferten um die Antwort. Lehrer Li blickte unaufgeregt aus dem Dreieck seiner Augen in die Runde. Wie immer strich er sich dabei über das aschgraue Kinn, ganz gemach. In seinem Dialekt aus dem Kreis Li-

xian der Provinz Hebei rief er mich namentlich auf: »Zhao –
Zhen – Kai«, wobei er den letzten Ton in die Länge zog. Und
so hakte er sich in die Tiefe meiner Seele ein. Ich verstand gar
nichts. Daraus wurde eine lebenslange Quelle der Angst. Jahre später, als ich meiner Tochter bei den Hausaufgaben half,
brauchte ich nur das Wort Trigonometrie zu hören, und ich
war erledigt.

Das Magazin *Studium* stellte 1958 sein Erscheinen ein. Ein
Teil der Redakteure wechselte den Beruf und wurde Lehrer.
So kam es, dass Huang Qingfa unser Lehrer für Chinesisch
wurde. Er war etwas über vierzig, das Haar schütter, im Gesicht ein bitteres Lächeln, als müsste er sich für seine Existenz
entschuldigen. Er unterrichtete klassisches Chinesisch auf seine besondere Art, er ließ uns nämlich eigene Kommentare verfassen. Selbstzufrieden trug er uns den Essay »Aufzeichnung
über einen kleinen Steinteich« von Liu Zongyuan vor: »Vom
Hügelchen westwärts 120 Schritte, am Bambushain entlang,
der Klang des Wassers, nicht anders als der Klang des Hüftgür-
tels, welch geistige Freude.« Er hielt inne und gab seine Kommentare zum Thema »Freude«. Anschließend trug er weiter
vor. Ich ging der Aufgabe gedankenlos nach und hätte nie ein
Lob für meine Anmerkungen erwartet. Ich hatte doch nur nach
dem Muster einer Katze einen Tiger gemalt. Konnte denn ein
Kind Lehren erteilen? Und dann sollte ich auch noch vor allen
vortragen! Zögernd wagte ich die Lesung, und als es an den
Punkt kam, wo es um »die Freude des Geistes« ging, da hielt
auch ich inne, um meine Bewertung zum Besten zu geben. Dabei verlas ich mich jedoch, so dass die ganz Klasse in ein großes
Gelächter ausbrach.

Der Russischlehrer Ling Shijun hatte ein feistes Gesicht und große Ohren. Er war ohne jedes Getue und doch hatte er etwas Arrogantes an sich. In jedem Unterricht hielt er ein Kärtchen zwischen den Fingern. Er verhaspelte sich ohne Ende, als ginge es um ein sprachliches Zauberwerk. Er hatte eine Grammatik der russischen Sprache herausgegeben. Überdies war er im Japanischen gut. Dem Hörensagen nach hatte er sich das Russische mit Hilfe japanischer Lehrbücher angeeignet. Des Weiteren verfügte er über eine besondere Gabe. Er vermochte mit dem Rücken auf dem Wasser des schulischen Schwimmbeckens liegend Zeitung zu lesen, ohne dass er Hand oder Fuß zu bemühen hatte. Russisch habe ich zwar nicht besonders gut erlernt, doch den einen Trick im Nass habe ich mir geheim angeeignet, natürlich kostete es mich bei Unaufmerksamkeit zwei Schluck Wasser.

Der Englischlehrer Xiang Lixie liebte es, den Campus abzuwandern, und immer wieder richtete sich alle Aufmerksamkeit auf ihn. Im Unterricht verstand er sich als einen englischen Gentleman: Sommers war er in einen weißen Anzug gekleidet, winters trug er kurze Hosen mit Trägern, dazu kamen weiße Strümpfe und blank geputzte Schuhe. In den Unterricht pflegte er einen Satz Besteck mitzubringen. Selbst an Servietten ließ er es nicht mangeln, um Essregeln des Westens demonstrieren zu können. Dem Vernehmen nach war er zu seiner Zeit der beste Schüler in einer Missionsschule gewesen. Einmal hatte ihn eine ausländische Lehrerin zu sich nach Hause eingeladen. Sie kredenzte ihm eine Sahnetorte. Da er aber ein Wort im Englischen falsch einsetzte, nahm sie zur Strafe die Torte wieder weg …

Die beiden Sportlehrer Han Maofu und Wu Jimin waren beide Schiedsrichter in der nationalen Korbball-Liga. Han Maofu war von kleiner Statur, aber hellwach und geschickt. Wu Jimin dagegen war von stattlicher Gestalt, alle nannten ihn den Großen Wu. Es heißt, als Han Maofu das Basketballspiel zwischen den Frauenmannschaften der Sowjetunion und von China gepfiffen habe, kommandierte der Große Wu den Kampfrichtertisch. Als es dann unentschieden in die Schlussphase ging und keine Seite voneinander lassen konnte, waren sich die beiden einig, hielten die Uhr an und gewährten mehr Zeit. Doch das entdeckte die gegnerische Seite, erhob Protest, und der Große Wu wurde in eine niedrigere Liga degradiert.

Die Rektorin Yang Bin kam aus Yan'an von der Öffentlichen Schule für Nord-Shaanxi. Sie hatte an der Revolution teilgenommen und war eine wichtige Zeugin für Ye Qun, Frau des Kulturrevolutionärs Lin Biao. Nach 1949 hatte sie lange Zeit das Rektorat der ersten Mittelschule für Mädchen inne. 1965 wurde sie an die Mittelschule Nr. 4 versetzt. Es hieß, sie hatte die Wahl zwischen der Büroleitung des Pekinger Amtes für Erziehung und unserer Mittelschule gehabt. Sie entschied sich für uns.

Der Co-Rektor Liu Tieling liebte es, sich aufzuplustern. Zur Zeit der Kulturrevolution entdeckte man in seinem Tagebuch das folgende Ideal: Mit zwanzig Mitglied des schulischen Parteizellenkomitees, mit dreißig Mitglied des lokalen Parteikomitees, mit vierzig Mitglied des städtischen Parteikomitees, mit fünfzig Mitglied des Zentralkomitees. Alles sollte nach Plan vor sich gehen. Als die Kulturrevolution begann, war er bereits zum Mitglied des städtischen Parteikomitees aufgestiegen.

Wer hätte sich träumen lassen, dass all diese Lehrer, die Rektoren eingeschlossen, über Nacht mit all ihrer Kultur zu einem Nichts degradiert würden? Nach dem Ausbruch der Kulturrevolution sah man zunächst überall Wandzeitungen, mit nicht enden wollenden öffentlichen Demütigungen. Der Höhepunkt war am 4. August 1966 erreicht. Das war ein Sonntag. Über zwanzig Schulleiter und Lehrer mit hohen Hüten und beschrifteten Schildern hatten Spalier zu laufen, ehe sie auf dem Sportplatz ankamen, wo Schüler sie beschrien, sie demütigten, sie mit Fäusten und Füßen bearbeiteten. Zu guter Letzt hatten die Opfer gemeinsam »Das Lied der Furchtsamen« zu singen: »Ich bin ein Rindergeist, ein Schlangengespenst, / ich bin der Feind des Volkes, / ich bin ein Verbrecher, / ich sollte sterben. / Der Eisenhammer des Volkes / hat mich zerschmettert ...«

Co-Rektor Liu Tieling tat sich bei diesem Gesang besonders hervor. Er sang am lautesten und hellsten mit.

Während einer der öffentlichen Demütigungen, welche vom Propagandatrupp der Armee geleitet wurden, sprang der Große Wu auf, zeigte auf die Rektorin Yang Bin und sagte: »Yang Bin, du wagst es, gegen die Befreiungsarmee zu sein.« Er fuchtelte mit den Armen und schrie: »Nieder mit der Befreiungsarmee!« Er erschrak mit einem Mal, er spürte, er hatte ein Tabu verletzt. Kreidebleich stammelte er: »Ich bin schuldig. Ich bitte den Vorsitzenden Mao um Vergebung.« Er begab sich daraufhin zu dessen Porträt und machte einen Bückling, das Gesäß nach oben. Schweißperlen tropften ihm herab. Sie tropften groß wie Bohnen auf den Boden.

Was mich am meisten schreckte, war der Freitod der Chinesischlehrerin Liu Chengxiu. Anlässlich der Kampagne zur

Klärung der Klassenzugehörigkeit wurde sie untersucht. Das führte zur Entlassung ihres Sohnes aus der Armee. An einem jener Tage morgens um 5 Uhr durchtrennte sie sich in einem Durchgang hinter der Mensa mit einer Schere die Kehle. Dem Hörensagen nach ein unerträglicher Anblick. Eine Frau in den besten Jahren beendete wider aller Erwartung auf diese Weise ihr Leben. Als die Nachricht die Runde machte und bis in die Höfe der Unterkünfte drang, machte ich gerade ein Feuer in der Bleibe Nr. 6. Der starke Rauch stach mir in die Augen, ich vermochte sie nicht zu öffnen.

VI

Anfang August 1966 zog ich in die Schule um. Das Wohnheim befand sich in der Südostecke, nahe dem Hof für Forschung und Lehre, ein isolierter Hof aus zwei ebenerdigen Gebäuden, die einander gegenüberstanden. Die Zimmer waren unterschiedlich groß, es gab Stockbetten. Alles war nummeriert, alles trug den Namen »Studio«. Zuerst wohnte ich in Studio Nr. 13, später zog ich ins Studio Nr. 6 um, insgesamt verblieb ich mehr als zwei Jahre. Die Heime waren eigentlich für Auswärtige gedacht. Das Chaos der Kulturrevolution brachte es mit sich, dass sich niemand mehr um die eigentliche Bestimmung scherte und jeder, einer nach dem anderen, einziehen konnte.

Da die Überdachungen miteinander verbunden waren und die Trennwände über Ohren verfügten, hatten Neuigkeiten ein Leichtes, ihre Wege zu finden. Jedes Mal wenn wir den Ofen anmachten, so dass dichter Rauch entstand, begann die Nachbarschaft gemeinsam zu husten. Vor der Kulturrevolution ging jeden Abend um 22 Uhr das Licht aus. Zehn Minuten zuvor wurde die Glocke geläutet, um sich vorbereiten zu können. Der Wohnhof befand sich relativ weit von den Toiletten entfernt. Da es sich um eine Jungenschule handelte, kannten wir keine Scheu. Die Heimbewohner stürzten einer nach dem anderen nach draußen, um sich am Abwasser oder unter den Bäumen zu erleichtern. Folglich trieb im Wohnhof ständig eine starke Urinwolke umher. Der für uns zuständige Tutor Yu Qizhong kam jeden Abend zehn vor zehn zur Inspektion. Im Nu zeigte das Wirkung. Gern erzählte man sich die Geschichte vom »Großen Yu, der die Pisse regulierte«.

Z., ein Kaderkind, teilte mit mir das Zimmer. Er liebte es zu prahlen. Hatte seine Freude an Erotischem, war humorvoll, ganz einfach ein amüsanter Bursche. Eines Abends Ende August 1966 berichtete er, er habe sich gerade einen Unruhestifter aus dem Ort geschnappt und ihn im Keller eingelocht. Ob ich ihn nicht sehen wolle. Aus Neugier ging ich mit ihm. Wir knieten vor dem Fenster und spähten hinein.

An dem Tag führte Z. die Untersuchung, zwei Veteranen in Armeeuniform spielten die Rolle von Totschlägern. Der Gefangene kniete mit bloßem Oberkörper auf der Erde. Z. befragte ihn harsch. Die Antwort fiel absichtlich zweideutig aus. Einer der Schläger schwang eine grobe Eisenkette. Und schon floss das Blut die Schulter herab. Unmittelbar verblieb ein tiefer Blutfleck. Bevor die Kette ein weiteres Mal geschwungen werden konnte, gebot Z. Einhalt … Ich konnte mir das nicht weiter ansehen, ich kehrte zurück und legte mich aufs Bett. Um Mitternacht kam Z. heim. Er war angetan, ja äußerst zufrieden. Er befragte mich nach meinen Eindrücken. Ich wechselte das Thema. Für mich gehörte er fortan zum Typus des Grausamen. Ich distanzierte mich mehr und mehr von ihm. Kurz darauf zog ich von Studio Nr. 13 ins Studio Nr. 6 um.

Zur Zeit der Kulturrevolution war die Fluktuation in den Wohnheimen der Schule sehr stark. Im Frühling 1967 zog ins Studio Nr. 6 ein neuer Mitbewohner namens Liu Yuan ein. Sein Vater war der ehemalige Staatspräsident gewesen. Er schlief im Oberstock, er wirkte apathisch. Gewöhnlich kam er nur zum Schlafen zurück. Wenn wir Gespenstergeschichten erzählten, dann spitzte auch er die Ohren, um zuzuhören. Mehr als einen Monat später war er auf mysteriöse Weise verschwunden.

Zur Erzählung von Gruselgeschichten hatte man zuerst das Licht auszuschalten, gleichzeitig bedurfte es spezieller klanglicher Effekte. Zum Beispiel musikalische Begleitung mit der Stimme oder eine Waschschüssel, die im entscheidenden Moment auf die Erde geworfen wurde, oder ein Bettgestell, das man von sich stieß. Welch ein Schrecken! Selbst wer die Geschichte zum Besten gab, war fast dem Tode nahe. So sah vor nahezu jedem Einschlafen unser tägliches Abendprogramm aus.

Das Essen der Mensa ließ viel zu wünschen übrig. Im Schutz der Nacht stahlen wir uns in den Speiseraum, um Kohl und Kohle zu entwenden. Dann machten wir uns unser eigenes Essen. Um noch eines draufzusetzen: Da winters die Klassenräume ohne Heizung waren, kamen die Mitschüler einer nach dem anderen ins Studio Nr. 6, um sich aufzuwärmen. Damit aber die Tür geöffnet wurde, war ein Obolus zu entrichten. Die Besucher stampften mit den Füßen und fluchten. Aber wegen der Kälte harrten sie aus und entrichteten das Wegegeld. Wir sammelten auch Altpapier, das wir an einer Ankaufstelle zu Geld machten. So kamen schnell einige Münzen zusammen. Wir rieben uns die Hände, einigten uns über die Speisen, gingen einkaufen, schlugen uns dann glücklich die Bäuche voll, bis wir schließlich nicht mehr gehen konnten.

VII

Die Pekinger Mittelschule Nr. 4 war sowohl eine »aristokratische« Schule als auch eine Schule für die breite Öffentlichkeit. Es gab eine innere Spaltung, die eigentlich nicht besonders tief schien. Vielleicht wurde sie aber auch absichtlich verschleiert. Doch die Kulturrevolution trieb sie zum Extrem, so kam es zu einer wahren Kluft.

Die Schule hatte nur ein zweigeschossiges Gebäude. Die Gegebenheiten waren äußerst sparsam. Im Winter ohne Heizung, ließ sich lediglich ein Kohleofen installieren. Kinder aus armen Familien bereiteten sich selbst ihr Mittagsmahl zu. Sie hatten einen Essbehälter dabei, den sie in einem Maschennetz trugen. Während der Unterrichtspausen brachten sie ihre Näpfe zwecks Aufwärmung zum Dampfkessel in die Mensa. Manche Mitschüler wollten sich das ersparen und legten ihre Behälter einfach auf die Brickettöfchen, so dass im Klassenraum die unterschiedlichsten Düfte wehten.

Nochmals zur Mensa: Der Essensbeitrag pro Tag betrug drei Groschen und sechs Kupferstücke, Reis oder dergleichen kostete einen Groschen und sechs Kupferlinge. Die

Mensa war so groß, dass sie mehrere hundert Gäste aufnehmen konnte. An jedem Tisch fanden zehn Personen Platz. Man stellte sich ein, wie man wollte. Es gab keine Stühle, man aß im Stehen. Die Köche brachten mit einer Tragestange große Holzkübel herein und sorgten für Aufregung in den Mägen von uns jungen Leuten. Jeder Tisch sandte einen Vertreter, um mit zwei Schüsseln Schlange zu stehen. Die eine war für Reis, die andere für Gemüse. Die Rektorin Yang Bin entdeckte, dass der Standard für den Nährwert nicht erreicht wurde, sie erhob daher den Vorschlag, das Essensgeld auf vier Groschen pro Tag zu erhöhen, um so jeden zweiten Tag ein vorzügliches Mahl mit Fleisch anbieten zu können. Wider Erwarten zeigte die Mehrheit der Schüler keinerlei Reaktion, woraus die Armut durchschnittlicher Familien abzulesen war. Ihr Vorschlag wurde Yang Bin in der Kulturrevolution als eine ihrer Straftaten angekreidet, nämlich Revisionismus sowie die Spaltung der Schülerschaft betrieben zu haben.

Es war die Zeit der Pubertät. Überall begleitete uns der saure Geschmack des Hungers. Die Schüler brachten Wandzeitungen an, die wie folgt klangen: »Zwei Maismehlfladen seien gepriesen als ein großes Mahl, eine lange Warteschlange reicht bis an den Himmel, Meister Feng liegt lachend im Fenster, die Schüler am Tor hungern und frieren.«

Nach dem Ausbruch der Kulturrevolution gab es nirgendwo mehr Unterricht, die Ordnung in der Mensa brach zusammen. Und so verfügte die Schule, man könne lediglich das Essensgeld für Reis etc. zurückgeben, einen Groschen sechs Kupferlinge pro Tag. Yifan sagte mir, er sei einmal zum Schalter der Mensa gegangen, um Essensmarken zurückzugeben. Vor ihm habe sich Liu Yuan angestellt. Der habe sich bei der Rückgabe des Essensgeldes mit dem Leiter der Mensa, Liu Qingfeng, angelegt und traf auf eine eindeutige Ablehnung: »Nein, geht so nicht. Da muss ein Beleg her, dann kannst du wiederkommen.« Liu Yuan war bis über die Ohren rot im Gesicht, ärgerlich ging er davon. Und Liu Qingfeng? Während der Kampagne zur Klärung der Klassenzugehörigkeit wurde er ergriffen, er sprang daraufhin in einen Fluss und nahm den Freitod in Kauf.

Alles ist im Wandel begriffen, die Edlen rafft es dahin, dies ist eine alte Geschichte. Später vernahm ich, dass Liu Yuan eine steile Karriere gemacht hat. Ich kann nur hoffen, er möge seine damalige Niedergeschlagenheit nicht vergessen und auf die Interessen des Volkes Rücksicht nehmen.

VIII

Anfang September 1966 bastelte ich ein Holzkästchen. In roter Lackfarbe schrieb ich darauf: »Prägt die Gedanken des Vorsitzenden Mao dem Gedächtnis ein, löst sie in Blut auf, setzt sie in die Tat um.« In das Kästchen legte ich die vier Bände ausgewählter Schriften von Mao Zedong. Anschließend ging ich damit zum Krankenhaus im Stadtteil Jishuitan. Mein Vater erholte sich dort, er war ja von einer Leiter gefallen. Nun schrieb er Slogans, obwohl seine rechte Hand in Mitleidenschaft gezogen war. Ich hatte weder Obst noch andere Nahrung bei mir. Ich brachte lediglich eine Büste von Mao Zedong, die ich auf sein Nachtschränkchen stellte.

Aufgrund eines Einladungsschreibens beschlossen wir sechs Klassenkameraden, die wir der Herkunft nach dem einfachen Volk zuzurechnen waren, gemeinsam bei der landesweiten Großaktion »Den Klassenkampf in die Dörfer tragen« teilzunehmen. Nachdem ich meinen Vater den zweiten Tag im Hospital besucht hatte, ging es mit dem Kästchen voller Schriften von Mao auf dem Rücken los.

Anfang November kehrte ich nach Peking zurück. Inzwischen hatte sich viel verändert. Aufgrund der »Theorie von den Blutsbanden« geriet die Führungsrolle der alten Rotgardisten ins Wanken. Alle möglichen Rebellenorganisationen traten in Erscheinung, sofern ihre Mitglieder dem einfachen Volk entstammten. Dazu gehörte auch die Kampftruppe vom Roten Gipfel aus unserer Klasse.

Mit Frühlingsbeginn 1967 formierte sich die Neue Kommune der Mittelschule Nr. 4. Sie war ein Ergebnis des schulischen Rebellenverbandes. Die Pekinger Mittelschulen teilten sich in die Fraktion des 3. April und die Fraktion des 4. April. Die Neue Kommune der Mittelschule Nr. 4 gehörte der Fraktion des 3. April an. »Das Manifest vom Dritten April« mit dem Titel »Diskussion der neuen Gedankenflut« war in der Zeitung *Frontbericht vom Dritten April* erschienen. Sie forderte die Neuverteilung von Besitz und Autorität sowie die Zerschlagung der privilegierten Klasse. Dies zeigt, dass hinter dem Chaos der Fraktionskämpfe vernünftige und soziale Appelle standen. Der Autor Zhang Xianglong wurde später ein guter Freund von mir, sein Bruder Zhang Xiangping führte die Feder für die Neue Kommune der Mittelschule Nr. 4.

Vor zwei Jahren feierte die Pekinger Mittelschule Nr. 4 ihr

hundertjähriges Bestehen. Es schien hoch herzugehen. Mir ist unklar, was meine Alma Mater eigentlich zu feiern hatte. Mir war zu Ohren gekommen, dass Liu Tieling ein Grußwort anlässlich der Feierlichkeiten sprach. Ich denke, seine Stimme wird wie immer klangvoll gewesen sein. Ich erinnerte mich unwillkürlich an die Szene im Sommer 1966, wo er mit den anderen geschundenen Lehrern im Verein »Das Lied der Furchtsamen« sang.

IX

»Ich erkläre Euch hiermit, falls im Studio Nr. 6 etwas abhandengekommen sein sollte, hat es mit mir, Zhang Yuhai, zu tun.« Ich schaute aus dem beschlagenen Fenster nach draußen. Alles, was ich sah, war eine Bohnenstange mit einem schäbigen Ranzen, beide Hände in die Hüften gestemmt. Seine jugendbedingten Pusteln wölbten sich auf seinem Gesicht, während er schrie. Ich antwortete ihm, Yifan sei nicht da, er zog fluchend von dannen. Seitdem er sich mit Yifan eingelassen hatte, gab es im Studio Nr. 6 keine Ruhe mehr. Alle wurden seiner müde, drängten Yifan, weniger Zeit mit ihm zu verbringen.

Zhang Yuhai war in der zweiten Klasse der Oberstufe zwei, er hatte mit uns aus der fünften Klasse der Oberstufe eins eigentlich nichts zu tun. Abgesehen von unserer gemeinsamen Zugehörigkeit zur neuen Kommune der Mittelschule Nr. 4 und dem gemeinsamen Leben in Studio Nr. 6 teilten wir aber noch denselben Stallgeruch: wider die herrschende Gesinnung, das heißt, wenn wir auch ein Teil der Revolution waren, behielten wir doch weiterhin unseren Trotz. Ganz gemäß den Worten von Zhang Yuhai: »Die Politik ist voller Theater, und alles Theater ist voller Politik.«

Man muss jedoch sagen, dass er ein außergewöhnlich guter Schüler war. Die Schule bot einmal freiwillige Kurse an, die den Schülern ermöglichten, sich selbst weiterzubilden. In einem von diesen, nämlich in Mathe, erreichte er bei der Prüfung in der Hälfte der Zeit die Höchstpunktzahl. Dasselbe galt für das Englische. Zur Zeit der Kulturrevolution stand er der Gesellschaft zur Reform der Mathematik vor. Selbst Zhang Zi'e, ein Lehrer der Sonderklasse, nahm an den Sitzungen teil. Zhang Yuhai schlüpfte aus der Rolle des Gastes in die Rolle der Hauptperson. An der Tafel entwarf er triumphierend seine Gedanken. Wäre unser Land nicht im Umsturz begriffen gewesen, er hätte das Zeug zum Professor gehabt.

Neben seinen schulischen Leistungen glänzte er auch im Korbball, Schwimmen, auf der Geige, eigentlich in fast allem. Besonders sein Kunstpfeifen war einzigartig. Er brauchte nur den Mund zu spitzen, den Luftstrom mit Hilfe seiner Wangenmuskeln zu steuern, und schon durchdrangen die Melodien Himmel und Erde. Durch ihn lernte ich Bizets »Pastorale« kennen. Später erinnerte ich mich unwillkürlich an sein Pfeifen, wenn ich das Original zu hören bekam.

Er war das vierte Kind mit drei älteren Brüdern. Sein Vater hatte in England studiert. Nach seiner Rückkehr starb er vor vielen Jahren bei einem Verkehrsunfall. Die Mutter arbeitete in einer Universitätsbibliothek, sie zog die Kinder allein unter großen Mühen auf.

Was Zhang Yuhai am wenigsten ertragen konnte, war Mittelmäßigkeit. Kam das Gespräch auf einen Mitschüler, der eine Karriere anstrebte, meinte er nur: »Seine Zukunft? Er wird einmal sehr reich werden, aber mit vierzig ist er blank.« Und während er so redete, ahmte er das Gehabe eines Kaders nach: Er versank träge in einem Sofa. Beide Daumen drehten sich vor dem Bauch.

Die zweite Klasse der Oberstufe zwei verfügte über großes Potenzial. Sie brachte zwei Zeitungen gleichzeitig heraus. Die eine hieß *Die Kulturrevolution der Mittelschüler* und stammte aus der Feder von Mou Zhijing. Er veröffentlichte den Essay »Zur Theorie der Abstammung« des Märtyrers Yu Luoke. Die andere Zeitung nannte sich *Lasst den Frühling kommen*. Sie wurde von Zhang Yuhai mit einigen Mitschülern herausgegeben. Den doppeldeutigen Titel hatte er sich nach einem Vers von Mao Zedong ausgedacht. In der zweiten Ausgabe erschien sein Artikel »Zur Herkunft«, indem er den Beitrag von Yu Luoke weiterdachte. *Die Kulturrevolution der Mittelschüler* war im ganzen Land erfolgreich. Davon profitierte auch *Lasst den Frühling kommen*. Ich half beim Vertrieb, auf der Straße machte ich mich zum Marktschreier. Sobald die Worte »Mittelschule« und »Herkunft« fielen, wurden mir die Blätter aus der Hand gerissen.

Die Zeitungen der zweiten Klasse der Oberstufe zwei brachen wie ein Wolkenbruch über ganz Peking herein. Die fünfte Klasse der Oberstufe eins wollte nicht zurückstehen. Mit Yi-fan an der Spitze beschlossen wir, Gedenkplaketten zu erstellen. Vorgesehen waren Büsten von Marx, Engels, Lenin, Stalin und Mao. Darunter sollten in Rot die Zeichen stehen: Neue Kommune der Mittelschule Nr. 4. Wir wandten alle Fertigkeiten auf, wir begaben uns zum Ministerium für Raumfahrt, um die schönsten Aluminiumvorlagen zu erhalten. Wir schickten Leute aus, damit sie am Zentralmuseum Künstler für den Entwurf ausfindig machten. Zu guter Letzt ging es zur Emaillefabrik, um die Gussformen zu erstellen. Während wir auf diese warteten, kam uns etwas in die Quere: Von oben erging nämlich die Anweisung, man dürfe keinesfalls Mao Zedong neben die vier großen Führer stellen.

Im Spätherbst des Jahres 1967 rotteten sich mehr als ein Dutzend Schüler der fünften Klasse aus der Oberstufe eins und der zweiten Klasse aus der Oberstufe zwei mit der Absicht zusammen, zur Aluminiumfabrik außerhalb des Tores der Ewigen Sicherheit zu gehen. Die Aktion wurde von Zhang Yuhai und Xu Jinbo aus unserer Klasse angeführt. Will man eine Schlacht schlagen, muss man zunächst die Truppen in Position bringen – Shi Kangcheng, Lang Fang und Wu Weiguo hielten am Fabriktor Wache, die Fahrräder bereit zur Flucht. Auf dem Weg vom Eingangstor bis zur Maschinenhalle gaben wir uns als Müßiggänger aus. Yifan sollte die Unterhandlungen mit der Fabrikleitung führen. Zhang Yuhai folgte ihm wie ein Schatten. Aber alle Drohungen und Versprechungen waren umsonst. Yifan flehte Meister Liu, der die Gussformen verantwortete, an, er möge doch wenigstens ein Muster zeigen. Meister Liu gab das Probestück heraus. Zhang Yuhai schnappte es sich und flüchtete. Es gelangte von Hand zu Hand bis zum großen Tor, wo Shi Kangcheng und Fang Lang Schutz boten. Wu Weiguo radelte damit erhobenen Hauptes von dannen. Die Arbeiter waren hinter uns her und riefen: »Schnappt den Schlaksigen, er ist der Anführer.« Zhang Yuhai verschwand schnell in der endlosen Menschenmenge. Die Fabrik griff sich drei von uns als Geiseln, brachte aber nichts in Erfahrung, und so blieb ihnen nichts anders übrig, als sie ziehen zu lassen.

Während der Siegesfeier im Studio Nr. 6 schwirrten die Stimmen durcheinander. Aus allen unterschiedlichen Blickwinkeln wurden die atemberaubenden Momente nacherzählt. Zhang Yuhai war etwas abwesend, er pfiff Bizets »Torero-Marsch«.

Im Herbst 1968 wollte das Arbeiter-Propagandateam ihn getrennt verhören. Es soll mit dem Fall einer antirevolutionären Gruppierung zu tun gehabt haben. Er entschied daraufhin, zunächst nach Yunnan aufs Land auszuweichen, um sich dort niederzulassen. Anschließend wolle er sich der kommunistischen Volksarmee in Burma anschließen. Vor seinem Abschied sagte er den Freunden, Peking biete ihm letzten Endes nicht genug Raum. Warum da nicht einen Ort aufsuchen, wo der Himmel hoch und der Kaiser fern ist, um das eigene Leben leben zu können.

Im Frühling 1969 überquerte er dann tatsächlich die Grenze nach Burma, um sich der Volksarmee anzudienen. Im Sommer desselben Jahres fiel er in einer Schlacht, gerade einmal im 21. Lebensjahr. Die Briefe, die er Freunden geschickt hatte, zirkulierten nach seinem Tod in Kopien unter uns Jugendlichen. In seinem letzten Brief schrieb er: »Wir sind noch jung, unser Lebensweg ist noch lang … Nicht dass es uns an Gelegenheiten fehlte, uns in die Strömung der Geschichte zu stürzen. Doch wir sind nicht vorbereitet, uns fehlt die Praxis. Einmal werden wir in die Strömung hineingezogen werden. Das haben wir dann nicht selbst entschieden. Oft geht das Leben an uns vorbei … «

Eines meiner Gedichte namens »Sternenglanz« beginnt folgendermaßen:

Beim Abschied
sagtest du mir: Nicht so,
wir sind noch jung,
unser Lebensweg ist noch lang.
Du wandtest dich um und gingst,
nahmst einen Sternenglanz mit.
Er hat dich begleitet,
bevor er am Horizont entschwand.

Über viele Jahre gab es ein hübsches, hoch gewachsenes Mädchen, das im Haus seiner Mutter ein und aus ging. Sie nannte sich »die vierte kleine Freundin«. Sie erzählte der alten Dame, sie erwarte die Heimkehr von Zhang Yuhai.

X

Im Mai 1967 hatte ich gerade die Schulpforte durchquert, da wurde die Mittelschule Nr. 4 vom Pekinger Amt für Erziehung als Versuchsplatz für die sozialistische Erziehungsbewegung erkoren. Der Fokus lag besonders auf der zweiten Klasse der Oberstufe zwei, denn dort war ein reaktionärer Schüler namens Mou Zhijing aufgetaucht. Dies hinterließ eine tiefe psychologische Wunde und drängte uns, früher zu reifen. Wir wurden zu einer besonderen Gruppe von Menschen.

Mou Zhijing entkam dieser Schattenwelt jedoch beizeiten.

Er war von Natur aus optimistisch, scharfsinnig und schlagfertig, anders als die Menge. Nach Auskunft eines Freundes bediente er sich niemals der Floskeln. Er hatte hohe Wangen, ein breites Nasenbein und pflegte, anderen genau zuzuhören. Ich habe ihn daheim besucht. Es war eine warmherzige, harmonische Familie: Sein Vater arbeitete als Übersetzer im Institut für Eisenbahnwesen, seine Mutter war Zeichnerin. Mou Zhijing hatte eine liebenswerte Schwester.

Da er sein Tagebuch den Mitschülern zu lesen gab, diente dieses zu seiner Entlarvung als »treuer Nachkomme der Bourgeoisie«. Das machte ihm aber nichts aus. Was ihn wahrhaft zürnen ließ, war eine andere Sache. »Eines Tages kehrte ich vom Fußballspiel auf dem Sportplatz ins Klassenzimmer zurück«, berichtete er uns später, »viele Mitschüler standen in eine kleine Wandzeitung vertieft herum. Auch ich warf einen Blick darauf. Da stand geschrieben: ›Mou Zhijing ist ein Idealist, der glaubt, dass die Liebe alles besiegt.‹ Ich wollte mir auf der Stelle das Leben nehmen, denn ich kann niemandem erlauben meine Gefühle mit Füßen zu treten. Damals hatte ich noch mehr als zwei Yuan in meiner Tasche. Ich beschloss, etwas Gutes zu essen und zu trinken, bevor ich aus dem Leben scheiden wollte.«

Er verfügte jedoch nicht über das Naturell zu einer solchen Tat, außerdem hatte er noch viel Großes vor. Als er das erste Mal die Redeweise von Vater und Sohn als Helden und von Vater und Sohn als reaktionärer Brut gehört hatte, da war er schockiert. Sogleich brachte er an der Mittelschule, welche der Tsinghua-Universität angegliedert war, eine kritische Wandzeitung an. In Folge kritisierte er die Schlagworte auch, während er bei einer Debatte des zentralen Musikkonservatoriums auf dem Podium stand. Einige Rotgardistinnen stürmten auf ihn zu, entrissen ihm das Mikrofon und spuckten ihm ins Gesicht. Weitere Mitschüler betraten die Bühne, um ihn als Reaktionär zu entlarven. Auf der Kritikveranstaltung, welche die Mittelschule Nr. 4 organisierte, gab er nicht nach, vielmehr ergriff er Partei für einen anderen, dem Unrecht widerfahren war. Ergebnis: Ihm wurde von dem mordlustigen Liu Huixuan ein Vorderzahn ausgeschlagen.

Im Winter desselben Jahres sah Mou Zhijing an einer Straßenecke eine Wandzeitung zur »Theorie der Familienherkunft«. Durch die angegebene Adresse fand er den Verfasser, Yu Luowen. Ihre Ansichten stimmten überein, so dass er für ein Kupferstück weitere Abzüge drucken ließ, um den Artikel stärker zu verbreiten. Am 18. Januar 1967 erschien *Die Revolutionszeitung der Mittelschule*. Darin nahm »Die Theorie der Familienherkunft« drei Druckseiten ein, gezeichnet von der »Pekinger Gruppe zur Untersuchung der Familienherkunft«. Der wahre Verfasser war Yu Luoke, der ältere Bruder von Yu Luowen. Er wurde der Chefredakteur der *Revolutionszeitung*.

Der Redakteur Mou Zhijing, damals im achtzehnten Lebensjahr, wusste seinerzeit überhaupt nicht, wer der eigentliche Autor war. Er erinnerte sich aber an den Eindruck, welchen Yu Luoke beim ersten Treffen auf ihn gemacht hatte: »Sein Aussehen war eigenartig. Er war nicht groß, sein Buckel konnte einen ängstigen. Sein Gesicht neigte zur Blässe. Er war schwer kurzsichtig, seine Brille bildeten zwei runde Kreise, doch sein Blick war schneidend, seine Stimme klang kraftvoll. Er war von hoher Intelligenz und von tiefem Humor ... Da-

mals, das war im Winter, hatte er sich eine kleine Hütte, die er
›Eiskeller‹ nannte, neben seinem Haus errichtet. Ich spürte da
eine besondere Wärme … «

Die *Revolutionszeitung* wurde ständig nachgedruckt, die
Nachfrage konnte kaum gedeckt werden. Eine Zeitlang standen die Menschen aus allen Landesteilen dichtgedrängt am
Tor der Mittelschule Nr. 4. Ihre Augen, voller Sorge und Hoffnung, glichen dem Schaum in einem Ozean. Insgesamt erschienen sechs Ausgaben, bevor das Zentralkomitee »Die Theorie
zur Familienherkunft« öffentlich kritisierte. Mou Zhijing berief eine Redaktionssitzung ein und sagte, wer nicht zum Opfer bereit sei, könne sich sofort zurückziehen. Doch niemand
ging, alle verblieben.

Ende des Jahres 1968 wurde Yu Luoke gefangen genommen
und am 5. März 1970 nach einem öffentlichen Prozess hinge-
richtet. Er war da erst im 27. Lebensjahr. Vor seiner Ergreifung
sagte er zu Mou Zhijing: »Ich meine, mich bei dir entschuldigen zu müssen. Du bist so jung. Ich habe dich da mit hineingezogen.« Zu guter Letzt händigte er ihm einen Brief an Mao
Zedong zur Aufbewahrung aus. Leider ging dieses Schreiben
auf seinem Weg von Hand zu Hand verloren.

Im Herbst 1975 begab ich mich mit Liu Yu zum Gebirge Wutai Shan. Unterwegs ging uns das Geld aus. Wir kehrten durch
die alte Stadt Datong nach Peking zurück. Ich fand Mou Zhijing, der im Amt für Eisenbahnwesen als Arbeiter tätig war. Ich
lieh mir von ihm fünf Yuan, außerdem übernachteten wir dort
im Heim. An jenem Abend spielte Mou Zhijing wie verrückt
die Ziehharmonika. Er kniff die Augen zusammen, öffnete die
Lippen, wie trunken, wie besessen.

XI

Zhao Jingxing war eine Klasse unter mir, dennoch war er um vieles reifer als ich. Das achtzehnte Lebensjahr gerade hinter sich, da hatte er schon den ganzen Marx, Engels, Lenin, Stalin ausgelesen. Allein *Das Kapital* hatte es ihm sechs Mal angetan. Er war bewandert in Hegel, Kant, Feuerbach etc. Überdies hatte er selbst Buchmanuskripte wie *Kritik der Philosophie* oder *Abriss der politischen Ökonomie* geschrieben. Im Zuge der abflauenden Revolution nahm sein Lesehunger zu. Die Mädchen der Mittelschule, welche der Pädagogischen Hochschule angegliedert war, kopierten seine Manuskripte und ließen sie binden. Diese zirkulierten dann unter Pekinger Mittelschülern. Ich erinnere mich noch an die erste Lektüre. Sie rührte mich wie ein Donnerschlag. Obwohl ich jedes Zeichen verstand, war mir der Sinn jedoch nicht klar. Die Zeilen waren ein wirres Durcheinander in meinem Kopf, und so zürnte ich in meinem Zorn dem Knilch, der denselben Familiennamen wie ich trug.

Zhao Jingxing entstammte armen Verhältnissen. Der Vater war Schneider, er lief täglich in blanken Hosen herum, den Rücken frei, dunkel und fett. Aus dieser, von der Kultur unbeleckten Familie, tat sich unerwartet ein Philosoph hervor.

Dieser wandte sich öffentlich gegen die Theorie »In die Berge, aufs Land«. Das gab er auf Wandzeitungen in der Schule bekannt. Er war der Auffassung, durch Vermehrung der Bevölkerung wachse notwendigerweise die Last der Bauern. Man verlagere so die Krise der Städte aufs Land. Er war von hohem Mut, ließ sich nichts verbieten, Leben oder Tod, das war ihm einerlei.

Während der zweiten Kampfsitzung im ehemaligen Biologielabor brüllte der Organisator: »Zhao Jingxing, du schmiedest Ränke, du kritisierst die maoistische Lehre. Das können wir nicht hinnehmen.« Zhao Jingxing bemühte zunächst die Worte von Marx und Engels: »Kritik meint Studium, Studium meint Revolution.« Weiter vertrat er wagemutig die Auffassung: »Ich entwickele aus vier Richtungen die Lehre von Mao Zedong weiter.« Dergleichen erklärte er Punkt für Punkt.

Seine Ansichten stellten alles in Frage. Zum Beispiel: »Der Ausbruch der Kulturrevolution ist Folge sozialer Widersprüche.« Oder: »Der Sozialismus auf seinem Weg der Kulturrevolution gleicht einer Lok, die hierhin und dahin schwankt, »ohne zu wissen wohin«. In seinem Tagebuch schrieb er: »In Folge von Untergrundarbeit wird die Geschichte eine neue Bühne vorbereiten.« In seinem »Abriss zum Dialog der politischen Ökonomie« hieß es: »Die Warenwirtschaft hat die Planwirtschaft zu ersetzen.« Derartige ketzerische Ideen riefen aus bekannten Gründen Strafen jeglicher Art auf den Plan.

Ende 1968 traf ich im Heim von Shi Kangsheng auf Tao Luosong, die Freundin von Zhao Jingxing. Sie war Schülerin in der zweiten Klasse der Oberstufe der Mittelschule, die an die Pädagogischen Hochschule angegliedert war. Sie war unzeitgemäß gekleidet. Bis heute erinnere ich mich noch an einen Satz, den sie zu mir sagte: »Zhao Jingxing ist nicht gegen den Vorsitzenden Mao.« Mitsamt seinen abstrusen philosophischen Aufzeichnungen kursierten auch Sätze aus seinen Liebesbriefen an Tao Luosong: »Mädchen, vor Dir steht ein Philosoph im achtzehnten Lebensjahr.«

Tao Luosong war sehr hübsch, doch jemand im Ortsteil

Baiwanzhuang, bekannt als »Spezialist für männliche und weibliche Schönheit«, beschied sie zu einer Schönen von 79 %. Später erst erfuhren wir die wahren Maßstäbe für Schönheit: Venus für die Frauen, David für die Männer.

Mit Yifan übte ich daheim Luftgewehr schießen. Unsere Zielscheibe waren verworfene Fotos, einschließlich unserer eigenen Porträts. Den Hintergrund bildete die Zeitschrift *Rote Fahne*, damit die Kugeln aufgefangen und weiter benutzt werden konnten. Gerade als Zhao Jingxing uns mit der Vergrößerung eines Fotos von Tao Luosong betraute, nutzten wir ihr verschlissenes Bild als Zielscheibe. Diese Sache drang, ich weiß nicht wie, in die weite Welt hinaus. Eines Tages kam Zhao Jingxing, um ein Buch zu leihen. Er fragte: »Tao Luosong lässt mich nachfragen, ob ihr sie ganz besonders hasst.«

Im Winter 1968 fiel nacheinander eine Menge Schnee. Es war gewaltig kalt. Das Studio Nr. 6 war nur noch eine Frostbude. Die meisten von uns waren nach und nach zur Arbeit aufs Land gezogen. Dem Campus verblieb kaum eine menschliche Spur. Die Wandzeitungen blätterten ab, es gab nur noch ein paar Verlautbarungen.

In einem kleinen Hof waren vier Schüler, die vom Propagandateam getrennt verhört wurden. Unter ihnen befand sich Zhao Jingxing. Er war vom Amt für Sicherheit offiziell als Hauptverbrecher eingestuft worden. Seine Art war es, verschmitzt zu lächeln, den Kopf in Bücher zu vergraben, in eine Welt der Gedanken einzutauchen. Sein Interesse verlagerte sich von der Philosophie zur politischen Ökonomie.

Neben Zhao Jingxing standen zwei weitere Schüler aus unserer Klasse, Liu Huixian und Shi Kangcheng. Sie hatten unterschiedliche Ansichten, wenn es um die Propagierung oder um die Ablehnung der »Theorie der Abstammung« ging. Dennoch kamen beide in Haft, bekanntlich führen verschiedene Wege zum selben Ziel. Mitschüler überwachten sie, teils anteilnehmend, teils gleichgültig. Ich suchte Shi Kangsheng oft auf, brachte ihm Bücher oder übermittelte ihm mündlich Nachrichten. Traf ich auf Liu Huixuan, so grüßte ich ihn ebenfalls. Die vier verstanden sich gut, spielten sich gegenseitig zu, tauschten Aktualisierungen über ihren Fall sowie Leseerlebnisse aus.

Im Februar 1970 wurden Zhao Jingxing und Tao Luosong gemeinsam in Ketten gelegt und ins Gefängnis geworfen.

XII

Ab Oktober 1966 ersetzten die Rebellen der Pekinger Mittelschulen die Rotgardisten, die alte Garde vom Anfang der Kulturrevolution. Die Rebellen wurden zur neuen Hauptkraft, zersplitterten sich aber sehr schnell. Im Frühling 1967 bildeten sich aufgrund von zwei Reden, welche Funktionäre des Zentralkomitees am 3. und am 4. April gehalten hatten, zwei Flügel heraus, nämlich die Fraktion des 3. April und die Fraktion des 4. April. Die Neue Kommune der Mittelschule Nr. 4 gehörte zur gemäßigten Fraktion des 3. April, auch genannt die Fraktion des dritten und halben April.

Ende April 1967 gab es einen besonders hellen Tag, an dem die Weidenkätzchen flogen. Der Chor der Alten Pekinger Garde probte den *Liederzyklus vom Langen Marsch* in der Mensa der Pekinger Mittelschule Nr. 4. Liu Huixuan dirigierte. Jedes Mal wenn die Phrase »Schwarze Wolken bedecken den Himmel, aber nicht lang, / die rote Sonne wird ewig ihren Glanz zeigen« ihren Höhepunkt erreicht hatte, wurde diese stets durch sein Gebrüll unterbrochen. Während der Pausen versammelte sich eine Gruppe der Sänger am Schultor, um sich zu sonnen.

An diesem Tag vervielfältigte ich mit anderen Wandzeitungen an der Schulpforte. Es bestand keine Not, dort Wache zu schieben, so wurde der Ort für andere Zwecke genutzt. Am Fenster der Pforte bekam man alles Mögliche mit, erst gab es Radau und Klamauk, plötzlich Geschimpfe und schließlich Schlägerei. Ich sehe heute noch, wie jemand von draußen hereingetragen wurde. Er wurde geboxt und getreten, man schleppte ihn an allen vier Gliedern und ließ seinen Kopf gegen einen Baum prallen. Es hieß, es waren zwei Jungen von einer anderen Schule, die einem Demonstrationszug gefolgt waren. Sie fuhren mit dem Rad, es kam zum Streit mit dem Chor. Einer von den beiden suchte das Weite, der andere wurde ergriffen.

Die Folge war Aufruhr. Der Gegner gehörte zu den Fliegenden Tigern der Schule für Bauwesen, also zur eingefleischten Fraktion des 3. April, weithin bekannt für ihren Kampfesmut. Da es zu einem Todesfall in den Kämpfen gekommen war, gingen sie, voll bewaffnet, mit der Leiche zur Pekinger Kommandantur, um Protest einzulegen. Jemand berichtete, die Fliegenden Tiger seien zu allem bereit.

Es kam zu einem Blitzkrieg: Zuerst ziellose Bombardierung – zahllose Steine flogen donnernd auf den Campus, sie zerschlugen Dachziegel und Fenster. Gleich danach stürmten die Fliegenden Tiger das Schultor. Sie schlugen zwei unterschiedliche Wege ein. Sie besetzten hurtig die entscheidenden Stellen. Auf der Campusmauer alle drei Schritte ein Posten, alle fünf Schritte eine Wache. Damit war die Schule abgesperrt. Sie trugen geflochtene Sicherheitshelme. In den Händen hielten sie Lanzen, aus Stahlrohren gefertigt. Nachdem die Vorhut den Weg gebahnt hatte, stürmte der Haupttross Reihe um Reihe ein. Man hörte Todesgeschrei, welches in Mark und Bein fuhr. Es kam aus einer Tiefe, die das Fürchten lehrte.

Der Chor der Alten Pekinger Garde floh in Scharen zum westlichsten Teil der Mensa. Glücklicherweise gehörten die Neue Kommune der Mittelschule Nr. 4 und die Fliegenden Tiger einem gemeinsamen Flügel an. Dank Vermittlungen verlangsamten sie die Geschwindigkeit ihres Vormarsches.

Plötzlich preschte jemand vom kleinen Hof des Wohnheimes herüber. Er war unbewaffnet und schimpfte aus vollem Halse. So versperrte er dem Trupp den Weg. Es war Liu Huixuan. Er wurde von zehn Fliegenden Tigern umringt. Die Lanzen wiesen von allen Seiten auf ihn, ihre Spitzen funkelten kalt in der Sonne. Der Klassenlehrer Tian Yong ging mit einigen von uns hinüber, wir schützten ihn mit unserem Leib, baten um Nachsicht, planten, wie wir ihn sicher zurückführen konnten. Unbeeindruckt schimpfte Liu Huixuan weiter wie ein Rohrspatz.

Die Truppe war wie eine Woge und drängte nach vorne. Liu Huixuan tauchte in der Mensa wieder auf. Unter seiner Leitung riefen die Einzelschützen des Chores hochgemut ihre Schlagwörter, doch im Anblick der drängenden Truppe und der dichten Phalanx der Lanzen, konnte er nur den Befehl erteilen: »Die Waffen nieder!« Die Sänger entledigten sich ihrer Knüppel und suchten sich zu retten, die Sängerinnen kreischten, sie bildeten einen chaotischen Tross. Wir suchten mit aller Macht, die beiden Seiten zu trennen. Wir mahnten den Chor, die Uniform, dieses Zeichen der Alten Garde, abzulegen und sich unter die Menge zu mischen. Ein paar verdrückten sich in der Mensa und in der Gasse des Hofes, um sich über die Mauer in Sicherheit zu bringen. Da wir zu intervenieren und zu schlichten versuchten, hielten sich die Verletzungen der ansonsten gewaltgeladenen Schlacht in Grenzen. Der größte Verlust der Alten Garde waren die Stahlräder, die, in der Umgebung der Mensa abgestellt, hoffnungslos zerschlagen waren.

Liu Huiyuan wurde wegen seiner Novelle *Als die Abendwolken schwanden* berühmt. Rückblickend meinte er: »Damals gab es an der Schule eine Verbindung, die sich Neue Kommune der Mittelschule Nr. 4 nannte. Wir fanden uns nach dem Vorbild der Pariser Kommune zusammen. Unter uns war ein Mitschüler namens Yang Xiaoqing, der mir zornige Blicke zuwarf. Später wurde der bewaffnete Kampf von außen in unsere Schule getragen. Während der wilden Kämpfe geriet ich in eine bedrohliche Falle. Yang Xiaoqing setzte sein Leben aufs Spiel, um mich zu retten. Doch danach machten wir uns weiter böse Augen. Man nennt so etwas Prinzipienreiterei. Aber innerlich achtete ich ihn, zollte ihm Respekt …«

XIII

Im Frühling 1968 kam unerwarteter Besuch in unsere Schule. Der stürmte sogleich in das ehemalige Direktorat, welches im äußersten Süden des kleinen Hofes lag und das gleichzeitig das Büro des Revolutionskomitees für die revolutionäre Erziehung war. An der Tür prangte das Schild »Verbindungsbüro für die Kampftruppen der roten Vertretung von Mittelschulen«. Hier befand sich auch das einzige permanente Gremium der Fraktion des 3. April.

Was da ins Haus stand, waren die Studenten der Pädagogischen Hochschule von Peking. Da sie über ein Empfehlungsschreiben verfügten, welches das Revolutionsteam des Zentralkomitees ausgestellt hatte, wirkten sie anmaßend. Sie polterten mit Tischen und Stühlen. Ziel ihrer Aktion war die Überprüfung des Hochschultestes unter Maßgabe revisionistischer Erziehung. Das heißt, es ging um die Frage, wie das alte Aufnahmesystem für Universitäten Kinder von Arbeitern und Bauern benachteiligte und wie es diejenigen schützte, welche als Nachwuchs zu den Fünf Schwarzen Kategorien gehörten, jenen Klassen, die Mao als Feinde der Revolution bezeichnete. Qu Datong, der früher als Ausbildungsleiter die Examina zu verantworten hatte, fand sich zur Stellungnahme ein. Er verhielt sich so ängstlich wie unterwürfig. Doch er war sich über die bald zwei Jahre der Kulturrevolution im Klaren, auch wenn er mit deren Kämpfen noch nicht konfrontiert gewesen war. Nachdem er das Empfehlungsschreiben gelesen hatte, schwieg er für eine Weile. Bevor er lang seufzend gestand: »Ich fürchte, ich muss einen jeden von Euch enttäuschen.« Fakt war, die Aufrückungsquote dank Prüfung lag für die Mittelschule Nr. 4 um die 95 %, aber wer einen schlechten familiären Hintergrund hatte, wurde oftmals aussortiert, selbst wenn seine Leistung über dem Notendurchschnitt lag. Er fuhr fort: »Hört mir zu, in jedem Ordner eines Schülers befindet sich ein Formular. Rechts oben steht die politische Beurteilung der Mittelschule. Allein der Vorschlag, keine Zulassung zu erteilen, reicht schon aus, eine sehr gute Prüfung wirkungslos zu machen. Der Besuch einer Hochschule bleibt ausgeschlossen.«

Qu Datong war der Sohn eines Generalmajors der Nationalpartei (KMT). Er hatte es zum Ausbildungsleiter einer namhaften Schule gebracht, deren Geheimnisse er bis in die Tiefen kannte. Im Anblick seiner verblüfften Gäste, holte er selbstzufrieden weiter aus: »Ich gebe Euch ein Beispiel. Ihr wisst wohl, wer Qian Weichang ist, nicht wahr? Ein hochberühmter Wissenschaftler und Professor, gleichzeitig auch einer der großen ›Rechtsabweichler‹. Sein Sohn Qian Yuankai galt als politisch fraglich. Trotz guter Leistungen wollte ihn keine Universität. Das ist die Klassenlinie der Partei.«

Qu Datong war der Klassenlehrer der Oberstufe drei gewesen, die Qian Yuankai besucht hatte. Er hatte seinem Lehrer gegenüber einmal geschworen, das Problem der Herkunft werde niemals Einfluss auf seine Versetzung an eine Universität haben. Daraufhin hatte sich Qian Yuankai zur Aufnahmeprüfung an der Tsinghua-Universität angemeldet. Obwohl er im gesamten Norden Chinas Platz zwei belegt hatte, nahm ihn keine Hochschule an. Im September 1958 begab er sich zur Stahlfabrik im Vorort Shijingshan von Peking und verdingte sich als Hilfsarbeiter. Zwei Jahre später wurde er Dreher an einer Drehbank.

Währenddessen bildete er sich selbst weiter. Da er das Fotografieren liebte, stellte er sich 1968 seine eigene Fotoausrüstung zusammen. Er wechselte an die Pekinger Fabrik für Fotoapparate. Da brachte er es vom Techniker zum Chefingenieur, und so avancierte er zur Koryphäe für die Theorie der Fotografie.

Nach der Misere mit der Zulassung zum Studium sagte der Vater seinem Sohn: »Die Gelegenheit, Unterricht zu besuchen, liegt in den Händen von Menschen, aber das Lesen von Büchern und deren Umsetzung in die Praxis sind die wichtigsten Hörsäle, um Wissen zu erwerben. Die Macht, in derartigen Schulen zu lernen, liegt ausschließlich in deinen Händen. Die kann dir niemand nehmen. Wenn man das Selbststudium zu einer Lebensgewohnheit macht, so ist das viel wichtiger als jedes Abzeichen einer berühmten Lehranstalt!« Diese Worte trug der Sohn stets tief in seinem Herzen.

Wenn das Leben ein bitterer Tropfen ist, so hat Qian Yuankai ihn mit seinem Lehrer gemeinsam gebraut, ohne ihn mit ihm genießen zu können. Jedes Mal wenn viele Jahre später ein Klassentreffen anstand, an welchem er teilzunehmen gedachte, so reichte das Hörensagen schon aus, dass Qu Datong das Weite suchte.

XIV

Während des Übergangs vom Sommer auf den Herbst des Jahres 1968 trat eine Geheimorganisation in Peking auf den Plan. Das war die Truppe, die als »Rotgardisten 6514« zeichnete. Sie kam und ging wie ein Spuk. Überall klebte sie ihre Wandzeitungen an, wie zum Beispiel: »Weg mit Li Zhongqi, diesem Kriechtierchen der Kulturrevolution an der Pekinger Mittelschule!« Oder: »Wer die Studentenbewegung unterdrückt, wird ein schmähliches Ende nehmen!« Oder: »Die Prinzipien der Kommune gelten für immer!« Gleichzeitig verbreiteten sie das Blättchen »Prinzipien«, welches mit Hilfe eines Vervielfältigungsapparates erstellt worden war.

In Wirklichkeit war die Sache von ein paar unserer Mitschüler ausgeheckt worden. Die Nummer 6514 war unschwer rückwärtszulesen: Mittelschule 4, Oberstufe 1, Klasse 5, Studio 6.

Im Frühling 1968 eskalierte der Konflikt zwischen den Fraktionen des 3. und 4. April, und zwar wegen Meinungsverschiedenheiten im Zentralkomitee sowie der Beteiligung so vieler unterschiedlicher Studentenorganisationen. Um die Lage zu beherrschen, bezogen die Propagandakomitees von Arbeiterschaft und Heer die Pekinger Mittelschulen, wo sie ein Revolutionskomitee etablierten. Verantwortlich für die militärische Kontrolle in den Mittelschulen war damals der Vizekommandeur der Pekinger Garnison Li Zhongqi.

Die Kulturrevolution kam aufgrund ihrer Oberflächlichkeit an ein Ende. Wir fühlten uns verkauft. In der Zwischenzeit stellte die Alte Garde vor dem Hintergrund der Fraktionskämpfe die tiefsinnige Herausforderung, »ob man nicht in zwanzig Jahren weitersehen wolle, ob Stift oder Gewehr künftig die Welt regieren«.

Ganz gleich, ob auf den Pfaden des Campus oder zwischen den Zeilen ihrer Schriften, überall hatten die Revolutionäre ihre stolzen Schatten hinterlassen. Sie entstammten dem elitären Dünkel der »Blutabstammung«, dem Stolz geschichtlicher Anmaßung, der Gleichgültigkeit gegenüber jugendlichem Unwissen. Der springende Punkt war ihre Unreflektiertheit (bis auf wenige Ausnahmen). Dies war von großem Schaden, der vierzig Jahre anhielt. Die Grenzziehung zwischen »einfachem Volk« und »Adel« durchläuft wie eine Spur die Geschichte und findet bis heute keinerlei Lösung.

Die Gruppe der Rotgardisten 6514 marschierte weiter. Wir machten das Leben von General Li Zhongqi schwer und gedachten, unausgesprochene Bedeutungen auf der Bühne der offiziellen Geschichte zu hinterlassen, so dass was in der Logik der Erzählung eindeutig schien, löchrig wurde. Tagsüber beschrifteten wir Druckplatten, druckten die Zeitungen, malten Losungen an die Wand. Um Mitternacht rückten wir aus. Selbst an die Wände gegenüber dem Hauptquartier der Garnison klebten wir unsere Schlagwörter.

Einmal fuhren wir um Mitternacht mit einem dreirädrigen Lastenrad und kamen an der Pekinger Mittelschule Nr. 6 vorbei, die in der Tiefe einer Gasse westlich der Straße des Langen Friedens, nicht weit vom Platz des Himmlischen Friedens, verborgen lag. Wir hatten gerade an der Ziegelmauer vor der Schulpforte Sprüche und das Blättchen »Prinzipien« angeklebt, da stürzten aus dem Inneren des Campus plötzlich mehr als zehn Schüler heraus. In den Händen hielten sie Schlagstöcke und Schnappschlösser, wir aber verfügten lediglich über Besen und Eimer. Während der Konfrontation standen sich beide Seiten hautnah gegenüber, ja, selbst der Atem des anderen war deutlich wahrnehmbar. Mir raste das Herz, das Blut stieg mir nach oben, mein Kopf war leer. Im Blick des Gegners spiegelte sich der eigene Blutdurst. Das war der menschliche

Instinkt, der bis in die Urzeit zum Jagdverhalten und zu den Kampfeshandlungen unserer Ahnen zurückreicht. In Momenten wie diesen behielt er noch immer die Oberhand über uns.

Für einige Minuten ergab sich eine Pattsituation, die ein Jahrhundert lang anzuhalten schien. Wir zogen uns zurück, unter Beschimpfungen stoben wir davon und erreichten so die Friedensstraße. Der Herbstwind erhob sich jäh, unwillkürlich begann ich vor Kälte zu zittern.

Die »Prinzipien« erschienen dreimal. Sie fanden ein natürliches Ende, fast ohne in der Welt eine Spur zu hinterlassen, außer in unseren Herzen. Wir wurden über Nacht erwachsen, wagten jegliche Autorität herauszufordern. Im Zuge der »Bewegung aufs Land«, die gerade begonnen hatte, galt es alle Prinzipien zu revidieren, zu verbessern und zu erweitern.

XV

Im Winter 1968 machte ich mich mit mehr als zehn anderen, unter ihnen der Lehrer Tian Yong, nach Baiyangdian auf, in einen Distrikt des Kreises Anxin der Provinz Hebei. Wir hatten die »Erziehungsrevolution zu inspizieren«. Das war irgendwie unvorstellbar. In der »Bewegung aufs Land«, welche ganz China betraf, waren wir eigentlich das Objekt der Erziehungsrevolution. Unsere Reise trug alle Kennzeichen einer dem Wahnsinn verpflichteten Zeit.

Wir gerieten in die Hochzeit des bewaffneten Kampfes. Da das Militär der Provinz und die Armee Nr. 38 jeweils einen der beiden Flügel unterstützten, kam es zu Kämpfen auf Leben und Tod. Die Auswirkungen waren bis Baiyangdian zu spüren. Das war ein Stützpunktgebiet im Kampf gegen Japan gewesen, die Bauern hatten viel Kriegserfahrung.

Kaum im Gästehaus des Kreiskomitees angekommen, erhielten wir die Nachricht von Todesfällen und einer anberaumten Trauerfeier. Beim Kampf um die Kreisstadt waren sieben Menschen ums Leben gekommen. Uns blieb keine andere Wahl, als einen Blumenkranz zu spenden und die folgenden Verse von Lu Xun auf ein großes Band zu kopieren, um es quer über die Straße zu spannen: »Schwer ist's, die Freunde als arme Seelen neu zu erkennen, / zornig suchen wir im Dickicht der Messer einen Vers.« Aus Hochtonlautsprechern kam elegische Musik. Wir betraten das Zelt, wo die Leichen lagen, und verbeugten uns dreimal. Es war meine erste Begegnung mit Toten, männlichen wie weiblichen. Ihre Haut war wachsgelb. Gegen das Sonnenlicht wirkten sie fast durchsichtig. Die Szene hatte Ähnlichkeiten mit einem Schattenspiel. Furchtbarer noch war der ekelhafte Gestank, wir hielten krampfhaft den Atem an.

Als Vertreter aus Peking wurden wir selbstverständlich unter die vom Vorsitzenden Mao entsandte Verwandtschaft gerechnet. Immer wieder forderten uns die Köpfe der Rebellen und die Familienmitglieder der Toten zum Bleiben auf. Sie luden uns als Ehrengäste zum Schmaus in ihre Häuser ein. Wir lehnten wortreich ab und kehrten in unsere Bleibe zurück, wo wir uns jäh übergaben, das Abendessen ausließen und unter einer Lampe seufzten und klagten.

Aus Gründen der Sicherheit begann unsere Untersuchung erst bei den Mittelschulen vor der Stadt. Die Kinder wuchsen dort in den Dörfern über sich hinaus. Lernen war Leiden: beschäftigt von morgens bis abends, des Nachts noch unter der Öllampe, ohne Spiel und Vergnügen. Unterkunft sowie Essen waren äußerst dürftig. Es verlangte sie, in die Stadt an eine Universität zu gehen, um ihr an die Scholle gebundenes Schicksal zu ändern. Da aber die Zahl der Aufnahmen beschränkt war, hatten sie den Standard der Pekinger bei weitem zu übertreffen, um überhaupt eine Chance zu haben. Das erschütterte uns. Gemäß einer solchen Norm hätte die Hälfte unserer Mittelschüler die Aufnahmeprüfung nicht geschafft. Eine solch soziale Ungerechtigkeit lag weit außerhalb unserer Vorstellungen.

Der Kampf flammte wieder auf. Der Gegner begann, die Kreisstadt anzugreifen. Der Geschützlärm hörte nicht auf, besonders abends nicht. Die Geschosse ließen einen kaum zum Schlaf kommen. Jeden Moment konnte die Kreisstadt eingenommen werden. Unsere Bleibe war dabei ein Hauptziel. Lehrer Tian Yong, umgürtet mit einem Strohseil, sprang aus dem großen Fenster der Herberge, um die brenzlige Lage zu erkunden. Wir sahen ihn sich bücken und verbergen, dann kroch er vorwärts. Der Alte an der Pforte der Bleibe gähnte bloß nach den Büchsenschüssen und meinte, der Feind sei noch sehr fern, man solle besser schlafen gehen.

Wir verschanzten uns für zehn Tage im Gasthaus des Kreiskomitees. Nur Gerüchte drangen zu uns, von der Außenwelt wussten wir so gut wie gar nichts. Unter dem militärischen Druck, der im Hintergrund ausgeübt wurde, begannen die beiden Seiten zu verhandeln. Wir nahmen den ersten Fernbus nach Baoding und entkamen so der belagerten Stadt.

Kaum in Peking begann schon das Frühlingsfest. Bei einer Geselligkeit unserer Mitschüler flogen die Teller und die Becher. Trunken stimmten wir aus vollem Hals die traurigsten Lieder an. Wir schrieben Gedichte im alten Stil, das wurde schließlich Mode, und wir sangen sie gemeinsam. Welch kurzer Moment, welch lange Trauer. Der Bahnhof von Peking war unser letzter Klassenraum, die neue Lektion hieß Abschied.

Mutter in der Kaderschule von Henan, 1971

Vater liest Lu Xun im Wohnheim der Kaderschule von Hubei, 1971

Mit Vater in der Kaderschule von Hubei, 1970

Kampfsitzung während der Kulturrevolution
in der Pekinger Mittelschule Nr. 4

Familienfoto am Himmelstempel, 1972

Vater mit Verwandten nach seiner Rückkehr von der
Kaderschule nach Peking (von links: Onkel Han Yaohui,
Onkel Zhao Yinian, Onkel Zhao Yannian, Vater)

Die große Einheit

I

Mitte September 1966 brach ich mit fünf Klassenkameraden im Zug nach Süden auf, nämlich mit Zhang Qian, Pan Zongfu, Yang Xiaoyun, Zhang Youzhu und Xu Jinbo.

Ab dem 10. August hatte Mao Zedong auf dem Platz des Himmlischen Friedens nacheinander acht Mal Rotgardisten empfangen. Es war ihm gelungen, so einen neuen Höhepunkt der Kulturrevolution zu entfachen, nämlich die große Einheit. Das Dokument des Zentralkomitees der Kommunistischen Partei Chinas wies darauf hin, man solle die Studenten des ganzen Landes auf ihrem Weg nach Peking unterstützen, man solle ebenfalls die Pekinger Studenten anhalten, ihre revolutionären Erfahrungen an jeden Ort zu tragen. Reisemittel und Lebensunterhalt seien vom Staat beizusteuern. So wurde die Benutzung von Bahn und Bus im ganzen Land für Studierende frei, ja, flächendeckend wurden Versorgungsstationen für Speis und Unterkunft eingerichtet. Vorrang hatten die Rotgardisten, bei anderen entschied die Familienabstammung. Doch Mao Zedong verschlimmerte die Lage, er öffnete die Schranken und Schleusen.

Xu Jinbo besorgte ein leeres Empfehlungsschreiben, welches von irgendwelchen Rotgardisten organisiert worden war. Da hatten wir einfachen Burschen unsere Namen einzutragen. Die Benutzung von blankem Papier sollte der Beweis für unsere Unschuld sein. Wir gingen mit dem Schreiben zum Fahrkartenschalter beim Amt für Eisenbahnwesen am Dongdan und stellten uns an. Wir bekamen sechs Freikarten.

Es war das erste Mal, dass ich ohne Eltern auf weite Reise ging. Mein Gepäck war denkbar einfach. Außer einer Schultasche mit Kleidern zum Wechseln war da noch ein von mir gefertigtes Holzkästchen mit den vier ausgewählten Werken von Mao. Darauf stand rot geschrieben: »Prägt die Gedanken des Vorsitzenden Mao dem Gedächtnis ein, löst sie in Blut auf, setzt sie in die Tat um.«

Wir wechselten in Baoji den Zug. Nachts war es kalt. Die Lok schnaubte dichte Wolken, verdeckte so die Lampen des Bahnsteigs. Als wir in Chengdu ankamen, war Mitternacht bereits vorbei. Uns stieß die feuchtwarme Luft des Südens entgegen und ließ uns das Rütteln des einfahrenden Zuges spüren. Auf dem Bahnhofsplatz befand sich eine Versorgungsstation. Wir wurden der Mittelschule Nr. 14 von Chengdu zugwiesen. Auf die Kunde hin, wir seien aus Peking, waren die für die Abholung zuständigen Lehrer wie Schüler über die Maßen herzlich. Sie hatten eigens ein Nachtmahl vorbereitet: gebratene Bambussprossen und einen großen Topf Reis. Mädchen und Jungen übernachteten getrennt in Klassenräumen. Wir schlugen unser Lager auf der Erde auf, Pulte und Stühle stapelten sich daneben. Wir waren begeistert, wir tuschelten miteinander, bis jemand Einspruch erhob, und wir verstummten, um uns dem Schlaf zu ergeben.

Am nächsten Vormittag ging es zum Provinzkomitee von Sichuan. Überall Wandzeitungen, die auf Li Jingquan, den Parteisekretär für den Südwesten, verwiesen. Wir hatten die Gewohnheiten von Auslandsstudenten: Was immer wir sahen, wir hielten es fest. Die Wandzeitungen enthüllten alle Arten von erschreckenden Interna. Zum Beispiel, dass in diesem Landstrich des Reichtums und der Fülle während der drei schwierigen Jahre mehrere Millionen Menschen verhungert waren. Die Worte von Li Jingquan kannte fast jeder: »China ist so groß, zu welcher Zeit sind keine Menschen den Hungertod gestorben?« Und dann waren da noch all die Fälle von moralischer Verderbtheit, dass einem wie bei einem erotischen Roman die Scham zu Gesicht steigen mochte.

Von Chengdu etwa gut fünfzig Kilometer entfernt findet sich die alte Kreisstadt Anren im Kreis Dayi. Er war landesweit berüchtigt, weil hier der Großgrundbesitzer Liu Wencai ein Landgut besaß, wo er in einem Hof seine Steuern einzog. Somit ward er zur begehrten Zielscheibe der großen Einheit. 1965 stellten die Lehrer und Schüler der Abteilung für Bildhauerei am Sichuaner Institut für die schönen Künste zusammen mit den lokalen Künstlern aus Ton seinen großen Hof zur Eintreibung von Steuern nach. Die Skulptur fand im ganzen Land Widerhall. Sie wurde auch in der Pekinger Halle der schönen Künste ausgestellt. Jede Schule brachte ihre Lehrer und Schüler zur Besichtigung dorthin. Wir hatten anschließend unsere Eindrücke niederzuschreiben.

Die alte Kreisstadt Anren verfügt über nicht wenige stattliche Anwesen mit tiefen Höfen. Die Residenz von Liu Wencai war nur eine von ihnen. Wir hatten unsere Mühe im Menschenstrom, wir gehörten nicht uns selbst, man konnte sich nirgendwo niederlassen. Mit dem Abend verlor sich die Menge allmählich. Plötzlich nahmen wir einen köstlichen Geruch wahr. Am Wegesrand gab jemand Öl in einen Topf, um Entenfleisch zu braten, anderthalb Groschen das Stück. Jeder langte zu. Wir packten unser Gut in die Plastiksacktüte mit den Dampfbrötchen. So knabberten wir sorgfältig, bis nur noch Knochen übrigblieben. Zurück auf dem Weg zur Station für Fernbusse tunkten Pan Zongfu und ich unsere Brötchen in das Öl, um uns länger am Geschmack zu erfreuen. Wir konnten uns des Lobes nicht einkriegen, wir machten Gebrauch von dem höchsten Lieblingswort auf Erden: »Verdammt, ist dieser Duft gut!« Selbst wenn es sich um eine Ente mit Pestilenz gehandelt haben sollte, so war sie immer noch gut genug gewesen, um uns auf unserem Weg, ja unser ganzes Leben lang im Gedächtnis zu begleiten.

Zhang Youzhu war unser Mittelfeldspieler im Basketball. Er war von stattlicher Natur. Sobald man die bei ihm daheim gebackenen Sesamküchlein zur Sprache brachte, strahlte sein Gesicht. Ich verlieh ihm den Spitznamen »Sesamküchlein«. Doch kaum in Chengdu, litt er an Durchfall und hatte das Bett zu hüten. Ihm blieb nichts anderes übrig, als nach Peking zurückzukehren, ehe es für ihn überhaupt begonnen hatte. Ich änderte seinen Spitznamen in »A Lili« (Bruder Durchfall), nicht nur, weil es sich gut anhörte, sondern auch wegen des gleichzeitig exotischen wie vertrauten Klangs.

In Chongqing kamen wir am Fuße des Gele Shan unter, und zwar im Südwesten des Berges, wo sich das Institut für Politik und Recht befand. Das war unweit des Friedhofs für Märtyrer. Die Gebäude hatten einmal das militärische Hauptquartier der Nationalpartei (KMT) und die »Chinesisch-amerikanische Sonder-Kooperative für Technik« beherbergt. Wir sind mit der Lektüre des Romans *Roter Fels* aufgewachsen. Alle dort beschriebenen grausamen Geschichten hatten sich hier zugetragen. Doch die alten Bäume des Gele Shan reichten weiter in den Himmel, die Wolkenschwaden trieb es weiter dahin, wie sich das für ein Feenreich gehörte.

II

Am Hafen von Chongqing mit dem Namen Zum Himmelstor. Drei Pfiffe, das Schiff lichtet die Anker und legt ab, das Deck schwankt. Wir reisen dritte Klasse, es gibt sechs Schlafplätze in Stockbetten. Da die Karten knapp waren, hatten sich zwei von uns ein Bett zu teilen. Trotzdem war die Fahrt so angenehmer als mit dem Zug: sanft und leise, die Luft war frisch. Beim Blick vom Deck auf die steilen Felswände muss man unwillkürlich an die zwei folgenden Verse von Li Bai denken: »Affenschreie an beiden Ufern ohne Ende, / unser leichtes Boot ist längst an allen Bergen vorbei.« Die Affen gibt es schon lange nicht mehr, und unser Schiff droht von Zeit zu Zeit wegen Überladung zu kentern. Abgesehen von Zitaten des Vorsitzenden Mao sowie von revolutionären Liedern wiederholten die kleinen Lautsprecher in den Kajüten daher regelmäßig, man solle sich nicht zu sehr auf einer Seite des Schiffs versammeln, um die Landschaft zu genießen. Als wir die Drei Schluchten passierten, war es bereits Mitternacht, wir waren schlafen gegangen. Die schöne Landschaft hinterließ in unseren Träumen keinerlei Spuren.

Mit in der Kajüte waren Studierende der Pekinger Hochschule für Technologie: ein Student und drei Studentinnen. Der Student hieß eigentlich Xu Rongzheng, trug aber den Spitznamen »Alte Pia«. Das chinesische Zeichen für Pia ist nicht verbürgt, ich vermute aber, es hat mit seinem Unterkiefer zu tun, dessen Knochensubstanz sich verstärkt hatte (der wissenschaftliche Name lautet Cherubismus). Ich denke mir, er ist einmal heftig mit dem Gesicht aufgeschlagen (*pa*). So kam es von *pa* zu Pia, wobei hier das Bildliche und das Klangliche zusammenspielen. Und es gab an Bord noch Studenten der Jimei-Schule für Fischereiwesen in Xiamen. Unter ihnen war Weng Qihui, der – eine ehrliche Haut – wenig sprach. Wir passten zueinander.

Nach drei Tagen auf dem Schiff waren wir drei ein Herz und eine Seele, so beschlossen wir, gemeinsam die Reise weiterzuführen. Der Alte Pia verfügte über eine klare Einstellung und Tatkraft, er dachte erst an andere, dann an sich selbst. So wurde er auf natürliche Weise zu unserem Reiseleiter. Er schlug eine Landkarte auf und zeigte uns die Richtung, der wir folgen würden: in Wuhan an Land gehen, dort ein paar Tage Ruhe, via Zhuzhou nach Shaoshan, dann weiter in Richtung Kanton.

In Hankou, einem Stadtteil von Wuhan, stand uns eine Mittelschule zur Übernachtung offen. Ich ging Onkel Da besuchen. Er stammte aus der Provinz Guangzhou, besuchte später die Jinling-Universität in Nanking. Nach dem Vorfall vom 7. Juli 1937 und folglich nach dem Beginn des chinesisch-japanischen Krieges trat er in der Provinz Hubei der Guerilla bei. Er wurde Landrat in der Kreisstadt Yingcheng und war gleichzeitig als Kommandant der Guerillatruppe tätig. Beim Ausbruch der Kulturrevolution war er stellvertretender Bürgermeister von Wuhan. Als Demokrat besaß er jedoch keine tatsächliche Macht. Somit überlebte er die erste große Woge der Revolution.

Die Wohnung von Onkel Da lag in der Tianjiner Straße, vor seinem kleinen Block gab es einen Wachtposten. Das Wohnzimmer war geräumig und hell. Ich fürchtete, in dem großen Sofa zu versinken. Ich setzte mich lediglich in eine Ecke, ich war wachsam wie ein Hase. Die Türen flogen auf und zu, wenn mein Cousin und meine Cousine ein und aus gingen, als ob sie einen Ehrengast erwarteten – es war wie ein Orkan. Onkel Da, der sich an normalen Tagen gesprächig gab, wirkte unkonzentriert, sein Lachen klang leer, es glitt mit den Rauchschwaden an die Zimmerdecke. Lediglich die Tante bekundete Anteil und fragte mich nach meinem Wohlergehen. Sie bereitete mir eine große Schale warmer Nudeln zu. Wenn ich auch jung war, verstand ich doch mehr als genug. Ich hatte die Suppe gegessen, ich nahm Abschied.

Es ging von Wuhan nach Zhuzhou. Der Personenzug war bereits ausverkauft. So hatten wir mit dem Güterzug vorliebzunehmen. Der Wagen ruckelte und zuckelte. Der Zug fuhr an, doch dann hielt er wieder. Durch die Ritzen sah man draußen die Landschaft. Am schlimmsten war die Sache mit der Notdurft. Hielt der Zug, wagte man nicht, sich allzu weit zu entfernen. Jungen und Mädchen traten links und rechts getrennt aus, um ihr Geschäft an Ort und Stelle zu verrichten. Während der

Fahrt wandten sich die Burschen, die ihren Harn nicht mehr länger halten konnten, einfach um, während sich die Mädchen gegenseitig mit Hilfe von Handtüchern schützten. Der Gestank verschlug einem den Atem.

In Wuzhou wechselten wir in einen LKW, der uns nach Shaoshan brachte. Unterwegs überall Demonstrationszüge aus der Ferne mit roten Fahnen. Einige von ihnen waren mehr als einen Monat auf ihrem langen Marsch unterwegs. Sie waren ungekämmt, ungewaschen und zerlumpt. Kaum hatten sie uns in Hochstimmung daherkommen sehen, stimmten sie Lieder an und rezitierten die Worte des Vorsitzenden Mao.

Der Endpunkt unserer Pilgerreise waren lediglich ein paar leere Ziegelhäuser, umgeben von mehr oder minder kahlen Bergen. Diese also waren die Orte, wo die rote Sonne der Revolution aufgegangen war. Ich entnahm meinem Holzkästchen die vier Auswahlbände von Mao Zedong. Zusammen mit den Kameraden legten wir vor der alten Bleibe einen Eid ab, wobei wir den rechten Arm erhoben: die Revolution bis zum Ende durchführen.

III

Die Luft erwärmte sich, je weiter wir mit dem Zug nach Süden kamen. Schließlich wurde die Temperatur im Abteil so heiß, dass sich alle nacheinander der unnötigen Kleidungsstücke entledigten. Zu guter Letzt saß die Männerschar mit bloßem Oberkörper da, während die Frauenzimmer nur ihre Hemden abgestreift hatten.

Um Mitternacht kamen wir in Kanton an. Überall waren schwingende Palmenbäume, in deren Blättern sich der feucht-warme Wind fing. Wir wurden für die Landwirtschaftsschule von Südchina eingeteilt. Wir Burschen schossen auf den Wasserhahn zu, nur mit einer Unterhose bekleidet. Wir hatten unsere Freude am kühlen Nass.

Ich hatte eine Tante in Kanton. Sie und mein Onkel waren Mittelschullehrer. Sie waren manchen Angriffen ausgeliefert gewesen, doch hier im Hinterland ging es vergleichsweise glimpflich zu. Aufgrund der besonderen geografischen Lage übertraf das Maß der Offenheit von Kanton bei weitem das im Binnenland. Wir besuchten Stätten und Orte wie den Chrysanthemenhügel, den Garten der Exzellenz, den Berg der Weißen Wolke und die Kantoner Messe. Für uns trat eine merkwürdige Wende in Sachen großer Einheit ein: Im Namen der Revolution waren wir zu Weltenbummlern geworden.

Der Alte Pia hatte eine russische Kamera (Kiew 135 mm) bei sich. Auf diese Weise hinterließ er uns unvergessliche Momente. Mir liegen mehrere Gruppenfotos vor. Der Rahmen seines Fotoapparates zerschnitt bei der Motivsuche die tatsächliche Szene, entfernte alles Überflüssige, so dass sich die sinnliche Welt in ein verschwommenes Bild verwandelte. Unsere Gesichtsausdrücke waren steif, die Blicke starr. Wir hatten etwas von Tonfiguren, als ob wir darauf warteten, von einer geheimnisvollen Stimme geweckt zu werden.

Kanton war eine andere Welt. Für uns aus dem Norden stellte die tropische Landschaft etwas Exotisches dar, ja wir schienen gar in einem fremden Land zu weilen. Selbst sprachlich gab es keine Verständigung. Unterwegs auf der Suche nach einer Toilette verstand niemand unsere Frage. Doch Not macht erfinderisch. Wir schrieben unser Begehren auf, und so kamen wir über die Runden. Eigentlich nicht nötig, die jungen Mädchen an den Straßenecken zu erwähnen. Ihre Erscheinung war mannigfach. Obwohl sie in eine grüne Militäruniform mit blauem Überkleid gewandet waren, so mochte sich ihre bunte Leibwäsche doch immer wieder zeigen.

IV

Unsere letzte Station war Shanghai. Wir kamen in der staatlichen Seidenfabrik Nr. 11 unter. Im achten Lebensjahr war ich einmal mit meiner Mutter in der Metropole gewesen, um meinen Großvater zu besuchen. Als ich mit den Kameraden dort ankam, war ich dieser Welt müde. Am ersten Abend führe ich die Truppe zum Bund. Ich zeige ihnen die großen Dampfer auf dem Huangpu sowie die europäischen Gebäude in einem Areal von fünf Kilometern, als ob dies alles unser Familienbesitz wäre. Hinter der nächtlichen Szenerie, die das Auge blendete, tat sich der Alltag des einfachen Volkes auf: In ihren Gassen flatterten bunte Wäschestücke, als handelte es sich um die Fahnen aller Herren Länder. Als der Bus Richtung Bahnhof vorbeifuhr, streckte der Schaffner seinen Kopf zum Fenster hinaus, rief laut und klopfte mit einem Holzstück schallend gegen die Außenseite. Überall hielten Alte rote Wimpel hoch. Statt von der Aufrechterhaltung der öffentlichen Sicherheit zu sprechen, redete man besser von einer Demonstration des eigenen Wohlbefindens. Eines Tages standen wir früh auf, um uns für Fahrkarten anzustellen. Alles, was wir zu sehen bekamen, war die Säuberung des Nachtgeschirrs von Tür zu Tür. Es kam mir vor wie das würdevolle Ritual eines Morgengebets.

Ich begab mich zum Shanghaier Krankenhaus der Großen Wohlfahrt in der Ruijin-Straße. Ich wollte Tante zwei einen Besuch abstatten. Überall waren zwar Wandzeitungen angeklebt, doch der Betrieb lief normal weiter. Tante zwei fand ich auf der Station für das Pflegepersonal. Sie war da die Leiterin und gerade damit beschäftigt, das Personal für den Dienst einzuteilen. Als sie ihre Aufgabe erledigt hatte, war es bereits Mittag, sie lud mich in ein nahes Restaurant zum Essen ein.

Es gab kaum Gäste. Tante zwei bestellte eigens Fisch und Fleisch, um mich aufzupäppeln. Wir saßen einander gegenüber, die Sonne lag schräg über dem Tisch. Ich erzählte von meinen Erfahrungen während der Reise. Tante zwei hörte genau zu, gelegentlich warf sie Fragen ein. Ihr Blick blieb vage, aber sie ermunterte mich, wenn auch eher wie amtlich. Es sollte wider Erwarten unsere letzte Begegnung sein. Zwei Jahre später nahm sie sich während Verfolgungen das Leben. Die Familienangehörigen bekamen ihre Leiche nicht zu sehen. Sie wurde einfach eingeäschert.

Es war ein ruhiger Mittag gewesen, an der Wand tickte eine Uhr. Plötzlich juckte mir der Nacken. Ich fühlte mit der Hand nach, es war eine Laus. Alles in der großen Einheit nannte Läuse »Insekten der Revolution«, denn sie waren von großer Vitalität. Ob Gift, Feuer, kochendes Wasser oder Eis, kein Mittel half zu ihrer Vernichtung. Sie ließen vom Menschen nicht ab und folgten ihm bis in die entlegensten Winkel der Welt.

Ich fasste die Laus zwischen den Fingern und beförderte sie unter den Tisch, um sie mit den Fingernägeln zu zerknacken. Tante zwei hatte offensichtlich nichts davon mitbekommen, denn sonst wäre sie erschrocken gewesen oder hätte sich zumindest gewundert. Sie würde mich andernfalls ins Krankenhaus geschleppt haben, um mich gründlich zu desinfizieren. Der Knacks war leise, aber klar, falls jedoch mit Hilfe eines Megafons oder eines Hochtonlautsprechers verstärkt, wäre er sicherlich einem Donnerschlag gleichgekommen.

V

Am 10. Oktober 1966 zogen mehr als tausend Mitglieder des revolutionären und rebellischen Hauptquartiers der Shanghaier Arbeiter (kurz: Arbeiter-Hauptquartier) zur Anklage nach Peking. Als sie an der Station Anting im Kreis Jiading, dreißig Kilometer nordwestlich von Shanghai, aufgehalten wurden, legten sie sich auf die Gleise. So blockierten sie den Zug Nr. 14, der nach Peking fuhr, und sorgten für eine Unterbrechung von mehr als zwanzig Stunden. Dies war der berühmte Zwischenfall von Anting.

Es traf sich am zweiten Tag, dass wir mit Karten für Peking in der Hand zum Bahnhof von Shanghai kamen. Wir waren starr vor Schreck. Was bot sich uns? Die Wartesäle und Bahnsteige waren gerammelt voll. Selbst die Gleise waren besetzt. Der Lärm und der Schmutz in der Luft verdunkelten Himmel und Erde wie dichte Wolken.

Wir warteten von morgens bis nachmittags. Wir wussten

nicht ein noch aus. Da würde kein Zug mehr kommen. Unter der Anleitung vom Alten Pia beschlossen wir, sofort etwas zu unternehmen. Als »Shanghaier Sonderwachmannschaft« erkannten wir unsere historische Aufgabe. Als erstes ergriff der Alte Pia die Initiative und beriet sich mit einigen Studenten und Mittelschülern aus Peking. Unsere Wachmannschaft wuchs sehr schnell auf mehrere Dutzend Mitglieder an. Darauf begannen wir, Verhandlungen mit der Rebellengruppe des Shanghaier Amtes für Eisenbahnwesen zu führen.

Der Alte Pia wies mich in meine Pflicht ein, nämlich mit dem Eisenbahnamt für Ostchina und mit den Beamten des Stadtkomitees Kontakt aufzunehmen. Deren Namen waren dank der Wandzeitungen bekannt, wie zum Beispiel Chen Pixian oder Cao Diqiu. Im Namen unserer Wachmannschaft bemächtigte ich mich eines Telefons in der Verwaltungszentrale. Dank der Telefonauskunft erhielt ich die Nummer der Fernsprechzentrale des Shanghaier Stadtkomitees. So gelang es mir, das Büro von Cao Diqiu anzurufen, doch niemand hob ab. Ich suchte eine Verbindung zu dem Büro von Chen Pixian im Eisenbahnamt für Ostchina. Schließlich nahm jemand den Hörer ab. Er bezeichnete sich als Sekretär. Ich ergriff das Wort, ohne ihm Raum zu lassen. Ich bestand darauf, mit Chen Pixian persönlich zu sprechen. Die Gegenseite ließ verlauten, sie kenne keinen Leiter einer »Sonderwachmannschaft vom Shanghaier Bahnhof«. Ich ließ ein Donnerwetter los, hieß ihn, Chen Pixian Bescheid zu geben, der erste Beamte des Amtes in Ostchina solle für das nie dagewesene Chaos am Shanghaier Bahnhof Verantwortung übernehmen. Der Sekretär gab sich gefügig und versprach die Weiterleitung der Nachricht.

Aufgrund von Vermittlungen durch die kulturrevolutionäre Gruppe des Zentralkomitees ging die Krise, die der Zwischenfall von Anting ausgelöst hatte, vorüber. Unsere Wachmannschaft sorgte in der Nacht selbst für die Rückkehr der Ordnung im Bahnhof. Wir verscheuchten die Leute von den Gleisen, bewachten die Türen der Wägen, prüften die Fahrkarten vor dem Einstieg. Wir schrien uns heiser, doch gestützt auf unsere Vielzahl waren wir so überlegen, dass wir selbst mit Chaoten fertigwurden. Am Vormittag des nächsten Tages setzte sich schließlich der erste Zug langsam Richtung Peking in Bewegung. Flinken Fußes erreichten wir als erste unser Ziel, schlossen Fenster und Türen, die »Sonderwachmannschaft vom Shanghaier Bahnhof« hatte ihre historische Mission in kaum zwei Tagen beendet.

Die Waggons hatten Übergewicht: Eigentlich war jeder Wagen auf 108 Personen beschränkt, tatsächlich belief sich die Belegung auf mehr als das Dreifache. Die Menschen lagen in der Gepäckablage, saßen hinter den Sitzen und auf der Erde, auch die Toilette war rammelvoll und damit unbenutzbar. Der Zug fuhr und hielt, fuhr und hielt. Manch ein Stopp dehnte sich viele Stunden aus. Alle stiegen der Reihe nach aus dem Zug, ergatterten etwas zu Essen und Trinken, suchten das WC auf. Oftmals setzte sich der Zug ohne jede Vorwarnung in Bewegung. Wer sich vor seinem Wagen aufhielt, suchte eilig durch das Fenster hineinzukriechen, wer jedoch zu spät kam, wurde auf immer zurückgelassen.

Mein »Sitzplatz« befand sich auf einer Rücklehne, es war unerträglich. Ich presste meinen Kopf zwischen zwei bestückte Kleiderbügel und versuchte zu schlafen. Ich bewahrte überraschenderweise mein Gleichgewicht dank meiner Träumereien. Ich träumte von der Heimkehr, träumte aber auch vom Aufbruch.

Drei Tage, drei Nächte. Der Zug fuhr in Peking ein.

Vater

Du riefst mich, dein Sohn zu sein,
ich folgte dir, um ein Vater zu werden.

(Für Vater)

I

Meine früheste Erinnerung an meinen Vater verdankt sich
einem alten Foto: Im Hintergrund ist der Himmelstempel zu
sehen. Vater gibt sich hocherfreut in seinem Lächeln, seine
Arme liegen überkreuz. Er ist an eine weiße Marmorbrüstung
gelehnt. Bei der Entwicklung des Fotos ließ er das Fotoatelier
die Balustrade wegschneiden, da diese nicht lichtempfindlich
ist. Auf den ersten Blick mag man meinen, die Ärmel gleiten
aus dem inneren Rahmen des Bildes heraus. Diese Aufnahme
war vor meiner Geburt aufgenommen. Ich mag sie, weil ich Vater nie so habe lächeln sehen, so voller jugendlichem Selbstver-
trauen. Ich mag glauben, dass hier der Beginn meiner Erinnerung an Vater liegt.

Im Oktober 1949 haben wir für unseren Sohn den Spitznamen »Qingqing« ausgewählt. Er war der erste Sohn,
und wir beiden waren sehr beschäftigt. Meili machte für
ihn Kleidung, hat ihn auch oft gebadet. Da die Mutter-

milch nicht ausreichte, haben wir ihn täglich mehrfach mit Babynahrung gefüttert. Ich ging mit ihm auf dem Arm oft in der Wohnung auf und ab. Ich tätschelte ihn, damit er einschlief. Außerdem fotografierte ich ihn aus allen möglichen Winkeln. Da unser kleines Heim dieses Schätzchen hatte, atmete alles Vitalität. (Aus Vaters Aufzeichnungen)

Kurz nach meiner Geburt zogen wir von der Glücksgasse in die Amtsgasse um, nahe dem Stadttor am Platz des Himmlischen Friedens. An jedem Nationalfeiertag nahm mich Vater auf den Arm, er drängte sich mit den Nachbarn am Tor zum kleinen Hof, um die Militärparade zu beobachten. Am herrlichsten war das Feuerwerk. Den Morgen später konnte man im kleinen Hof die Reste aufsammeln, die nicht gezündet hatten, um sie zu einer Art Fidibus zusammenzufügen. Wenn man die Zündschnur abbrannte, stoben die Funken in allen Farben.

Die Straße des Langen Friedens ist sehr breit. An ihr liegt der Sun-Yat-sen-Park. Vater nahm mich oft für ein Sonnenbad dorthin. Eine Straßenbahn fuhr da bimmelnd vorbei. An der Amtsstraße gab es eine Haltestelle. Vater liebte es, mit mir die Tram zu benutzen. Bis zum Xidan und dann wieder zurück. Außerhalb der Stoßzeiten waren die Wagen leer, die Haltegriffe schwangen in der Luft. Ich stand gern hinter dem Fahrer, um ihm bei der Bedienung des vernickelten Steuerhebels zuzuschauen. Vater und ich sprachen von einer Bimmelbahn.

Sommers gab es fast jedes Wochenende Freilichtkino im Sun-Yat-sen-Park. Die Anlieger kamen mit Klappstühlen, um ihren Platz zu markieren, Touristen setzten sich auf den Rasen oder auf die Steinstufen. Sie alle erwarteten die Dunkelheit. Während des Wechsels der Filmrollen blieb die Leinwand weiß, man hörte nur das monotone Rattern des Laufgeräts.

Am tiefsten beeindruckte mich der sowjetische Zeichentrickfilm *Eine rote Blume*. Die konkrete Handlung habe ich vergessen. Ich erinnere mich nur an ein junges Mädchen in der Hauptrolle, welchem es nach der schönsten Blume verlangt und das dabei einem Monster (einem verwandelten Prinzen) begegnet. Der Film endet mit dem Ruf nach »Bruder Kai«, der aus dem Mund der Schönen herzzerreißend erklingt. Dies alles schrieb sich mir tief in meine Träume ein.

Was mir Kopfzerbrechen bereitete: Kaum lief der Film, schon waren hinter der Leinwand die grünen Ziegel der Palastmauern verschwunden. Ich befragte Vater, doch er ignorierte mich und gab keine eindeutige Antwort. Später erst war mir klar, es handelte sich hier um zwei unterschiedliche Welten: Die Welt der Leinwand verbarg für kurze Zeit die Welt der Realität.

Eines Sonntagabends wurde *Eine rote Blume* im Sun-Yat-sen-Park nochmals gezeigt. Mittags war ich so aufgeregt, dass ich nicht schlafen wollte. Vor Zorn schloss mich Vater aus. Mit bloßen Füßen verfiel ich in Tränen. Mit aller Macht pochte ich an die Tür. Die bitterkalten Steinstufen machten mich noch wütender. Ich weiß nicht, wie mir geschah, ich schlief ein. Beim Erwachen sah ich an der Zimmerdecke einen Kreis von Lichtschatten, an den Füßen trug ich Socken, das beruhigte mich. Mutter schaute mich an, sie trug zärtlich Sorge um mich. Ich fragte nach dem Film. Es sei schon dunkel, antwortete sie. Wir hatten den Film verpasst.

II

Qingqing möchte nicht in den Kindergarten gehen. Jeden
Samstag bei der Abholung ist er stets über die Maßen
glücklich, aber es ist schwierig, ihn am Montag zurückzu-
bringen. Manchmal hilft kein Zureden. Er kennt nur einen
einzigen Satz: »Ich gehe nicht in den Kindergarten!« Wir
haben es eilig, zur Arbeit zu kommen. So bleibt nichts anderes übrig, als ihn reinzulegen und zu sagen, man wolle
mit ihm in den Zoo gehen. Er schenkt dem Glauben.
Kaum, dass es so weit ist, wirkt sein Gesicht angestrengt.
Ihm ist klar, der Hort steht an, und so beginnt er laut zu
weinen. Ich nehme ihn fest in die Arme, denn ich fürchte,
er würde aus dem Wagen springen. Am Eingang zum
Kindergarten wälzt er sich auf der Erde. Wir haben keine
andere Wahl, als ihn fest im Arm hineinzutragen. Erst beim
Anblick der Kindergärtnerin beruhigt er sich. Unter Tränen
verabschiedet er mich. (Aus Vaters Aufzeichnungen)

Von klein auf war meine körperliche Widerstandskraft schwach
ausgebildet. Im Kindergarten grassierten Ansteckungskrank-
heiten, keine einzige ließ ich aus. Insbesondere plagte mich ein
anhaltender Husten, ich hustete mich schwindelig, die ganze
Nacht war an Schlaf nicht zu denken. Die Eltern lösten sich ab,
um mich im Arm zu halten. Ein Arzt sagte, nur Chlorampheni-
col könne Abhilfe schaffen. Diese Medizin, die zu importieren
war, kostete einiges. Vater kaufte mit den gehamsterten letzten
fünfzig, hundert Gramm Gold mehr als zehn Pillen. Nach ärzt-
licher Anweisung wurde die Gelatinekapsel geöffnet und der

Inhalt in zwei Hälften geteilt, abends und morgens nahm ich jeweils eine ein. Die Medizin war besonders bitter, so dass ich, kaum hatte ich sie heruntergeschluckt, schon wieder ausspie. Vater erklärte mir, diese Medizin sei extrem teuer, wenn ich sie weiter ausspuckte, würden Vater und Mutter kein Geld mehr haben, um neue zu erwerben, jetzt müsse ich sie unbedingt zu mir nehmen. Ich nickte, knirschte mit den Zähnen und tat, wie mir aufgetragen war.

Als ich herangewachsen war, erzählte Vater immer wieder diese Geschichte, als ob in ihr eine heroische Leistung steckte. In Wahrheit sind solche Überlieferungen Teil jeder Familientradition. Dahinter verbirgt sich ein starkes psychologisches Interesse, welches gar auf die Wünsche der Ahnen zielt. Nur Erfolg ist erlaubt, Niederlagen sind verboten.

Einmal hatte Qingqing Masern, er musste in der Isolierstation des Kindergartens bleiben. Bei Besuchen konnten wir ihn nur durch das Fenster sehen, aber er schien glücklich. Er unterhielt sich mit uns durch Gebärdensprache. Später erfuhren wir von der Kindergärtnerin, als wir gegangen waren, stand er eine Nacht lang im Bett, er wollte partout nicht schlafen. Auf die Frage, warum er nicht schlafe, antwortete er, er warte auf Vater und Mutter. (Aus Vaters Aufzeichnungen)

Mein Bruder war ganz das Gegenteil. Er liebte den Kindergarten über alles. Wenn Vater ihn am Samstag holen wollte, wandte er den Kopf und würdigte ihn keines Blickes. Ich will nicht zu euch nach Hause, waren seine Worte.

Zhenkai und Zhenxian waren von klein auf im Wesen verschieden. Zum Beispiel, gibt man ihnen einen Mondkuchen, dann werden sie ihn unterschiedlich verzehren. Zhenkai würde zuerst die Füllung gänzlich aufessen und sich dann an die Schale machen. Zhenxian machte das andersherum, erst die Schale, dann die Füllung, die er in Papier einwickelte und in seine Tasche steckte, um sie für später aufzuheben. So hatte er etliche Tage etwas von dem Kuchen. (Aus Vaters Aufzeichnungen)

In meiner Kindheit war Vater die Geduld in Person, er spielte immer mit mir, erzählte mir Geschichten. Auf jede Seite eines Heftchens malte er Männchen. Sie hatten alle unterschiedliche Posen. Wenn man das Heftchen fortlaufend durchblätterte, dann begannen die Männchen sich zu bewegen so wie in einem Zeichentrickfilm. Mein Bruder und meine Schwester traten nach und nach an meine Stelle. Ich spürte ein wenig Verlust, ein wenig Eifersucht, aber auch ein wenig Stolz: Ich war kein Kind mehr.

Wir zogen von der Fuwai-Hauptstraße in die Gasse Sanbulao Nr. 1. Wir hatten einen eigenen Eingang und ein eigenes Apartment. Normalerweise gingen die Eltern früh zur Arbeit und kehrten spätabends wieder heim. Unter der Aufsicht von Tante Qian gingen wir pünktlich schlafen, standen pünktlich auf und erledigten pünktlich unsere Aufgaben. Abgesehen von Sonntag verließ Mutter früh ihr Lager und half Tante Qian, das Frühstück vorzubereiten. Derweil faulenzten wir drei im Bett der Eltern und trieben unseren Spaß mit Vater. Eine Zeitlang fanden wir unseren Narren an Wortspielen, so zum Beispiel mittels Farben einander zu foppen. Wir nannten unseren Vater »roten Vater«, »blauen Vater« und »grünen Vater«, nach Belieben tauschten wir die Wörter aus, bis wir schließlich im Lachen vereint waren.

III

Vater hatte tatsächlich unterschiedliche Farben.

Der früheste Zwist mit Vater fand in meinem siebten Lebensjahr oder so statt. Damals wohnten wir im Heim der Versicherungsgesellschaft. Wir teilten uns mit der Familie von Onkel Yu Biaowen eine Einheit von vier Zimmern, für jede Seite standen zwei Räume zur Verfügung, Küche und Bad wurden gemeinsam benutzt. Es war Sommer. Der Onkel wurde als Rechtselement eingestuft, daraufhin sprang er in den Tod. Seine Witwe hatte allein zwei Kinder durchzubringen.

Der Orkan der Zeit wurde heftiger, ja, er drang durch die Türspalten unserer Familie: Vater und Mutter begannen oft zu streiten, als gäbe es nichts anderes, um so den übergroßen Druck lindern zu können. Mir nichts, dir nichts schien Vater auf der Seite des Orkans zu stehen, sein Äußeres nahm schreckliche Züge an, ein Wahn schien ihn ergriffen zu haben, er war vollkommen verändert. Ich stand entschieden auf Mutters Seite, denn sie war die Schwache.

Die Anlässe waren alle nichtiger Natur. Man muss jedoch sagen, der Fehler lag nicht immer auf der Seite von Vater. Zum Beispiel, er liebte es Bücher zu kaufen. Einmal erstand er ein russisch-chinesisches Wörterbuch, schwer wie ein Ziegelstein. Er lernte gerade Russisch, der Kauf war also gerechtfertigt. Bis heute erinnere ich mich an den Preis von zwölf Yuan neunzig. Das war das teuerste Buch, das ich zu jener Zeit je zu Gesicht bekommen hatte. Für eine Hausherrin, die fünf Mäuler zu stopfen hatte, erschien die Angelegenheit unerträglich. Sie wurde zum dunkelsten Fleck in unserer Haushaltspolitik.

Ein anderes Mal hielt Vater die Schlafzimmertür fest in der Hand und brüllte lauthals. Mutter wurde höchst wütend, sie warf eine Vase nach ihm, die auf der Kommode gestanden hatte. Er wich aus, die Vase zersprang. Ich war gerade anwesend, somit war ich der einzige Augenzeuge und warf mich zwischen die Eltern. Ich starrte Vater feindlich an. Das hätte er nie erwartet. Er hob die Hand, hielt aber auf halbem Wege inne.

Wenn Mutter kränkelte, hatte es – so scheint's – immer etwas mit Streiterei zu tun. Lag sie darnieder und stand nicht auf, ging ich zur nahen Bäckerei und kaufte ihr ein Stück Sahnetorte, als wäre diese ein Wunderheilmittel. Unterwegs öffnete ich die Papiertüte und musterte die Sahne, die schneeweiß herausquoll. Der Speichel lief mir im Munde zusammen, er drohte zu tropfen. Doch meine Finger kamen niemals zum Einsatz.

Eines Abends war Vater fest davon überzeugt, dass ich heimlich Gebäck aus der Kommode stibitzt hatte. Auch wenn das in der Vergangenheit so gewesen war, war ich diesmal doch unschuldig, und er war im Unrecht. Auf keinen Fall wollte ich mich schuldig bekennen. Ich hatte zur Strafe auf der Erde zu knien, und es setzte Ohrfeigen. Am meisten schmerzte mich Mutters Stellungahme für Vater. Obwohl sie mich insgeheim schützte, indem sie mit einem Staubwedel dazwischenfuhr.

Roter Vater, blauer Vater, grüner Vater, plötzlich ein schwarzer Vater.

Nach dem Einzug in die Gasse Sanbulao Nr. 1 wurde der Streit zwischen den Eltern zur Normalität. Ich kam mir wie ein verletztes Tier vor. Die Nerven waren angespannt, die Sinne empfindlich, ich sah jederzeit das Unheil nahen. Meine Vorahnung bewahrheitete sich fast immer. Ich hasste mich selbst, ich hasste meine Schwäche und Kraftlosigkeit. Ich vermochte Mutter nicht zu schützen.

Vaters Autorität ging über unsere Familie hinaus. Eines Abends bereitete ich mein Bett vor, um schlafen zu gehen. Dabei entdeckte ich Vater mit finsterer Miene rauchend im Zimmer auf und ab gehen. Ich gab vor zu lesen, achtete dabei auf seine Bewegungen. Er rannte hinaus und klopfte nebenan mit Macht an die Tür von Onkel Zheng Fanglong. Ich vernahm ihr Gespräch nur undeutlich, doch Vaters Stimme erklang immer lauter, dabei schlug er auf den Tisch. Ich bedeckte meinen Kopf mit der Decke, so dass ich nur meinen Herzschlag vernahm. Ich fühlte mich beschämt. Vater kam erst um Mitternacht zurück. Mit Mutter tuschelte er im Schlafzimmer. Ich wurde von Alpträumen heimgesucht.

Wenn ich im Hausflur auf Onkel Zheng traf, da lächelte er seltsam und mit eingezogenem Nacken, als wenn er die Wahrheit des Lebens erkannt hätte. Aus den wenigen Bemerkungen der Eltern machte ich mir folgendes Bild: Onkel Zheng hatte einen ernsten Fehler begangen, Vater hatte ihn im Auftrag des Zentralkomitees für ein Gespräch aufgesucht. Viele Jahre später erklärte mir Vater, falls die Situation ein paar Monate früher gekommen wäre, hätte er mit Sicherheit denselben

Fehler begangen, und er hätte mit Onkel Zheng die Rollen getauscht.

Zhenkai will Spaß haben, seine schulischen Leistungen sind durchschnittlich, doch sein Chinesisch wird oft von der Lehrerin gelobt. Die Schule veranstaltete eine Elternversammlung. Als Zhenkais Defizite zur Sprache kamen, klang es unisono: »Folgt nicht dem Unterricht«, »Liebt es herumzutricksen« usw. Einmal, wahrscheinlich ging es um Prüfungen mitten im Schulhalbjahr, schaute ich mir sein Zeugnis an. In Mathematik hatte er die Note 4.5. Ich wunderte mich. Wie konnte er eine so hohe Punktzahl erreichen? Auf meine Nachfrage antwortete er: »5 ist die beste Note. Ich hätte sie fast erreicht. Daher bekam ich die Note 4.5.« Seine Erklärung schien etwas für sich zu haben. Doch ich hatte meine Zweifel. Ich ging in die Schule, um nachzufragen. Da erfuhr ich erst, dass Zhenkai lediglich 45 Punkte von hundert möglichen erhalten hatte. Er hatte zwischen die Zahlen 4 und 5 einfach einen Punkt gesetzt. Ich stellte Zhenkai zur Rede, er zeigte Reue. (Aus Vaters Aufzeichnungen)

Es waren die Jahre, welche Vater und Mutter zu guter Letzt wieder zusammenbrachten. Als es dann auf das Alter zuging, hatten beide einander stets viel zu sagen. Man musste an den Ausdruck »Meine Alte / Mein Alter« mit all seinen Implikationen denken. Drei Jahre nach Vaters Tod erklärte Mutter den Reportern:

» Unser Eheleben war harmonisch und voller Wärme,
wenn auch zwischendurch Stürme und Regenschauer
niederschlugen ... « (Aus Mutters mündlichem Bericht)

IV

Mit dem Beginn des Sommers 1960 wurde Vater von der Chinesischen Vereinigung zur Förderung der Demokratie (Pro
Demokratie) in das Zentrale Institut für den Sozialismus versetzt. Er arbeitete in der Unterrichtsabteilung, Teil der Zentralen Einheitsfront. Alle Seminarteilnehmer kamen von den obe-
ren Schichten demokratischer Parteien.

Jedes Wochenende ging ich mit Bruder und Schwester zum
Spielen nach draußen. Das Institut für Sozialismus lag im Norden der Akademie am Purpurnen Bambuspark. Wir fuhren mit
dem Oberleitungsbus Nr. 11 bis zur Endstation und stiegen aus.
An der weißen Steinbrücke gingen wir fünf- bis sechshundert
Meter Richtung Norden. Der Weg war öde. Das Wasser gur-
gelte, die Frösche quakten, die Insekten zirpten. Letztendlich
erreichten wir die weiße sechsstöckige Gebäudeansammlung.
Vorne gab es einen Springbrunnen, der immer ausgetrocknet
war. Am Eingangstor war ein Militärposten. Wer hineinwollte,
hatte sich zu registrieren. Als wir später mit dem Pförtner vertraut waren, bedurfte es dieser Formalitäten nicht mehr.

Vater mietete zeitweise ein Zimmer neben seinem an. Wir
profitierten auf diese Weise von der Zentralen Einheitsfront.
Die Kost schmeckte uns dort sehr gut. Am Wochenende wurden Filme gezeigt, die Einrichtungen waren erstklassig wie

zum Beispiel der eigens eingerichtete Tischtennisraum. Vater war nationaler Schiedsrichter für diesen Sport, und zwar dritten Ranges (dies war der niedrigste). Man setzte ihn hauptsächlich bei Amateurwettbewerben ein, doch bewahrten diese immer noch einen professionellen Charakter. Er kleidete sich dafür ordentlich und saß aufrecht, steif wie ein Roboter. Seine Brillengläser glänzten. Das Ergebnis verkündete er gedehnt: »Drei – zu – drei. Ballwechsel.« Mit gekreuzten Armen forderte er zum Seitentausch auf.

Vater hatte viel zu tun, oftmals ließ er sich nur zum Essen in der Kantine sehen. Ich mochte es, für mich müßig herumzustreifen. Dabei verirrte ich mich immer wieder im Labyrinth der Wohnblöcke. Mit dem Fahrstuhlführer Onkel Wang wurde ich bald bekannt. Ich half ihm bei seiner Arbeit. Er war beim Militär gewesen, weshalb ich ihn über die Maßen verehrte. Ich fragte ihn aus, welche Schusswaffen sein Metier waren. Später hörte ich, dass er sich während der Kulturrevolution das Leben genommen hatte.

Eines Tages erzählte mir Vater, das Zimmer eines Studenten sei aufgebrochen und ausgeplündert worden, der Schaden belaufe sich auf 100 000 Yuan, eine astronomische Summe. Aber dann fügte Vater verstohlen hinzu: »Es war kein Problem. Der Betroffene flog am selben Tag nach Shanghai zurück, um einen neuen Satz Hausrat zu kaufen. Er ist der berühmte ›junge rote Meister‹ des Landes ...« Vater sprach den Namen mit leiser Stimme aus, als handelte es sich um ein nationales Geheimnis.

In Momenten der Langeweile pflegte ich, mit Bruder und Schwester auf dem Bett zu liegen. Wir sangen gemeinsam »Wir sind die Nachfolger des Kommunismus«, wir sangen das Lied bis zu Ende. Beide stimmten jedes Mal absichtlich falsche Töne an, was mich rasend machte. Dies war wahrlich nicht nur eine Frage des Respekts, sondern erst recht eine Frage der Umgebung. Ich beschwerte mich bei Vater. Er streichelte meinen Kopf mit den Worten: »Die beiden sind jünger als du, du solltest geduldiger sein.«

Damals herrschte gerade die Zeit der drei schweren Jahre. Die Kinder kamen zum Institut, wo sie etwas besser essen konnten. Uns taten sie leid. Manchmal kauften wir ihnen hochwertige Süßigkeiten. Es tröstete uns dann, sie schmausen zu sehen. In jenen bitteren Jahren dachten wir uns alles Mögliche aus, damit die drei gut zu essen hatten. Wir befürchteten, der Mangel an Nährstoffen würde ihr Wachstum beeinflussen. Das Institut verfügte im Schulungsbereich über ein Stück Freiland, welches an die Belegschaft zur privaten Nutzung verteilt wurde. Ich pflanzte auf einem Drittel grüne Bohnen und Süßkartoffeln an. Gewöhnlich hatte ich keine Zeit, mich um die Gewächse zu kümmern, gleichwohl fiel die Ernte im Herbst nicht gering aus. Mit Zhenkai stopfte ich die Früchte des Feldes dann in einen Jutesack, um sie heimzubringen. Das war eine Auffüllung unserer knappen Rationen. (Aus Vaters Aufzeichnungen)

Es war dies meine erste Bekanntschaft mit körperlicher Arbeit. Unter der stechenden Sonne grub ich mit einem Spaten die Süßkartoffeln aus, schüttelte die Erdklumpen ab und füllte den Jutesack. Vater setzte den Dreiradkarren, die Pedale tretend, in Bewegung, ich saß auf dem Sack. Die Früchte der Arbeit machten mich stolz, noch zufriedener war ich, weil ich mit Vater gleichgezogen hatte.

Die Süßkartoffeln, die zur Überwinterung auf dem Balkon aufgehäuft waren, begannen zu faulen. Ich saß derweil auf einem Hocker und knabberte an den verdorbenen Knollen. Vater hatte gerade ein Radio mitsamt einem Plattenspieler gekauft. Marke »Päonie«. Der Radioapparat sendete wiederholt das Lied »Frühlingsfest-Ouvertüre«, zusammen mit dem Geruch der Süßkartoffel grub es sich mir tief in die Erinnerung ein.

V

Im Sommer 1974 kaufte Vater den vom Verlag Zhonghua Shuju gerade herausgegebenen *Abriss der Geschichte der Qing-Dynastie*. Insgesamt 48 Bände, die im Bücherregal nicht unterzubringen waren, also schichtete er sie neben seinem Bett auf. Ich entdeckte bald, dass er immer wieder im selben Buch blätterte. Offensichtlich gab es darin nicht wenige Aufzeichnungen über unsere Ahnen.

Unser Stammbaum lässt sich lediglich bis in die Jahre des Kangxi-Kaisers zurückführen. Die Heimat unserer Vorfahren liegt in der Provinz Anhui, im Kreis Xiuning, der zur Stadt Huizhou gehörte. Die 27. Generation zog mit Zhao Chengheng in die Provinz Zhejiang in die Kreisstadt Guian (Teil des heutigen Huzhou). Die Residenz der Ahnen, die sich Halle der reinen Wellen (Qinglang Tang) nannte, befand sich in der Gasse

Friedlicher Bambus in Huzhou. Der früheste Hausherr Zhao Bingyan war Gouverneur von Hunan, außerdem stellvertretender Minister im Justizministerium. Sein dritter Sohn Zhao Jingxian folgte seinem Lehrer Yu Hongjian, dem Vater von Yu Yue. Mit letzterem bestand er auf Provinzebene die Prüfung zum Magister. Mit den Worten von Yu Yue: »In jungen Jahren ungebunden, wenn auch ein junger Herr, so doch von ritterlicher Art, bei Spiel und Trank, wir waren hochgemut.« Später kaufte er mit einer großen Summe den Titel eines Präfekten, ohne das Amt aber jemals anzutreten.

Als sich die Heere des Himmelreiches erhoben, organisierte Zhao Jingxian in Huzhou das Training der Volksmilizen. Überdies ließ er das westliche Stadttor mit Bronze überziehen (in Huzhou kennt man bis heute das Bronzetor und die Bronzebrücke). Im Februar 1860 rückten die Hauptkräfte des Feldführers Li Xiucheng auf Huzhou zu. Zhao Jingxian verteidigte die Stadt standhaft für zwei Jahre. Dies ist in die Geschichte der Qing-Dynastie als die berühmte Verteidigungsschlacht von Huzhou eingegangen. Die kaiserliche Regierung suchte sein militärisches Talent zu erhalten und betraute ihn mit einer anderen Mission, einem Posten als Anführer einer leicht bewaffneten Division. Doch er war entschlossen durchzuhalten und die Stadt nicht zu verlassen. Zu guter Letzt war der Vorrat an Munition und Lebensmittel aufgebraucht. Im Mai 1862 fiel die Stadt und er wurde gefangen genommen.

Der Abriss der Geschichte der Qing-Dynastie verzeichnet: »Zhao Jingxian trug die kaiserlichen Insignien an der Hüfte und auf dem Haupt. Er sagte zu den Banditen: ›Tötet mich schnell, aber verschont die Leute.‹ Doch der Anführer Tan

Shaoguang antwortete: >Nein, wir werden dich nicht töten.<
Daraufhin zog Zhao Jingxian das Schwert, um sich selbst die
Kehle durchzutrennen. Es wurde ihm aus der Hand gerissen,
man brachte ihn nach Suzhou, wo man ihn unter Drohungen
zum Seitenwechsel zu überreden versuchte. Ohne Erfolg, er
gab nicht nach. Ein halbes Jahr später gab Li Xiucheng auf, er
schickte Briefe zum Zwecke der Unterredung. ... Li Xiucheng
zog weiter Richtung Norden, mahnte aber Shaoguang, Zhao
Jingxian nicht zu töten. Jingxian hatte geplant, Xiucheng bei
günstiger Gelegenheit zu erstechen. Doch nun war dieser fort.
Ungeachtet der Gefahr hatte er bis dahin Tag für Tag seinen
Reiswein getrunken. Im dritten Monat des folgenden Jahres
hörte Shaoguang von den Verrätern in Taicang, dass Jingxian
Kontakt mit den kaiserlichen Truppen aufgenommen habe
und plane, Suzhou angreifen zu lassen. Shaoguang stellte ihn
zur Rede. Jingxian beschimpfte ihn, woraufhin er erschossen
wurde.«

Huzhou lag darnieder, die Mitglieder der Familie Zhao kamen entweder ums Leben oder waren auf der Flucht. Zhao
Shenyan, der älteste Sohn, hörte in Hunan von den bestürzen-
den Nachrichten, er nahm auf der Stelle vergifteten Reiswein
zu sich und beendete sein Leben. Er war damals erst im zwölften Lebensjahr. Sobald der Xianfeng-Kaiser vom Tod des Zhao
Jingxian Nachricht erhalten hatte, erließ er ein Edikt, welches
diesen als »stark, aufrecht, einzigartig, loyal, würdig des Prei-
sens und der Anerkennung« lobte. Des Weiteren gewährte
er der Familie Unterstützung, in Huzhou ließ er eigens eine
Ahnenhalle errichten und einen Eintrag im Amt für Landes-
geschichte machen.

Viele Jahre danach war Yu Yue der größte Gelehrte seiner Zeit für die konfuzianischen Klassiker. Eines Tages saß er still in seinem verwinkelten Anwesen von Suzhou, als ihn jemand aufsuchte. Es war niemand anders als Zhao Hong, ein Enkel des Zhao Jingxian. Er brachte einige der Kalligrafien und Schriften mit, die der Großvater hinterlassen hatte. Darunter vertrauliche Briefe, die während der Belagerung aus Huzhou hinausgeschmuggelt wurden. Yu Yue rollte die klassischen Achtzeiler mit fünf Zeichen pro Vers auf und begann zu lesen. Er seufzte ohne Unterlass. In den Schriften befanden sich die folgenden zwei berühmten Verse, welche der General Li Hongzhang in einem Thronbericht zitiert hatte: »Wo Klingen wild sich kreuzen, / ruht in Gefahr meditierend der Beste.«

Der zweite Sohn Zhao Binyan war mein Urgroßvater. Er wurde mit einem Amt betraut, da sein Vater im Dienst sein Leben hingegeben hatte. Der Generalgouverneur von Huguang (der heutigen Provinzen Hubei und Hunan), Zhang Zhidong, schenkte ihm sein tiefstes Vertrauen und ernannte ihn zum Leiter des kantonesischen Amtes für Produktion. Später wurde Zhang Zhidong versetzt und zwar als Generalgouverneur von den Beiden Flüssen (das heutige Shanghai, Anhui, Jiangxi). Er beförderte meinen Urgroßvater in das Shanghaier Amt für Produktion und übertrug ihm die Verantwortung für den Salzhandel in der Region Lianghuai (in etwa die heutigen Provinzen Jiangsu, Henan) sowie den Posten des Inspektors für Kanton etc. Wegen Problemen, die aus den nationalen Turbulenzen entstanden, kam es zu Unstimmigkeiten mit seinen Vorgesetzten. Alter und Krankheiten vorschützend, quittierte er den Dienst. Er ließ sich in Suzhou nieder. Wenige Monate später brach der Aufstand von Wuchang aus. Unter den revolutionären Helden, die das Große Reich der Qing-Dynastie stürzten, befand sich mein Großvater mütterlicherseits, Sun Haixia.

Die Familie Zhao war einmal sehr reich gewesen, es gab viele Frauen und Konkubinen, der Stammbaum wucherte. Nach dem Volksmund währt Reichtum nicht länger als drei Zeitalter. Zur Zeit meines Großvater Zhao Zhiliu war seine Generation bereits am Ende. Er verbrachte seine Tage mit der Verpfändung von Kalligrafien, Bildern und Antiquitäten.

Vater dürfte, als die Reihe an ihm war, nicht einmal mehr einen Schatten der glorreichen Zeiten gesehen haben. Seine Mutter starb an einer Krankheit. Da war er erst im vierten, fünften Lebensjahr. In seinem zwölften Lebensjahr verschied sein Vater. Ein Onkel adoptierte ihn. Vater blieb nichts anderes übrig, als seine Schulausbildung abzubrechen. Mit dem fünfzehnten Lebensjahr kopierte er Dokumente, um sich den Mund stopfen zu können. Außerdem hatte er die Geschwister zu ernähren. Vater verstand sich auf Schönschrift. Ein ehemaliger Kollege, Fu Shunlin, der in der Versicherungsgesellschaft unter ihm gearbeitet hatte, erinnerte sich daran, dass Vater seine Handschrift als mangelhaft befand. Um die Zeichen zu üben, ließ er ihn immer wieder eine Steininschrift kopieren, und zwar das Vorwort zum Abschied von Ma Sheng auf dem Weg nach Dongyang. Song Lian aus der Yuan-Zeit hatte es verfasst.

Im Zuge der Kriegswirren wurde Vater mit dem Flüchtlingsstrom fortgerissen. So zog es ihn durch mehr als halb Südchina. Als er in Guilin war, kamen eines Tages japanische Flugzeuge im Sturzflug und feuerten Salven ab. In seiner Aufregung hielt er einen Regenschirm hoch, um sich vor den Kugeln zu schützen. In jener Zeit war das Leben keinen Nickel wert. Um ihn herum fiel einer nach dem anderen. Wie durch ein Wunder blieb er am Leben. Er ging Gelegenheitsarbeiten nach, betrieb das Selbststudium, schließlich schaffte er die Aufnahmeprüfung für die Zentrale Treuhandgesellschaft von Chongqing. Zu Beginn des Jahres 1946 wurde er nach Peking versetzt. Unterwegs lernte er zufällig meine Mutter auf dem Korallendamm-Flughafen von Chonqing kennen.

Wir beide lernten uns 1946 kennen, also im Jahr des Sieges über Japan [sic!]. Damals waren die Eltern wegen des antijapanischen Krieges sieben, acht Jahre lang getrennt. Ich begleitete Mutter auf dem Flug nach Chongqing, um Vater zu besuchen. Nachdem wir auf dem Korallendamm-Flughafen ausgestiegen waren, wollte ich telefonieren, wusste aber nicht, wie man eine Verbindung zustande bringt. Wie es sich so ergab, entdeckte ich einen jungen eleganten Burschen beim Telefonat. Meine Mutter hieß mich, zu ihm zu gehen und ihn um Hilfe zu bitten. Dieser war niemand anders als Zhao Jinian. (Aus Mutters mündlichem Bericht)

Am Abend vor Pekings Befreiung machte Vater von seiner Amtsbefugnis Gebrauch. Er half einem Vetter in der Untergrundpartei, Information zu Getreidevorräten zu sammeln. Eines abends durchsuchten die Gendarmen der Nationalpartei (KMT) die Häuser. Weil er dem Leiter widersprach, wurde er eine Nacht lang eingesperrt. Damals war Mutter mit mir bereits schwanger. Später erzählte er: Er habe im dunklen Verließ die ganze Nacht nicht geschlafen und auf die Geburt eines Kindes sowie eines neuen China gehofft.

VI

Vater liebte Bücher, doch im besten Falle konnte er lediglich als ein halber Literat gelten. Sein literarischer Geschmack war breit. Er war ein Fan von Lu Xun, Mao Dun, Zhang Henshui und Ru Zhijuan. Er abonnierte alle möglichen Zeitschriften. Von der *Roten Fahne*, der *Ernte*, der *Volksliteratur* bis hin zur *Filmkunst*, zu *Lernen wir Russisch*, zu *Oper und Gesang*, ja gar bis zu *Das Radio*. Es war also schwierig, seine Vorliebe und seinen Wertmaßstab einzuschätzen.

Im Grunde genommen war Vater vor allem von der Technik besessen. Zur Zeit der drei bitteren Jahre erwarb er ein Radio Marke »Päonie« mitsamt Schallplattenspieler, der über vier verschiedene Geschwindigkeiten verfügte. So brachte er den Walzer *An der schönen blauen Donau* in unser trübes Leben. Während der Kulturrevolution erwachte in ihm eine neue Leidenschaft, die seine Aufmerksamkeit vom politischen Linienkampf auf Verbindungskabel lenkte: das Transistorradio.

Mit Beginn des Winters 1967 eilte er von Laden zu Laden, wo er stapelweise zusammensuchte, was er an Elektroteilen brauchte. Unsere Wohnung wurde zu einer Werkstatt, vom Schreibtisch bis zum Esstisch, bald hatten wir keinen Platz mehr zum Essen. Mit Hilfe aller möglichen Nachschlagewerke lötete er rote, grüne Drähte mit der Anschlussvorrichtung zusammen. Vor dem Löten stach er den elektrischen Lötkolben in Harz hinein, zischend stieg ein dichter Rauch auf. Um Mitternacht wachte ich auf, das Licht war immer an, Schwaden stiegen in Spiralen auf, an der Wand Vaters gebückter Schatten. Dank wiederholter Experimente wandelten sich all die nervenden Geräusche bald in das Zwischenspiel einer Modelloper. Die ganze Familie atmete auf.

Schlussendlich stand die letzte Prozedur an: Vater fügte aus Sperrholz eine Kiste zusammen, gab einen kleinen Lautsprecher hinzu, zwängte die wirren Leitungen hinein, schloss anschließend den Deckel und reichte mir feierlich die Box, als handelte es sich um ein Familienerbstück. Auf dem Schulweg befand sich das Transistorradio in meinem Ranzen. Es sendete die revolutionäre Modelloper *Das Rote Frauenbataillon*. Sei es, dass der Empfang nicht gut war, sei es, dass die Position der Antenne nicht stimmte, die Übertragung wurde immer wieder unterbrochen. Ich schlug zur Fortsetzung auf den Kasten, so erst war die Revolution in der Lage, zu ihrem Ende zu kommen. An der Schule angekommen, hatte ich keine Gelegenheit mehr, mit dem Gerät zu prahlen, denn es hatte sich bereits in all seine Teile aufgelöst.

Im Sommer 1975 kauften wir einen Fernseher Marke »Rote Laterne«. Sein schwarz-weißer Bildschirm hatte neun Zoll aufzubieten. Das war im gesamten Wohnblock das erste Gerät seiner Art (abgesehen von der Familie des Generalsekretärs der Partei Pro Demokratie, Ge Zhicheng). Entsprechend sorgte es für ein gewisses Aufsehen. Jeden Tag nach dem Abendessen fanden sich die Nachbarn bei uns zuhause ein. Hochrufe und Gelächter. Es war, als läsen alle gemeinsam ein Bilderbuch. Kritisch wurde es, wenn der Empfang ausfiel. Vater bemühte sich dann, die Situation zu retten. Er drehte die Antenne hin und her. Bis das Bild jedoch wiederhergestellt war, hatte der Feind seine Erschießung schon hinter sich. Um die Zuschauer, die hinten saßen, zu versorgen, stellte er vor dem Fernseher einen Verstärker auf, so dass der Bildschirm zu flimmern und die Personen zu verzerren begann.

Reform und Öffnung kamen zur rechten Zeit. Sie wiesen Vaters Leidenschaft für Technik die Richtung. Von altmodischen Tonbandgeräten mit Drehteller bis zu Monotonbandgeräten und vierfachen Boxen mit Stereoton. Die Klangrevolution verbannte uns in eine geteilte Klangwelt. Vater verschwendete wenig Energie auf Farbfernseher und Videokameras, aber als der Computer seine Aufwartung machte, war es um ihn geschehen. Seine Finger klopften die Tasten ab, bei jedem Upgrade ging er weiter mit der Zeit, loyal schritt er in der vordersten Front der Konsumenten. In seinen letzten Jahren sprang er auf den Bus des neuen Zeitalters, dennoch blieb ihm immer noch etwas zu bedauern. Er teilte mir mit, wäre er zwanzig Jahre jünger, würde er mit Sicherheit den Beruf wechseln und in das Computergeschäft einsteigen. Offensichtlich überschätzte er sich selbst. Er hatte es nicht mehr mit einer Welt zu tun, die sich mit einem elektrischen Lötkolben zusammenschweißen ließ.

VII

Nach der Gründung der Volksrepublik China arbeitete Vater zunächst in der Zentrale der Volksbank. 1952 war er am Aufbau der Versicherungsgesellschaft des chinesischen Volkes

beteiligt. Er war somit einer der Pioniere des Versicherungs-
wesens im neuen China. Zwischen Sommer und Herbst 1957
wurde er in die Chinesischen Vereinigung zur Förderung der
Demokratie (Pro Demokratie) versetzt. Er versah den Posten
eines Vizeleiters der zentralen Propagandaabteilung, dies war
ein völlig leeres Amt. Die wahre Seele von Pro Demokratie war
der Sekretär der Parteizelle. Bei Vaters Amtsantritt befand sich
Wang Susheng auf ebendiesem Posten. Er behandelte andere
aufrichtig und herzlich. Er war ein hundertprozentiger Stuben-
gelehrter. Oft kam er zu uns nach Hause zum Plaudern. Dann
sprach er über alles Mögliche. Ende der 50er Jahre wurde er als
Rechtsabweichler degradiert und nach Harbin versetzt. Während der Kulturrevolution nahm er sich das Leben.

Sein Nachfolger Xu Shixin war der typische Wolf im Schafs-
pelz. Jedoch waren seine Künste im Tischtennis unbestreitbar.
Er war eine skrupellose Person, niemand wagte seinen stür-
mischen Offensiven entgegenzutreten. Sein Rang war nicht
hoch, aber er beherrschte in der Tat sein klitzekleines König-
reich. Ein jeder hielt sich ehrfurchtsvoll von ihm fern, gab Obacht auf Worte und Taten.

Während der Sommerferien gingen wir oft zu Vaters Büro,
um dort Tischtennis zu spielen. Eines Tages waren wir Burschen mit Xu Shixin zum Wettkampf verabredet. Er hielt den
Schläger im Penholder-Griff. Mal bediente er sich der Technik
des Unterschnitts, mal schmetterte er, sein Treibschlag ließ den
Ball einen Bogen beschreiben. Er war äußerst variantenreich,
ganz gleich, ob er sich verteidigte oder angriff. Wir unterlagen
einer nach dem anderen. Wir ließen die Köpfe hängen.

Er führte unsere geschlagene Truppe in einen Konferenzraum und schloss die Tür, in der vermeintlichen Absicht, mit uns zu plaudern, doch kam er ohne Umschweife direkt auf sein eigentliches Thema zu sprechen. Er wollte erfahren, was unsere Väter daheim sagten und sprachen. Wir waren noch jung, doch verstanden wir nur zu gut, was dahintersteckte. Wir stellten uns dumm. Ich hatte meine Bedenken gegenüber Vater, so beklagte ich dessen rüde Erziehungsmethoden. Xu Shixin ermunterte mich fortzufahren. Ich hielt unvermittelt inne, wusste nicht so recht, was ich weiter sagen sollte. Xu Shixin meinte zum Abschluss: »Eure Eltern entstammen der alten Gesellschaft. Altes Denken und alte Angewohnheiten sind für sie schwerlich zu umgehen. Um ihnen zu helfen, das Denken zu ändern, bedarf es der Kooperation von euch Jungen Pionieren.« Er schärfte uns wiederholt ein, das Treffen geheim zu halten und nichts davon den Eltern zu erzählen. Wenn es künftig etwas gäbe, sollten wir ihn weiter aufsuchen. Das sei das Vertrauen der Partei in uns, so sein letztes Wort.

Nach der Sitzung hielt mich Xu Shixin als einzigen zurück. Er murmelte eine Weile vor sich hin und fragte mich schließlich, ob ich nicht über einen Füller verfüge, der gleichzeitig eine Pistole sei. Ich war verblüfft. Er sagte, von der Polizeistation sei jemand gekommen, um den Verbleib besagter Pistole zu untersuchen. Wohl vor zwei, drei Monaten wollte ich meinen Bruder erschrecken, so behauptete ich, mein Füller sei eine Pistole mit Schalldämpfer. Mit beiläufiger Geste schoss ich auf die Wand über dem Kopfende seines Bettes, es verblieb ein Einschlag (diesen hatte ich zuvor vorbereitet). Damals war es mir tatsächlich gelungen, meinem Bruder einen Schrecken einzujagen, was mich vollkommen zufriedenstellte. Es war nichts als ein übler Streich gewesen. Das Irreale wurde zum Realen. Was nun die Polizeistation anging, meist hatte man es da mit Betrügern zu tun, Xu Shixin jedoch bediente sich aller Arten von Informationskanälen. Am Ende fuhr er mir über den Kopf und meinte: »Ich glaube dir.« Darauf folgte noch ein Satz: »Du hast dich heute sehr gut benommen.«

Ich kehrte wie ein Übeltäter nach Hause zurück, ich wagte nicht, Vater ins Gesicht zu sehen. Als er fragte, brachte ich lediglich das Tischtennisspiel zur Sprache, welches mit einer Niederlage geendet hatte.

VIII

Im Herbst 1999 besuchten mich meine Eltern in Amerika, ich fuhr sie oft mit dem Wagen spazieren. Eines Tages brachte Vater auf dem Heimweg eine Sache zur Sprache und setzte mich damit in großes Erstaunen. Damals saßen die Eltern auf dem Rücksitz, und ich saß vorne am Steuer. Ich versuchte mit Hilfe des Rückspiegels ihre Mienen zu lesen. Nach dem Abendessen ging Mutter als erste schlafen. Ich saß Vater am Esstisch gegenüber und schnitt das Thema von unterwegs an. Er schien auf diesen Moment gewartet zu haben. Daraufhin schüttete er sein Herz aus.

Die Schriftstellerin Xie Bingxin war die Vorsitzende der Propagandaabteilung. Sie zeigte jedoch keinerlei Interesse an dem, was jeweilig anstand. Vater war der Vizevorsitzende, er hatte ihr regelmäßig Bericht über den Stand seiner Arbeit zu erstatten. Diese Dinge waren bürokratischer Natur. Doch er hatte noch eine andere Aufgabe, nämlich die Aufzeichnung der Gespräche mit Xie Bingxin, die bei der Organisation abzuliefern waren. Er suchte sie alle zwei bis drei Wochen auf. Vorher verabredete er sich telefonisch mit ihr. Meistens ging er nachmittags hin. Man trank Tee und plauderte. Wieder daheim ordnete er das Material auf der Basis seiner Erinnerung und vollendete so seinen Report.

Nach Vater ließen die meisten Intellektuellen aktiv ideologische Umerziehung über sich ergehen. Da gab es zwei Arten: Die eine war ein Studium in einer kleinen Gruppe, die andere war das persönliche, auch heimliche Gespräch. Jemand wie Xie Bingxin stand ganz natürlich im Mittelpunkt der Umerziehung. Die Inhalte ihrer Geheimgespräche wurden an die Organisation weitergeleitet. Man empfand das als so richtig, wie es Himmel und Erde gab.

Was meine Neugier weckte, war die Frage nach der Aufrichtigkeit der Gespräche. Vater schüttelte den Kopf: Xie Bingxin sei nicht so unschuldig gewesen wie ihr Frühwerk. Ganz wie es ihr Vorname verrät, sei ihr Herz zu Eis geworden. Bei jedem Gespräch habe man umsichtig vorzugehen gehabt, damit nichts verloren ginge. Nur ein einziges Mal habe sie die Wahrheit gesagt: »Leute wie wir beginnen wie Gras zu zittern, wenn der Wind bläst. Wir sind wie die Schnecken, die ihre Fühler ausstrecken.« Augenscheinlich schien sie sich ihrer Sache sicher zu sein. Sie versuchte, durch Vater etwas an die Organisation zu übermitteln, nämlich dass man ihren Gedanken nicht zu viel Aufmerksamkeit schenken solle.

Es war ein Abend im tiefen Herbst, die Nacht war kühl wie Wasser. Hinten im Garten zirpten die Insekten, der Kühlschrank summte. Ich riet Vater, alles aufzuschreiben, um es für sich selbst, aber auch für die Geschichte zu hinterlassen. Dies wäre keinesfalls ein individuelles Dokument, es zielte vielmehr auf einen typischen historischen Abschnitt, es zielte auf die komplexe Beziehung von Intelligenzija und Revolution. Vater nickte, er wolle die Angelegenheit gut bedenken. Damit war die Sache erledigt, und er brachte sie nie mehr zur Sprache.

Anfang der 70er Jahre begann ich, Gedichte zu schreiben. Als Vater zum Heimaturlaub von der Kaderschule in Hubei nach Peking zurückkehrte, kam er auf Xie Bingxin zu sprechen, die in der Hauptstadt geblieben sei und zwar in einem Heim des Institutes für nationale Minderheiten. Vater kehrte schließlich zur Kaderschule zurück, ich ging Xie Bingxin allein besuchen.

Eine schlanke, kleine alte Frau öffnete mir die Tür, sie fragte, wer ich sei. Ich erklärte ihr, ich sei der Sohn von Zhao Jinian und suchte ihren Rat. Sie hieß mich, im Wohnzimmer Platz zu nehmen, und goss Tee auf. Ihr Mann Wu Wenzao war ebenfalls anwesend, doch nach der Begrüßung zog er sich zurück. Sie hatte sich das graue Haar mit einem Schuppenkamm gekämmt und zu einem Dutt zusammengefasst. Ihr Gesicht war voller Falten, die Augen jedoch blitzten. Sie trug eine blaue gefütterte Jacke, schwarze Stoffschuhe, alles tipptopp. Ich setzte mich, holte meine Manuskripte mit den Gedichten hervor, darunter meine Erstlinge wie »Wir sind noch jung« und »Feuerlied«. Ihr Urteil fiel positiv aus, für einzelne Verse machte sie Änderungsvorschläge. Sie war begeistert und führte mich vom Wohnzimmer in ihre Bibliothek. Sie holte aus dem Schrank hinter ihrem Rücken ein großes chinesisches Lexikon heraus und nahm Platz. Sie griff zum Vergrößerungsglas, um die exakte Bedeutung von einzelnen Zeichen zu entschlüsseln.

Später trafen wir uns kurzfristig wieder. Sie schrieb eine Antwort auf mein Gedicht »Wir sind noch jung« und fügte den Untertitel »Einem jungen Freund« hinzu. Vielleicht war es die Lyrik, vielleicht die Jugend, dass sie überhaupt keine Vorsicht walten ließ. Es mag auch gerade deswegen sein, warum ich – im Kontrast zu Vaters Rolle – sie viele Jahre später mit meinem offenen Brief an Deng Xiaoping in einen großen Sog hineinzog. So griff eins ins andere. Wer hätte das Karma, das in dieser Welt waltete, schon erklären können.

Vater, du bist beseelt im Himmel, du wirst sicherlich mit mir Nachsicht haben, dass ich ausspreche, was dir am Herzen lag. Es war nachts, da wir uns im Schweigen trafen. So brachten wir die Wahrheit zur Sprache, ganz gleich, ob sie uns schadete oder nicht.

IX

Vater meinte einmal: »Das Leben ist ein einziges Geben und Nehmen.«

Unzweifelhaft stellt 1969 ein Wendejahr dar. Mit Frühlingsbeginn wurde ich der Pekinger Baugesellschaft Nr. 6 als Arbeiter zugewiesen. Anschließend ging mein Bruder zum Aufbaukorps der Armee an die chinesisch-mongolische Grenze. Mutter zog es zur Kaderschule von Xinyang (Provinz Henan). Im Herbst folgte meine Schwester. Eine Kollegin meiner Mutter brachte sie zur Kaderschule von Shayang in Hubei. Kein ganzes Jahr war vergangen, und alle waren ausgeflogen, das Heim stand leer. Die fünf Familienmitglieder befanden sich an fünf verschiedenen Orten. Wollte man einen Brief schreiben, so bedurfte es insgesamt vier Lagen Pauspapiers.

Zhenkai wurde in die Baugesellschaft Nr. 6 versetzt. Er verließ das erste Mal unser Zuhause. Als Vater war mir das Herz natürlich schwer. Gestern Abend waren wir noch zu fünft. Und so gingen wir zum Milchladen, um Milch und Küchlein zu kaufen, damit er Proviant für unterwegs hatte. Beim Packen wurden wir von der Angst getrieben, er könnte frieren. Wir ließen ihn daher den einzigen und alten Mantel aus Schaffell einpacken. Am nächsten Morgen nahmen wir von ihm am Haupttor Abschied. Ich wollte noch ein Auge auf ihn haben. Ich wusste, er würde am taoistischen Tempel Chongyuan in den Bus steigen. Ich nahm einen Oberleitungsbus und eilte dorthin. Ich habe ihn aber nicht verabschiedet, ich sah ihn lediglich aus der Ferne einsteigen und kehrte dann heim. Die Augen waren mir feucht. (Aus Vaters Aufzeichnungen)

Auf der Baustelle der Kreisstadt Yu in Hebei sprengten wir die Berge, um ein Kraftwerk zu bauen. Sommers erhielt ich von Vater folgendes Telegramm: »Shan Shan krank, komm schnell heim.« Ich bat um Urlaub, kaufte bei einem Bauern frische Eier und eilte auf einem Lastwagen der Baustelle nach Peking zurück. Meine Schwester hatte hohes Fieber. Die Diagnose lautete: rheumatische Gelenkentzündung. Kaum war ich daheim, da ließ das Fieber auch schon nach.

Die eine Woche schien wie gestohlene Zeit. Peking war leer. Der Nordsee-Park hatte noch weniger Besucher. Wir ruderten, schossen Fotos, in der Halle des kräuselnden Wassers aßen wir zu Mittag. Vater bestellte für mich geschmorte Fleischbällchen, für Shan Shan gab es Fisch, in Sojasoße langsam gekocht. Er trank Bier. Leicht beschwipst meinte er zur Kellnerin, das sind mein Sohn und meine Tochter, schau, wie glücklich ich bin.

Pro Jahr gab es zwölf freie Tage, um die Familie zu besuchen. Hinzu kamen noch Feiertage. Alles in allem treffliche Aussichten für mein trostloses Dasein. Zuerst ging ich die Verwandten in Henan und Hubei besuchen, danach brach ich in die Berge und ans Gewässer auf. Im Jahr zuvor hatte ich mich zu Mutters Kaderschule in Henan auf den Weg gemacht. Mit Shan Shan fuhr ich nach Shayang in Hubei, um Vater aufzusuchen. Im Jahr darauf zog ich allein von Henan nach Hubei. Zu dem Zeitpunkt war Vater bereits von der Kaderschule aufs Land versetzt worden, er wohnte bei den Bauern.

Damals hatte ich mich gerade auf dem Lande niedergelassen, und zwar in der Kreisstadt Gaoqiao bei der Fünf-Sterne-Brigade Nr. 3. Eines Tages, als ich gerade auf dem Land arbeitete, meldete mir jemand, Zhenkai sei da. Ich kehrte hurtig zur Bleibe zurück. Aus der Ferne sah ich meinen Sohn neben einem Teich knien und meine Wäsche waschen. Er hatte all meine Bettlaken und meine Kleidung eingetaucht. Darüber hinaus hatte er selbst die Räumlichkeiten, wo wir mit den Schweinen zusammenhausten, ausgemistet. Am Abend desselben Tages wies mein Vermieter seinen Sohn an, etwas Bohnenkäse kaufen

zu gehen. Er wolle Zhenkai als Ehrengast bewirten. Vor
Ort bekamen die Bauern bei ihren täglichen drei Mahl-
zeiten lediglich gesalzenen Schnittlauch zu essen. Der
Bohnenkäse war zweifelsohne eine Kostbarkeit. Zhenkai
hatte drei Konservendosen Fleisch mitgebracht. Am
nächsten Tag ging ich mit ihm nach Gaoqiao. In einer
kleinen Stube nahmen wir etwas zu uns. Ich leerte
allein die drei Konserven. Zhenkai sah mich so wölfisch
schlingen und er fühlte, ich sei zu bedauern. Auch wenn
er nichts sagte, so konnte ich es doch klar sehen. (Aus
Vaters Aufzeichnungen)

Im tiefen Herbst des Jahres 1971 kehrte Vater für ein paar Tage
allein nach Peking zurück. Am Abend bereitete ich ein paar Gerichte zu. Wir beiden tranken etwas und plauderten miteinander. Ich kam auf den Vorfall vom 13. September, die Flucht und
den Tod des stellvertretenden Vorsitzenden Lin Biao, zu sprechen. Je mehr ich redete, desto mehr kam ich in Fahrt. Vater
war ganz meiner Meinung. Wir hatten zu viel getrunken und
schliefen am Tisch ein. Beim Aufwachen am nächsten Morgen entdeckte ich Vater, wie er zur Zimmerdecke starrte. Es
brauchte viel Zeit, bis er den Mund öffnete. Er schärfte mir
mehrfach ein, ich sollte nicht vor der Tür lose daherreden. Ich
sollte mir kein Unheil aufhalsen. Der Alkohol hatte es mit sich
gebracht, dass Vater und ich zum ersten Mal politische Kom-
plizen wurden.

Im Frühling 1972 fand die gesamte Familie wieder zusammen. Ich gab Vater den Entwurf des Gedichtes »Hallo, Blüten-
berg« zu lesen. Ich hätte nicht gedacht, dass er mir befehlen

würde, den Text sofort zu verbrennen. Darin befand sich der Vers »Das grüne Sonnenlicht flieht in den Fugen.« Dieser jagte ihm einen großen Schrecken ein. Ich sah förmlich die Angst in seinen Augen. Mir blieb nichts anderes übrig, als mich entsprechend zu verhalten. Ich fasste später den Entschluss, ihm niemals mehr meine Werke zu zeigen.

X

Im Jahre 1972 kehrten die Eltern nacheinander nach Peking zurück. Mutter war mit Vater in die Kaderschule von Shahe in Hebei bei Peking versetzt worden, sie arbeitete in der Ambulanz. Derweil blieb Shan Shan in Hubei, und zwar als Technikerin in irgendeiner Rüstungsindustrie von Xiangfan.

Vater feierte damals seinen fünfzigsten Geburtstag, er befand sich im besten Alter und arbeitete täglich auf den Feldern. Am Wochenende gingen die Eltern heim, um zu verschnaufen. Mein Bruder spielte derweil in Peking krank. Die leere Wohnung hatte sich im Nu gefüllt. Meine Freunde kamen von überall her und waren eine bunte Truppe. Vater war wie benommen, besonders Vertreter der Avantgarde wie Peng Gang oder der Dichter Jiang Shiwei (Mang Ke) erschienen ihm wie Außerirdische. Abgesehen von Gästen wie Shi Kangcheng und Liu Yu wurden fast alle der Tür verwiesen. Es reichte, Vater zu erwähnen, und sie würden reflexartig die Zunge herausstrecken.

Peng Gang kopierte das Ölgemälde *Der See* des russischen Malers Isaak Lewitan und hängte es über mein Bett. Die Kopie hatte nichts mit dem russischen Malstil des 19. Jahrhunderts zu tun. Der Grundton war verändert worden. Sein nunmehriges ockerhaftes Grau passte zu dem halbverrückten Zustand, der den Augen des Kopierers zu entnehmen war. Es handelte sich um ein typisch expressionistisches Gemälde.

Unsere Wohnung war klein, Vater lief wie ein Löwe im Käfig herum. Dabei warf er einen scheelen Blick auf das Bild an der Wand, jedes Mal wenn er daran vorbeikam, konnte man seine innere Unruhe spüren, die durch seine Ängste und seinen Zorn wachgerufen wurde. Offensichtlich hatte ihn Peng Gangs »Lewitan« zutiefst verletzt – der moderne Stil passte für ihn nicht mit der realen Welt zusammen. Eines Abends fuhr Vater schließlich aus der Haut. Brüllend befahl er mir, das Bild abzuhängen. Ich willigte nicht ein. Er zerrte es von der Wand und zerriss es in zwei Teile. Daneben hing ein Tuscheporträt, das Onkel Zhao Yannian von Vater angefertigt hatte. Wie du mir, so ich dir: Ich warf es energisch auf den Boden, der Rahmen zerbrach.

Unser Streit endete oft auf dieselbe Art und Weise: Er riss die Tür auf und schrie: »Dies ist nicht dein Haus, hau ab!« Wenn ich Krankheit vorschützend nicht zur Arbeitsstelle zurückkehren konnte, ging ich zu Shi Kangsheng oder zu Liu Yu. Ich schlug mein Lager auf dem Boden auf. Zu guter Letzt erschien Mutter, um zu schlichten und mich zur Heimkehr zu überreden.

Nach dem großen Streit mit Vater im Sommer 1975 ging ich voller Zorn mit Liu Yu zum Gebirgsmassiv des Wutai Shan. Zehn Tage später war ich wieder daheim. Shan Shan war auf Dienstreise von Hubei nach Peking zurückgekommen. Wir hatten eine innige Beziehung. Ich wollte nicht, dass sie in den

Familienstreit hineingezogen wurde. Mit aller Macht suchte ich das Geschehen zu verheimlichen. Doch während ihres Aufenthaltes gerieten Vater und ich wieder aneinander. Als sich die Situation beruhigt hatte, war es bereits tiefe Nacht. Ich befand mich mit Shan Shan in der Küche. Wir schwiegen uns gegenseitig an. Sie lehnte traurig an der Wand, ich stützte mich auf das Wasserbecken. Der Wasserhahn tropfte.

»Das Leben ist eben Willkommen und Abschied.« Immer gibt es ein letztes Mal. Damals begleitete ich Shan Shan zum Bahnhof. Da der Oberleitungsbus zu voll und zu langsam war, blieben uns nur noch zehn Minuten bei der Ankunft am Pekinger Bahnhof. Wir stürmten auf den Bahnsteig. Mehr schlecht als recht stopften wir das Gepäck ins Gepäcknetz. Die Wagen begannen zu schaukeln, der Zug setzte sich langsam in Bewegung. Ein letztes Winken am Fenster, wir konnten kaum ein Wort wechseln. Wer hätte gedacht, dass dies ein Abschied auf immer war.

Am Abend des 27. Juli 1976 empfing ich an der Pforte ein Ferngespräch. Es hieß, Shan Shan habe einen Ertrinkenden retten wollen, seitdem gebe es keine Nachricht mehr von ihr. Obwohl es schon Nacht war, fuhr ich auf dem Rad zum Telegrafenamt, um Vater und meinen Bruder, die in der Ferne weilten, zu informieren. Am nächsten Morgen ereignete sich das Erdbeben von Tangshan. Die beiden kehrten mittags heim. Wir versammelten uns alle im Hof. Mutter war einer Ohnmacht nahe.

Vater und ich fällten die Entscheidung, uns unverzüglich auf den Weg nach Xiangfan zu machen. Zuerst gingen wir nach oben, um zu packen. Ich folgte Vater, der stolperte, ja fast kroch er die drei Stockwerke hoch. Ihm flossen unentwegt die Tränen kreuz und quer. Er sprach brummelnd zu sich selbst. Ich umfasste ihn in meiner Aufregung und weinte mit ihm gemeinsam. Und ich verpflichtete mich, künftig nicht mehr mit ihm zu streiten.

Die Reise nach Xiangfan war eine Fahrt in die Hölle. Besser nicht zurückschauen.

Die folgenden zwei Jahre kamen einem einzigen Elend gleich. Ich lud den Kumpan Chen Quan von der Baustelle ein, damit er den Eltern seinen von Bambusklappern begleiteten Sprechgesang vortrage, um sie aufzuheitern.

Zwei Jahre später erkrankte Mutter wegen anhaltender Depressionen und wegen einer Blasenkrankheit an Geist und Seele, weswegen wir sie im Wechsel zu betreuen hatten.

Als Mutter, vom Schmerz über den Verlust einer Tochter kurz vor dem Kollaps und mit einer ernsten Krankheit konfrontiert, hat man Standhaftigkeit und Willensstärke zu zeigen. Es war mein Mann Jinian, der meine Hand nahm, so erst konnte ich den Test von Leben und Tod bestehen. Jinian redete mir zu, unsere Tochter habe sich geopfert, um einen Menschen zu retten, das heißt, sie hat sich mit ihrem Schicksal für ein anderes Schicksal eingesetzt. Das menschliche Leben kennt keine Beständigkeit, doch das Leben an sich ist umso wertvoller. Um seiner selber willen und um der Mitmenschen willen hat man hartnäckig weiterzuleben. (Aus Mutters mündlichem Bericht)

XI

1979 wurde in China das Versicherungssystem wieder eingeführt. Vater ging daher von der Partei Pro Demokratie zu seiner
ursprünglichen Arbeitsstelle zurück und wurde Leiter für den
inländischen Bereich. Er war täglich unterwegs, Sitzungen und
Analysen, er hatte seine Freude daran. Im Herbst 1980 heiratete
ich und zog aus. Meine Beziehungen zu Vater verbesserten sich
damit merklich.

Normalerweise waren wir alle beschäftigt, zum Wochenende oder zu Festtagen aber traf sich die ganze Familie. Wir
aßen miteinander, spielten Mah-Jongg, plauderten über dieses
und jenes. Die 80er Jahre waren ein weißer Korridor, der zwei
Nächte miteinander verband. Auch wenn Zeichen von Gefahr
wiederholt Schatten warfen, schien alles voller Hoffnung, bis
es schließlich in eine Nacht hineinging, welche noch mehr in
die Irre führte.

Im Frühling 1989 verließ ich China. Mehr als zwei Jahre
später besuchten mich die Eltern in Begleitung meiner Tochter Tian Tian in Dänemark. Mutter hatte sich das Bein gebro-
chen, sie hatte Mühe zu gehen. Mit Vater wechselte ich mich
ab, den Rollstuhl zu schieben. Er war 1990 in den Ruhestand
getreten, offensichtlich hatte ihn das Alter eingeholt, er war in
sich zusammengefallen und trug ein künstliches Gebiss. Wir
waren es nicht mehr gewohnt, uns in Zuständen wie diesen in
Augenschein zu nehmen. Wir vertrugen einander damals zwar
nicht immer, aber wir haben selten miteinander gestritten. Es
entsprach einem kalten Krieg. Wenn wir ausgingen, schob ich
Mutters Rollstuhl absichtlich etwas schneller, so dass Vater

weit hinter uns zurückfiel. Schaute ich zurück, sah ich seine Silhouette, welche dem Wind nicht gewachsen war. Er tat mir wiederum leid, so verlangsamte ich meinen Schritt.

Vater gab im Ausland nicht selten Stoff für Gelächter ab, er wurde unter Verwandten und Bekannten zum Gegenstand von Anekdoten. Tian Tian hielt in Dänemark ein Pärchen Papageien, als einer von beiden starb, ging er mit ihr in eine Zoohandlung, um Ersatz zu beschaffen. Er verstand sich nur auf einzelne englische Wörter. So wandte er sich mit den folgenden Worten an den Inhaber: »One bird dead.« Sein Gegenüber wurde aus dem Gesagten nicht klug. Er verkaufte ihm daraufhin ein Paar. Als ich nach dem Unterricht heimkam, entdeckte ich im Käfig drei Papageien.

Paris an einem Sonntagmorgen: Vater geht mit seiner Videokamera allein aus dem Haus. Ein Bursche, ein Weißer, verhält sich äußerst herzlich ihm gegenüber. Er deutet mit seinen Händen an, ihn filmen zu wollen. Kaum war die Kamera in seinen Händen, lief er sogleich davon. Vater folgte ihm auf den Fersen, Passanten kreisten den Delinquenten ein und versuchten, ihn zu isolieren. Der Dieb geriet daraufhin in Panik, er stürzte kopfüber in seine Bleibe. Jemand rief die Polizei, die auf der Stelle herbeieilte. Dieb und gestohlenes Gut befanden sich beide vor Ort. Am wundersamsten war, dass Vater, der kein einziges Wort Französisch beherrschte, als Zeuge mit auf die Polizeiwache ging, dennoch konnte das Protokoll beendet werden. Die Videokamera war nämlich nicht abgestellt gewesen, so wurde der ganze Vorgang aufgenommen, einschließlich des verwackelten Untergrundes und des Schnaufens des Diebes. In jenem Jahr war Vater im 73. Lebensjahr.

Nachdem ich nach Kalifornien umgezogen war, kamen die Eltern mich zweimal besuchen. Leben auf dem Land in Amerika ist in der Tat todlangweilig. Ich hatte erneut zu unterrichten, konnte die beiden daher nur gelegentlich zur Zerstreuung auf Reisen begleiten.

Seit den 80er Jahren hatte sich die Stellung von Vater und mir umgekehrt. Er hörte meist auf mich und befolgte meinen Rat, zumindest stimmte sein Mund zu, wenn vielleicht auch das Herz widersprochen haben mag. Wir waren nie wirklich gleichberechtigt gewesen. Manchmal gedachte ich innig, ihm ein Freund zu sein, um von Herz zu Herzen miteinander reden zu können, doch entdeckte ich bald, das war unmöglich.

In Wirklichkeit trägt fast jeder chinesische Mann in sich einen kleinen Tyrannen. Die Rolle, die dieser spielt, mag über die Zeit äußerst kompliziert ausfallen: In der Gesellschaft gibt das Despotchen den Amtsboten, den Hörigen, der die gegebenen Grenzen nicht überschreitet. Reich geworden, wird er ein anderer. Zu seinen Gegnern und zu seinen Mitmenschen verhält er sich dann grausam und hinterhältig. Dies wird bei allen Politrebellen aus der uns bekannt gewordenen Historie offensichtlich. Entscheidend ist da eine spielerische Wandlung, die keinerlei Übergangsphase zu erkennen gibt. Der kleine Tyrann hat daheim der Herrscher zu sein. Da gibt es keine Gleichberechtigung, ob Frau oder Kind, alles hat in seiner Hand zu liegen, selbst die Herrschaft über andere Mannsbilder.

Erst als ich Vater geworden war, wurde mir klar, dass das Bewusstsein eines Tyrannen dem Blut entstammte, der Kultur, und tief eingewurzelt war. Selbst einem Ketzer wie mir fiel es schwer, dem zu entkommen. Mit Rückblick auf den Lebensweg von Vater erkannte ich Spuren, denen ich blindlings gefolgt war, kreuz und quer, deckungsgleich. Als ich das entdeckte, fühlte ich mich bis ins Mark getroffen.

Ende 1999 war die Apokalypse in aller Munde. Ich kehrte mit dem Auto von San Francisco nach Davis, wo ich wohnte, zurück. Die Nacht tief, der Mond, rund und groß, glänzte golden, wahrlich das Anzeichen für die letzten Tage der Menschheit. Vater sprach auf dem Rücksitz zu sich selbst: »Wieso bin ich so alt geworden, hat jedes Leben eine vorherbestimmte Lebensspanne?«

Ich erinnere mich an den Frühling meines neunten Lebensjahres, Vater ging mit mir im Nordsee-Park spazieren. Auf dem Rückweg erhob sich die Dunkelheit von allen Seiten, sie brachte den kalten Hauch des Tauwetters mit sich. Wir gingen gemächlich am Ufer entlang. Zwei-, dreihundert Meter vom Ausgang des Parks entfernt verlangsamte Vater seine Schritte. Er betrachtete die Besucher im Park, plötzlich meinte er zu mir: »All die hier werden in einhundert Jahren nicht mehr sein, einschließlich von uns beiden.« Ich war bestürzt, ich schaute Vater an. Seine Augengläser funkelten, ein Grinsen tat sich undeutlich kund.

XII

Am Abend des 2. Dezember 2001 flog ich mit der amerikanischen Gesellschaft United von San Francisco nach Peking. Nach der Ankunft genoss ich Sonderbehandlung: Sonderbeauftragte begrüßten mich, es ging dann in einem Sonderwagen weiter.

Vater lag im Krankenbett. Kaum hatte er mich gesehen, fing er an, wie ein Kind laut zu weinen. Ich setzte mich ans Kopfende und hielt seine Hand fest, ohne zu wissen, wie ich ihn trösten sollte. Not macht erfinderisch. Ich holte die eigens für ihn gekaufte neue Digitalkamera heraus, damit ihn Hightech beruhigen würde. Doch seine linke Hand war nicht mehr zu gebrauchen, jegliches Vergnügen war gänzlich ausgeschlossen. Vater litt an Nierenkrebs und Hepatitis B, hinzu kam eine halbseitige Lähmung auf der linken Seite. Bewegungen waren kaum mehr möglich, aber sein Geist war wach. Er benutzte einen Rollator, um auf die Toilette zu gehen. Ich ermutigte ihn, so dass er glauben musste, nur durch Übung könnte er wieder gesunden.

Täglich besuchte ich Verwandte und Freunde, abends kehrte ich zu Vater zurück. Am Bettende leistete ich ihm eine Weile Gesellschaft: Ich goss Rotwein in ein Glas und ließ ihn mit einem Strohhalm ein paar Schluck trinken, damit er etwas vom Rausch dieser Welt genießen könnte. Wenn er das Gebiss herausnahm, waren seine Wangen eingefallen, der Blick ging ins Leere. Er sagte mir, er habe den Arzt gefragt, ob Feuerbestattung wehtue oder nicht. Er bemühte die Methode des Humors, um dem Tod ins Auge zu schauen.

Bevor Vater die Welt verließ, bekam ich dreimal die offizielle Erlaubnis, ihn für je einen Monat zu besuchen. Aufgrund seines starken Lebenswillens meisterte er eine Notsituation nach der anderen, im letzten halben Jahr kollabierte er jedoch vollkommen. Nur Medizin hielt ihn am Leben. Nach der zweiten zerebralen Thrombose verlor er seine Sprechfähigkeit. Jemandem wie ihm, der so viel zu sagen hatte, musste das eine große Pein bereitet haben. Er konnte sich nicht mehr ausdrücken, so schrieb er mit seinen Fingern Zeichen in meine Hand. Dabei gab er seltsame Laute von sich.

Jeden Morgen bereitete ich einige Gerichte vor und brachte sie in einem Wärmebehälter ins 304er-Krankenhaus, wo ich Vater Löffel für Löffel fütterte. Ich hätte gerne viel mit ihm gesprochen, doch diesmal hätte ich ihn zu sehr aufgerührt. Da er sich nicht äußern konnte, wäre sein Schmerz noch tiefer gewesen. Jedes Mal wenn ich bei meiner Rückkehr seinen hilflosen Blick und seine steife Zunge wahrnahm, fühlte es sich an, als ob ein Messer mir das Herz durchbohrte.

Samstag, den 11. Januar 2003, kam ich wie so oft vormittags gegen 10 Uhr zur Krankenstation des 304er-Krankenhauses. Am folgenden Tag hatte ich vor, nach Amerika zurückzukehren. Gegen Mittag war ich mit dem Füttern fertig, ich rasierte ihn dann mit einem elektrischen Rasierer. Wir wussten beide, es würde das letzte Mal sein. Er drehte seine Zunge im Mund und brachte mit aller Macht ein paar Wörter klar heraus: »Ich liebe dich.« Ich war tief berührt, ich umarmte ihn und sagte: »Vater, ich liebe dich auch.« Soweit ich mich erinnere, war es das erste Mal, dass wir auf diese Weise miteinander sprachen.

Auf meinem Weg zum Flughafen früh am nächsten Morgen hatte ich eigentlich vorgehabt, bei Vater noch einmal vorbeizuschauen, doch die Zeit ging sich nicht aus. Als ich im Flugzeug Platz nahm und die sanfte Stimme einer Stewardess im Lautsprecher hörte, welche den unmittelbaren Abflug ankündigte, richtete ich ein stilles Gebet Richtung Peking und Vater.

Vater an der Bucht von San Francisco, 1997

Bei Dao: Erinnerungen an ein verschwundenes Peking

Chinesische Schriftsteller der Moderne schreiben gern unter dem Deckmantel eines Pseudonyms. So auch der 1949 in Peking als Zhao Zhenkai (Zhao ist der Familienname) geborene, aber als Bei Dao (Insel im Norden) bekannt gewordene Autor. Er steht am Beginn einer chinesischen Literatur, die im Jahre 1979 von einer durch die Partei verordneten Schreibart zu einer modernistischen Kreativität zurückkehrt. Bei Dao fängt dort an, wo die chinesische Moderne 1949 stehengeblieben ist.

Unter dem maßgeblichen Einfluss europäischer Schriftsteller hatte sich – hauptsächlich in Peking und Shanghai – zwischen der »Studentenbewegung« von 1919 und der Ausrufung der Volksrepublik China (1949) eine Schreibweise herausgebildet, die ihren Autoren weltweit Anerkennung brachte. Dies ist umso bemerkenswerter, als es in den damals faschistischen Ländern Europas so gut wie keine Weltliteratur gab. Wenn überhaupt von großen Werken die Rede sein konnte, so verschwanden diese in Schubladen oder konnten nur außerhalb des jeweiligen Staatsgebietes veröffentlicht werden.

Bei Dao gehört zur Zeit des sogenannten Kampfes gegen rechts (1956–1958) und der Kulturrevolution (1966–1976) trotz aller Gängelungen seiner bürgerlichen Familie immer noch zu den Privilegierten. Er hatte nämlich, wie er in seinen Essays berichtet, Zugang zur Kunst des Auslands. Diese fand sich auf Schallplatten, die nicht selten konfisziert wurden, und in Büchern, die zur Verbrennung bestimmt waren. Sie bildeten die Grundlage für die Salons der Jugendlichen, die sich mehr offen als geheim in den Wohnungen der Familien einfanden.

So wurden sie mit Übersetzungen bekannt, die von chinesischen Schriftstellern vor 1949 angefertigt worden waren und die Literatur des Landes revolutioniert hatten. Zu ihnen zählten u. a. Federico García Lorca (1898–1936) und Dai Wangshu (1905–1950). Beider Einfluss zeigt sich deutlich in dem lyrischen Werk des jungen Bei Dao. Aus dem weltbekannten und oftmals für den Literaturnobelpreis vorgeschlagenen Dichter wurde über die Zeit jedoch ein Essayist, der sich nur noch gelegentlich poetisch betätigt.

Bei Dao spricht in seiner Autobiografie kaum über diesen Wandel, wohl aber in früher veröffentlichten und bereits auf Deutsch vorliegenden Essays (*Gottes chinesischer Sohn*, Weidle 2011). Vor allem das Jahr 1989 war schicksalhaft für ihn. Er befand sich damals als Gast des Deutschen Akademischen Austauschdienstes in Berlin. Seine Verehrer hatten sich in Peking seiner bekanntesten Verse, die oftmals Schlagworten gleichkamen, bedient, um die gesellschaftlichen Verhältnisse zu kritisieren. Daher wurde ihm nach dem Volksaufstand am 4. Juni 1989 geraten, vorerst nicht nach China zurückzukehren. Er wäre sonst als geistiger Rädelsführer verhaftet worden.

So begann ein neues Leben. Nach vielen unterschiedlichen Stationen in Europa nahm er eine Lehrtätigkeit an der Universität im kalifonischen Davis an. Letztlich zog es Bei Dao aber in den chinesischen Sprachraum zurück. Mit amerikanischem Pass begann er ab 2010 chinesische Literatur an der Chinese University of Hong Kong zu unterrichten. Inzwischen emeritiert lebt er abwechselnd in Hongkong und in Peking. Gemeinsam mit der Künstlerin Ann Mak veranstaltet er an der University of Hong Kong weiterhin erfolgreiche internationale Lyrikfestivals.

Die Heimkehr nach Peking und das Pendeln zwischen Nord und Süd wurden aus zwei Gründen möglich: 2001 lag Bei Daos Vater im Sterben, der chinesische Staat erlaubte unter Auflagen die Wiedereinreise. Im Rahmen von »Teestunden« mit der staatlichen Sicherheit wurden ihm Verhaltensweisen diktiert: keine öffentlichen Auftritte, Reisen im Lande nur mit Zustimmung, über Treffen musste berichtet werden. Mittlerweile gab es einige Lockerungen, dennoch halten sich chinesische Veranstalter mit Einladungen eher zurück. Bei Dao ist nach wie vor ein Symbol. Ein Symbol für die politische Erneuerung. Es ist eine Rolle, die ihm nicht behagt. Mit seinen Worten sei alles oberflächlich, egal ob »rechts« oder »links«. Der zweite Anlass war ein Schlaganfall, der Bei Dao 2012 in Hongkong ereilte, bis heute benötigt er chinesische Medizin und traditionelle chinesische Heilmittel.

Bei Dao ließ sich nie auf Angebote ein, für den Geheimdienst als IM, das heißt als inoffizieller Mitarbeiter tätig zu werden. So begann er auch aus finanziellen Gründen Essays für Zeitungen und Zeitschriften zu schreiben. Damit änderte sich sein Ton. Der einstmals todernste Dichter wurde plötzlich humorvoll. Verfasste er bis 1989 in China mehr oder minder politische Gedichte, so beschworen die im Ausland entworfenen Poeme zunächst die Rolle eines Exilierten in einer fremden Sprachwelt. Auch die chinesische Sprache wird zum Problem: Unser Dichter spricht wie mit sich selbst oder zu seinem Spiegel. Der Essay dagegen, der schließlich den Vers verdrängt, fühlt sich nicht mehr der Heimat verpflichtet, sondern dem Leben in der Fremde mit all seinen möglichen Begegnungen und Schwierigkeiten. Hier gewinnt der Autor eine Leichtigkeit und einen Humor, die er später beide auf sein Heimatland überträgt. Selbst die traurigen Wirklichkeiten der chinesischen Revolution erscheinen plötzlich in einem spöttischen Licht, die eigene Person bleibt dabei nicht ausgenommen. Davon zeugen auch die vorliegenden Erinnerungen.

Und so kommen wir zu dieser Übersetzung. Sie ist – ebenso wie die englische Übersetzung des amerikanischen Dichters Jeffrey Yang bei New Directions (2017) – interpretativer Art. Die amerikanische Ausgabe kann sich mit ihrer betörenden und flüssigen Sprache sehen lassen. So hatte ich gegen zwei Gegner zu kämpfen, gegen den amerikanischen Meister der englischen Sprache sowie gegen den chinesischen Meister des Pekinger Dialekts. Die amerikanische Edition war mir eine Richtschnur in Sachen Guss. Dort, wo sich Bei Dao mit seinen viergliedrigen Redeweisen (*chengyu*) von unserem Verständnis entfernt, hat Jeffrey Yang geheimnisvoll bildlich und ich hoffentlich nachvollziehbar übertragen. Handlexika zur Pekinger Umgangssprache waren nicht immer hilfreich, Chinesen in meiner Umgebung oft noch weniger: Sie verstanden in schwierigen Fällen selten mehr als »Bahnhof«. Das hat auch mit der Sprunghaftigkeit von Bei Daos Logik zu tun. Er erzählt in Bildern, sein Stil gleicht einem poetischen Tanz, auch sind Zeichen mitunter falsch oder entlegen. Ich habe die Hongkonger Ausgabe mit oft abstrusen Langzeichen (Oxford University Press 2010) zugrunde gelegt, ebenfalls die möglicherweise zensierte Ausgabe des Festlandes (Joint Publishing 2015) in Kurzzeichen herangezogen. Das Festland hat die Fehler der Hongkonger Ausgabe korrigiert und verkürzte meine stundenlange Suche nach Schriftzeichen, die heute auf dem Festland kaum noch jemand mühelos lesen kann.

Und auch der Verfasser ist ein Opfer seiner selbst. Ich fragte ihn zum Beispiel zu dem von ihm zitierten großen Essayisten Liu Zongyuan (773–819): Liest man dieses Zeichen im Zitat *yue* oder *le*? Beide Lesungen sind mit unterschiedlicher Bedeutung möglich. Auch Bei Dao wusste keine Antwort darauf, als Übersetzer hatte ich mir jedoch Klarheit zu verschaffen.

Warum sage ich dies alles? In China gibt es wenig Wertschätzung für Übersetzer. Wir gelten als billige Teilhaber einer Arbeit, die angeblich jeder leisten kann. Doch drückt man einem hochgebildeten chinesischen Gelehrten einen klassischen Text in die Hand und bittet ihn, ins moderne Chinesisch zu übersetzen, so beginnen seine Probleme. Er kann es nicht aus dem Stegreif oder übersetzt in die schreckliche Sprache seiner Gegenwart.

Jeffrey Yang und ich hatten anderes zu leisten. Überragendes Englisch, hoffentlich brauchbares Deutsch. Und dem Autor zu verzeihen, wenn er in seinen Essays als Dauerthema immer wieder vom Essen spricht und uns hungern lässt, wenn er zwischen Licht und Dunkel herumtapst und uns die Frage verwirrt, was ist denn nun dieses China? Ein Hopskäse oder eine Weltmacht?

Mit dem Gedächtnis beginnen bekanntlich alle Kultur und Zivilisation. Das Barbarentum des Dritten Reichs und der Kulturrevolution haben ihren Ursprung im Vergessen, im Verschweigen der Urgründe.

Erinnerung scheint bei Bei Dao immer etwas mit dem Essen zu tun zu haben. Oft ist die Rede von den Leckereien der Kindheit und dem Schmaus der Jugend. Speis und Trank sind anscheinend das Paradies eines Chinesen. Es mag ein Gen dafür geben, besonders in Zeiten, wo es an allem mangelt und sich der stete Hunger nur durch Fantasiemahlzeiten wegträumen lässt. Unter all den kleinen Dingen, die der große Erinnernde kulinarisch auftischt, spielt Peking die Hauptrolle, eine heute verschwundene Stadt. Peking wird nicht mehr von Pekingern bewohnt, sondern von Glücksrittern und Abenteurern. Mit ihnen verschwand alles, was die Hauptstadt einmal ausgemacht hat, von den alten Tempeln bis zu den herrlichen Hofhäusern, von den schmucken Frauen bis zu den Alten mit ihren Vogelkäfigen. Mammon ist das neue Zauberwort.

Und so ist aus dem langsamen Peking von Bei Dao und mir über die Jahrzehnte ein Ort geworden, in dem das Geld herrscht und das politische Gespräch der Habgier gewichen ist. Was waren das für selige Zeiten, als wir nach der Öffnung und mit dem Beginn der Reformperiode (1979) kein anderes Thema kannten als die menschliche Zukunft des Sozialismus. Ein paar Erdnüsse, ein paar Maultaschen, ein paar Schluck Schnaps reichten, um uns in die Utopie zu träumen, in eine Welt des schlichten Geistes und der berückenden Schönheit.

So wurde über die Zeit nicht nur der von Bei Dao übersetzte Paul Celan (1920–1970) zum wichtigsten Dichter für ihn
und seine Mitstreiter. *Sprachgitter* war plötzlich alles, da die
totale Marktwirtschaft als allein seligmachendes Heilmittel die
Menschen in Bann schlug, um diese zu guter Letzt in einem
teuren Hochhaus enden und die Legehenne des Kapitals spielen zu lassen.

Klagen wir nicht weiter. Jede Nation sucht sich das ihr zu-
stehende Malheur und weiß die Schuldigen sogleich zu benen-
nen. Der Westen, der Imperialismus, der weiße alte Mann. Nur
seltsam, man darf heute in China weder Stalin noch die Sowjetunion öffentlich kritisieren, als ständen diese nicht am ehesten
für Macht und Gewalt, die lange genug China zur Zielscheibe
hatten.

Mein Dank für des Rätsels Lösung im Imperium des Pekinger Dialekts geht zu guter Letzt an die Studierenden der Universität Shantou, an Fan Xiaoya in Peking und nicht zuletzt an
Zhang Suizi in Bonn.

Wolfgang Kubin